# 그림책으로 마주하는 아이 마음

최유라 선생님의 그림책 수업 이야기

# 그림책으로
# 마주하는
# 아이 마음

**최유라** 지음

에듀니티

## 그림책으로 마주하는 아이 마음

**초판 1쇄 발행**  2022년 10월 28일
**초판 2쇄 발행**  2023년  8월  1일

**지은이** 최유라

**발행인** 김병주
**기획편집위원회** 한민호, 김춘성
**마케팅** 진영숙
**COO** 이기택
**뉴비즈팀** 백헌탁, 이문주, 백설
**행복한연수원** 이종균, 이보름
**에듀니티교육연구소** 조지연

**디자인** 디자인붐

**펴낸 곳** (주)에듀니티
**도서문의** 070-4342-6110
**일원화 구입처** 031-407-6368 (주)태양서적
**등록** 2009년 1월 6일 제300-2011-51호
**주소** 서울특별시 금천구 가산동 371-28 우림라이온스밸리 A동 1208호
**출판 이메일** book@eduniety.net
**홈페이지** www.eduniety.net
**페이스북** www.facebook.com/eduniety
**인스타그램** www.instagram.com/eduniety/
                www.instagram.com/eduniety_books/
**포스트** post.naver.com/eduniety

문의하기

투고안내

**ISBN** 979-11-6425-131-5  (13370)
값은 뒤표지에 있습니다.

- 이 책은 저작권법에 따라 한국 내에서 보호를 받는 저작물이므로 무단 전재 및 복제를 금합니다.
- 잘못된 책은 구입한 곳에서 바꿔드립니다.

박한숙, 최석용 님에게

**시작하는 글**

서로의 작은 냄비를 따뜻하게 바라볼 수 있기를

이 책은 장애를 작은 냄비로 표현하여 장애아들이 어떤 삶을 사는지를 보여줍니다. 어느 날 갑자기 하늘에서 떨어진 작은 냄비 때문에 평범한 아이가 될 수 없었던 아나톨. 작은 냄비 때문에 계속 실패하고 좌절하던 아나톨은 결국 세상에서 숨어버리려고 합니다. 그때 아나톨에게 다가와 '똑똑' 하며 인사하는 사람이 있습니다. 그는 아나톨이 세상으로 다시 가도록 도와주고, 작은 냄비를 가진 채로 살아가는 방법을 하나씩 가르쳐줍니다. 그 덕에 아나톨은 행복하게 친구들과 마음껏 뛰어놀 수 있게 됩니다.

이 책을 읽으며 두 가지 의문이 들었습니다.
첫째, 이 책이 정말 장애에 관한 책일까.

둘째, 아나톨에게 '똑똑' 하며 다가왔던 사람은 누구일까.

**"여러분도 작은 냄비 하나쯤은 가지고 있지 않나요?"**

원치 않았음에도 어쩔 수 없이 지니고서 태어난 것. 떼어내려, 극복하려 아무리 노력해봐도 사라지지 않는 것.

그래서 힘들고 속상해도 어쩔 수 없이 평생 가지고 살아야만 하는 그 작은 냄비가 우리 모두에게 있지 않나, 하는 생각이 들었습니다. 결국, 이 책은 장애에 관한 이야기가 아니라 완벽하지 못한, 그래서 부족한 부분을 하나쯤 안고 살아가는 우리 모두의 이야기가 아닐까 하고요.

《아나톨의 작은 냄비》이자벨 카리에 지음, 권지현 옮김, 씨드북, 2014, 20쪽.

### 그리고 아나톨에게 똑똑, 하며 다가왔던 사람은 누구일까요?

사람마다 생각은 다르겠지만 저는 그가 선생님이라고 생각했습니다. 세상으로부터 숨은 아나톨에게 "나도 있다"라며 자신의 작은 냄비를 기꺼이 보여주어 안심을 시키는 사람. 아나톨이 무엇을 잘하고 어떤 것을 좋아하는지 함께 찾아봐주는 사람. 작은 냄비를 위한 가방을 만들어 줘 세상 속에서 사람들과 함께 살아가도록 도와주는 사람. 언제든 '다시 만나자' 하며 그곳에서 기다려주는 사람.

저는 어떤 선생님이 되어야 할까 고민이 될 때마다 이 책을 꺼내어 봅니다.

우리 아이들도 작은 냄비를 가지고 있습니다. 아이들은 저마다의 작은 냄비 때문에 친구들과 싸우고 부모님께 혼나고 자신에게 실망하기도 합니다. 이 작은 냄비가 왜 나에게만 있는 것인지, 왜 사라지지 않는 것인지, 어쩔 줄을 몰라 좌절하고 엉엉 울기도 하지요.

우리 아이들에게 자신의 작은 냄비를 있는 그대로 바라볼 수 있게 도와주고, 그 작은 냄비를 가지고 어떻게든 세상에서 사람들과 함께 살아갈 수 있도록 도와주는 선생님이 되어야겠다고 다짐합니다.

『그림책으로 마주하는 아이 마음』은 그런 마음에서 나왔습니다.

있는 그대로 자신의 작은 냄비를 따뜻하게 바라보도록, 그리고 그렇게 단단해진 마음으로 나와 다른 타인의 작은 냄비도 인정하며 함께 살아갈 수 있도록 돕는 교실의 이야기를 담았습니다.

이 책이 서로의 작은 냄비를 따뜻하게 바라보는 시작이 될 수 있기를 바랍니다.

## 여전히 그림책이 필요합니다

세상에는 교사의 수만큼 다양한 학습 재료가 존재할 것입니다. 그 많고 많은 자료 중 제가 그림책을 선택한 이유는 다음과 같습니다.

**그림책은 문해력과 상관없이 모두가 이해할 수 있는 자료입니다.**
그림책은 쉬워서 활용하기에 어쩐지 유치하게 느껴지기도 합니다. 그러나 우리 교실 속에는 너무도 다양한 아이들이 살고 있고 선생님은 이 모든 아이들을 위한 수업을 준비해야 합니다. 어떤 아이는 한글을 읽을 수 없고, 어떤 아이는 장애가 있거나 집중력이 부족하기도 합니다. 서너 살만 되어도 이해가 가능한 그림책은 우리 아이들이 모두 이해할 수 있는 좋은 자료가 되어줍니다. 문해력과 전혀 상관없이요. 모두가 함께 참여하는 수업을 하고 싶을 때 그림책을 꺼내 듭니다.

**그림책은 재미있습니다.**
아이들을 배움으로 끄는 가장 강력한 원동력은 '재미'와 '즐거움'입니다. 그림책은 아이들의 눈높이에서 만든, 아이들을 위한 책이기에 아이들이 읽기에 재밌습니다. 그간 활용한 많은 그림책 중 아이들이 가장 재미있게 읽은 그림책을 선정하여 넣었습니다.

**그림책으로 다양한 활동을 진행할 수 있습니다.**

본문 속 수업은 아이들의 마음에 한 발자국 더 다가가는 여정입니다. 그림책은 자신의 경험을 떠올리거나 상상할 수 있게 해줄 뿐 아니라 나, 너, 그리고 세상에 관해 더 넓고 깊은 이해를 돕는 디딤돌이 돼줍니다. 그림책 수업은 독서 활동을 넘어서 다양한 활동으로 뻗어나갈 수 있습니다.

**그림책은 아이들이 마음을 열 수 있게 도와줍니다.**

아이들에게 솔직하게 표현해보라고 말한다고 해서 정말 그런 모습을 기대하기는 어렵습니다. 래포가 형성되어야 할 테고 충분한 연습이 되어야 가능하겠죠. 표현하고 싶어도 어떻게 할지 모르는 아이도 있거니와, 자칫 방어적인 태도를 보이며 마음을 닫을 수도 있습니다. 그때 아이들이 마음을 열도록 돕는 열쇠 중 하나가 그림책입니다. 그림책에 기대어, 주인공의 이야기를 예시 삼아 아이들은 자기 이야기를 조금씩 풀어냅니다.

그림책은 아이들의 마음에 가닿는 방법의 하나입니다. 이를 통해 제가 교실에서 느꼈던 아이들의 반짝이는 눈빛과 마음을 선생님의 교실에서도 마주할 수 있기를 바랍니다.

## 차례

시작하는 글: 서로의 작은 냄비를 따뜻하게 바라볼 수 있기를 … 7

### I. 감정 · 나의 마음과 인사해요

마음을 여는 자기소개: 『안돼!』 … 17
마음을 꺼내어 볼까요: 『짖어봐 조지야』 … 26
마음과 인사해요: 『아홉 살 마음 사전』 … 36
누구에게나 가시는 있어요: 『가시 소년』 … 48
가시와 친구가 되는 방법: 『소피가 화나면, 정말 정말 화나면』 … 57

### II. 나, 첫 번째 · 누구에게나 다섯 살은 있어요

우리 반의 유행어: 『괜찮아』 … 71
그림책 카페 열기: 『강아지똥』, 『짧은 귀 토끼』, 『치킨 마스크』,
  『분홍 몬스터』, 『넌 (안) 작아』 … 77
사람마다 속도가 달라요: 『진정한 일곱 살』 … 82
사실은 모두가 부러워하고 있어, 나를: 『여우지만 호랑이입니다』,
  『기린은 너무해』 … 90
나답게 사는 것의 행복: 『슈퍼 거북』 … 96

### III. 나, 두 번째 · 진정한 나와 마주해요

지금의 나를 만든 것: 『파랗고 빨갛고 투명한 나』 … 113
내가 나를 가만히 들여다보기: 『빨간 벽』 … 125
세상 vs 나: 『고슴도치 엑스』 … 134

## IV. 너 · 너를 알아가는 것만큼 재미있는 건 없어

준비운동. 너희는 모두 달라: 『근데 그 얘기 들었어?』 ··· 147
Step 1. 너희가 얼마나 다르냐면: 영화와 그림책 함께 보기 ··· 151
Step 2. 친구 관계의 비밀: 『알사탕』 ··· 159
Step 3. 내가 싫어하는 일을 남에게도 하지 않기:
　　　　『엄마를 화나게 하는 10가지 방법』 ··· 172
연습하기. 상대의 눈으로 세상 보기:
　　　　『늑대가 들려주는 아기돼지 삼형제 이야기』, 『빨간 안경』 ··· 187

## V. 우리 · 교실 속에서 함께 살아가기

나에게 우리란? 교실 그림책 큐레이션 ··· 204
무조건 함께하는 게 아니야: 『똑, 딱』 ··· 207
친구가 필요한 순간: 『나는 개다』 ··· 220
따뜻하게 바라봐주는 것: 『탄빵』 ··· 228
신뢰에 대하여: 『여우』 ··· 238
내가 생각하는 친구: 『친구에게』, 『엄마의 선물』 ··· 248

부록: 교실에서 아이들과 그림책을 쉽게 만드는 방법 ··· 257

# I
# 감정

"얘들아, 나한테 도대체 왜 그러니?"

교실에는 다양한 아이들이 존재합니다. 필연적으로 각종 싸움과 갈등이 생기고, 상처와 슬픔이 곳곳에서 터져 나오죠. 목이 터져라 열심히 잔소리하고 타일러도 보는데 왜 나아지는 것은 없는지…. 어떻게 하면 좋을까 고민하며 아이들을 관찰했습니다. 긴 관찰 끝에 내린 결론은 아이들이 자신의 마음을 잘 몰라서, 혹은 표현하는 방법을 몰라서 그렇지 않을까 하는 것입니다.

아이들은 눈에 보이지 않는 것은 잘 이해하지 못하는 경우가 많습니다. 그러다 보니 아이들은 마음속에 있는 감정, 생각, 느낌을 정확하게 알고 표현하기 어려울 테고, 상대의 마음까지 헤아리기는 당연히 힘들겠구나 싶었습니다. 만약 몰라서 못 하는 것이라면 하나씩 차근차근 배워보면 어떨까 하는 생각이 들었지요. 그래서 항상 '나의 마음 살펴보기'로 수업을 엽니다.

# 나의 마음과 인사해요

'감정: 나의 마음과 인사해요' 수업에서는 먼저 아이들과 서로 마음을 여는 인사로 시작합니다. 선생님이 먼저 마음을 보여주며 다가감으로써 아이들의 마음을 '똑똑' 두드리는 거지요. 눈에 보이지 않는 마음이 존재한다는 것을 알아보고 그 속에 무엇이 담겨 있는지 찬찬히 살펴봅니다. 표현의 수단으로 다양한 감정 단어를 배우며 모든 감정은 소중하고 그 감정들을 잘 표현하는 것도 중요하다는 것을 알게 해줍니다. 마지막으로 아이들이 이해하기 어려워하고 교실에서도 가장 큰 고민 중 하나인 '화', 분노의 감정을 어떻게 바라보아야 하는지와 그 감정과 함께 살아가는 법을 생각해보며 내 감정의 주인이 될 수 있게 도와줍니다.

자신의 마음을 살피고 꺼내어 보는 과정은 아이들 대부분이 처음일 테고, 선생님에게도 쉽지 않은 일일 수 있습니다. 하지만 자신의 마음을 이해하고 표현하는 것은 나에 대한 인식, 상대와 나의 다름에 대한 이해, 함께 살아가는 방법을 고민할 수 있는 바탕이 되기에, 어렵지만 조금씩 더듬더듬 자신의 마음을 살펴보는 이야기를 그림책으로 풀어보려 합니다.

# 마음을 여는 자기소개

『안돼!』

3월 새 학년의 첫날이면 언제나 돌아오는 자기소개 시간. 저는 학교 다닐 때 이 시간이 정말 싫었어요. 할 말도 없는데, 어쩐지 나에게 집중이 되는 어색함이란. 교사가 되고도 여전히 첫날 첫 시간의 자기소개는 어색합니다. 그래서 저는 자기소개 대신 그림책을 읽어줍니다. 아이들은 인사도 없이 갑자기 그림책을 꺼내든 선생님을 경계심 가득한 눈으로 바라봅니다.

마르타 알테스 지음, 이순영 옮김, 북극곰, 2021

"책 표지의 강아지는 어떤 성격의 강아지일까요?"
"왜 책 제목은 '안돼!'일까요?"

가족들이 늘 자신을 보면 "안 돼!"라고 말해서 자신의 이름이 '안돼'인 줄 알고 있는 강아지에 관한 이야기입니다. 강아지 딴에는 사랑하는 가족들을 위해서 이런저런 노력을 하지만, 가족들은 늘 '안 돼!'를 외치죠. 꼭 매일 잔소리 듣는 우리 아이들처럼요.

책을 다 읽고 나면 이제 자기소개를 합니다.

"안녕하세요, 여러분. 제 이름은 '씻어'입니다."
 저는 어떤 사람일까요? 제 이름을 들으면 무엇이 떠오르나요? 맞아요. 저는 잘 안 씻는 사람입니다. 그래서 하루에도 서른 번쯤 씻으라는 잔소리를 듣는 사람이죠. 아이들에게 제 이름이 왜 '씻어'인지를 한참 설명합니다. 안 씻는 게 아니라 조금 늦게 씻는 것일 뿐이라는 변명도 곁들여서요. 어쩐지 자신과 닮은 선생님의 모습에 아이들은 흥미를 느낍니다.

"여러분의 이름은 무엇인가요?"
 이제는 학생들의 차례입니다. 학생들은 오늘 처음 만났다는 어색함도 없이, 큰 목소리로 집안의 사정들을 이야기하기 시작합니다. "우리 엄마는 맨날 저만 보면 '공부 좀 해!'라고 해요." "우리 할머니는 '학원 가!'라는 말을 제일 많이 하는데." "저는 제 이름이 '핸드폰 그만해!'인 줄 알았어요!"

"여러분이 듣고 싶은 이름은 무엇인가요?"
 '마음껏 놀아!' '네 마음대로 해.' '공부 안 해도 돼.' '휴대전화 계속해.' '학원 가지 마!' …

 절대 해서는 안 될, 특히 첫날 선생님 앞에서는 더더욱 하면 안 될 것 같았던 말들을 마구 쏟아내며 아이들의 얼굴에는 즐거움이 떠오릅니다.

## 활동. 서로 인사해요

"지금부터 여러분의 소개를 해봅시다. 내가 평소에 제일 많이 듣는 이름과 내가 듣고 싶은 이름을 이야기해주세요. 친구의 소개를 듣고 궁금한 점이 있으면 편하게 질문해도 좋아요."

발표는 딱딱하게 진행하기보다는 자연스럽게 질문을 던지며 서로의 에피소드를 공유하기도 하고, 선생님의 이야기를 들려주기도 합니다. 중요한 것은 아이들이 자신의 평소 생활을 곰곰이 떠올려보고 어떤 말을 많이 듣는지를 생각해보는 것입니다. 그리고 그것을 통해 교사는 처음 만나게 된 학생들의 현재 상황과 속마음을 살펴볼 수 있지요.

### 유라쌤 Tip. 자기소개 내용은 이렇게 활용해요

첫날 많이 만드는 '삼각 이름표'를 활용해보세요. 노란색 포스트잇에는 내가 평소에 많이 듣는 이름을, 파란색 포스트잇에는 내가 듣고 싶은 이름을 써서 자신의 이름 옆에 붙여봅니다. 선생님도 아이의 이름을 외우는 동시에 아이에 대한 단서를 하나 더 외울 수 있고, 친구들끼리는 서로 자연스럽게 이름과 그 이름을 고른 이유에 관해 물어보며 친해져요. 나와 비슷한 이름은 동질감을 느껴서, 나와 다른 이름은 왜 그런 이름인지 궁금해서 서로 대화를 하게 될 거예요.

듣고 싶은 이름이 적힌 이름표를 명찰 위나 가슴에 붙이고 하루 동안은 이름 대신 불러줘도 좋아요. 아이들은 그것만으로도 속이 시원해지는 기분이 들 거예요.

## 활동. 가정과도 인사해요

아이들에게만 소개할 수 없겠죠. 학부모님께도 저의 소개를 해야 합니다. 아이들에게 과제를 냅니다.

> **과제**
> 1. 가족들에게 그림책 『안돼!』 이야기와 선생님의 자기소개 전해주기
> 2. 평소 내가 제일 많이 듣는 이름과 내가 듣고 싶은 이름 말해주기

다음 날 과제를 확인해봅니다. 대부분이 안 한 경우가 많고, 했다고 하더라도 학부모님들은 이상하게 생각하지요. 가족들의 반응을 들으며, 왜 그랬을까 생각해보기도 합니다.

> **과제**
> 가족들이 제일 많이 듣는 이름을 물어보고, 가장 듣고 싶은 이름 말해주기

다시 과제를 냅니다. 다른 사람에게 무언가를 요구하기 전에는 반드시 그 사람의 말을 먼저 잘 듣고 나도 무언가를 해주어야 한다는 말을 곁들입니다. 먼저 가족들의 말에 귀 기울인 후에, 나도 그렇게 해줘, 하고 요

구해야 한다는 대화의 기술을 알려주는 겁니다.

  다음 날 다시 과제를 확인합니다. 고학년 아이들일 경우에는 부모님들이 원하는 말과 자신이 원하는 말을 비교해보게도 합니다. 부모님들이 가장 많이 듣고 싶어 하는 말은 '네, 알겠습니다.', '사랑해요.', '고맙습니다.' 같은 말인 경우가 많습니다. 아이들이 원하는 말이 '휴대폰 실컷 해.', '학원 가지 마.' 같은 것이었던 것과 비교되기도 합니다. 생각지도 못한 이야기가 나올 때도 있습니다. 어떤 이야기가 오갔든 아이들이 가족과 대화를 했다면 목적을 달성했습니다. 교실의 이야기가 가정으로 흘러가기를, 그래서 가정과 학교가 함께 갈 수 있기를 바라는 마음에서 내준 과제니까요. 이러한 과정을 통해 가정에서도 조금씩 저에 대해 이해하게 됩니다. 선생님은 이런 사람이라는 걸요. 개인적으로 저는 교육의 성공 여부는 학교가 아닌 가정에 있다고 봅니다. 그리고 가정교육의 8할은 대화에 있다고 생각하고요. 그래서 가족과 대화할 수 있는 단서와 기회를 가정 과제와 알림장 등을 통해 제공하려고 노력합니다. 매번 아이에게 '오늘 학교 어땠어? 재미있었어?'라고 질문하는 대신 오늘 학교에서 배운 것, 있었던 일에 대해 구체적으로 대화를 나누기를 바라고, 만약 동의하신다면 부모님이 선생님과 같은 맥락에서 이야기해주기를 바랍니다.

  이렇게 첫날을 보내고 나면 아이들은 언제 긴장했냐는 듯 선생님을 가깝게 느낍니다. 형식적인 자기소개를 벗어나 진짜 자기의 이야기를 편하게 나누게 되면서 짧게는 며칠, 길게는 몇 달씩 걸리는 신뢰감 형성을 시작하게 되는 좋은 계기가 됩니다. 일단 선생님도 우리처럼 뭔가 못하는 것이 있다는 사실에 굉장히 안심하는 눈치입니다. 강아지 '안돼'를 통해 자신의 이야기나 고민을 쉽게 이야기하고, 동시에 선생님의 말과 행동에 관심을 가집니다(제가 급식 먹기 전에 손을 씻을지 안 씻을지가 모두의 관심사가 되는 거죠). 더불어 기대를 하게 됩니다. 앞으로 이 선생님과 어떤 수업을 하게 될까? 궁금해하며 선생님의 이야기에 귀를 기울이게 됩니다.

**굳이 저의 이름은 '씻어'로 소개하는 이유도 있습니다.**
"선생님의 이름 '씻어'에서 이미 느꼈겠지만, 선생님은 급식을 먹기 전에도 손을 잘 안 씻어요. 그래서 여러분에게 부탁이 하나 있습니다. 급식 먹기 전에 꼭 선생님에게 손 씻으라고 이야기해주세요. 그럼 저도 잊지 않고 손을 씻을 수 있을 것 같아요."

선생님도 사람이기에 부족한 부분이 있다는 사실은 아이들이 자신의 부족함도 너그럽게 바라볼 수 있는 바탕이 됩니다. 선생님만 아이들을 가르치는 것이 아니라, 아이들도 선생님을 돕고 가르칠 기회를 가짐으로써 우리 교실은 일방적으로가 아니라 함께 만들어가는 교실이라는 사실을 이해합니다. 이 두 가지는 제가 1년을 살아가는 학급운영관이기도 합니다. 이것을 딱딱하게 말로 하는 것이 아니라 피부로 느끼게 하려고 고르고 고른 저의 이름입니다. 아이들은 이 점 하나로 학교 오는 것이 행복해집니다. 부족한 부분이 있어도 너그럽게 바라봐주는 선생님과 친구들이 있고, 서로서로 도우면 행복해진다는 것을 매일 경험하게 될 테니까요.

**선생님의 학급운영 목표에 맞춰 자신만의 이름을 생각해보세요.**
예를 들어 저는 매일 듣는 이름을 '씻어'로 했지만 '고맙습니다' 같은 좋은 이름 혹은 듣고 싶은 이름으로 정할 수도 있습니다. 선생님이 가장 듣고 싶은 이름은 '고맙습니다'이고, 어떤 일이든 당연하다 생각하지 말고 늘 감사함을 마음에 품고 표현하면 행복한 관계를 만들 수 있음을 설명해준다면 1년간 그 반은 '고마움'을 잘 표현하는 반이 될 수 있을 거예요.

### 말의 중요성을 알게 해주는 책 『안돼!』

이 활동을 반드시 3월 첫날에 해야만 하는 건 아닙니다. 학기 중 언제든 진행할 수 있습니다. 특히 말의 중요성에 대해 배울 때 혹은 어수선해진 학급의 분위기를 바꾸는 활동으로 좋습니다. '안 돼'라는 말을 하도 많이 들어서 자신의 이름을 '안돼'라고 아는 강아지처럼, 서로가 서로에게 하는 말들이 힘을 발휘한다는 것을 이해하게 됩니다. 많이 듣다 보면 그것이 나도 모르는 사이에 마음에 박혀버린다는 것을 알 수 있지요. 그래서 가능하면 부정적인 말, 나쁜 말을 사용하지 않으려고 노력하자고 이야기할 수 있습니다. 아무리 '예쁜 말을 쓰자.', '나쁜 말을 쓰지 말자.', '생각하며 말하자.'라고 해도 아이들의 귀에는 늘 듣는 잔소리처럼 들릴 뿐입니다. 책 속의 이야기는 말의 힘에 대해 쉽게 이해하고 마음이 움직일 수 있게 도와줄 것입니다.

**유라쌤 Tip. 활동이 끝난 후 포스트잇의 행방**

앞으로 할 대부분의 활동이 그렇지만, 자신의 이름을 알아보는 이번 활동 자료는 상담의 자료이자 가정과의 연계를 위한 좋은 자료가 됩니다. 간단하게는 삼각 이름표 옆에 적어보는 것부터 간단한 학습지를 만들어 '안 돼'라는 말과 관련된 자신의 이야기를 말풍선으로 나타내거나 자신의 그림책을 만들어보는 활동까지 학급의 상황에 맞추어 진행하면 그 내용 자체가 학생들의 마음을 들여다볼 수 있는 좋은 자료이자, 앞으로 이 학생과 어떻게 만나야 할지, 그리고 학부모와는 어떤 이야기를 해야 할지를 가능하게 도와주는 자료가 됩니다. 예를 들어 학부모 상담 주간에 어떤 이야기를 해야 할지 모를 때 "우리 ○○이가 집에서 가장 많이 듣는 말이 '휴대폰 하지 마!'더라고요. 그래서 부모님께서 ○○이가 휴대폰 사용하는 것에 대해 어떻게 생각하시는지, 또 가정에서 얼마나 휴대폰을 사용하는지 등을 묻고 싶었어요." 이렇게 자연스럽게 학생 중심의 개별화된 상담을 할 수 있습니다. 후속 활동으로 비슷한 이름을 고른 친구끼리 모여 이야기를 나누고 스스로 돌아보는 시간을 가지는 집단 상담을 진행할 수도 있겠지요.

제가 추천하는 방식은 '포스트잇'을 활용하는 겁니다. 포스트잇은 뗐다 붙였다 하기가 자유로워 활동하는 동안 여기저기 자리를 옮겨 다닐 수 있습니다. 그 후에 활동이 끝나면 포스트잇을 자신의 상담 노트(학기 초에 모두 한 권씩 만들어 꽂아 둡니다)에 붙이게 하는 겁니다. 큰 노력 없이 아이들의 활동 자료가 상담 자료로 축적되고, 틈나는 대로 살펴보며 아이와 어떻게 상담할 것인지, 또 우리 학급의 교육과정 재구성은 어떤 방향으로 할 것인지 고민하는 바탕이 되어줍니다.

**양육자 TIP**

가정에서도 『안 돼』를 읽고 아이에게 '네 이름은 뭐야?'라고 물어봐주세요. 평소에 양육자가 제일 많이 하는 말 혹은 아이가 생각하는 가장 기억에 남는 말이 무엇인지 알 수 있습니다. 아이가 기억하고 있는 말이 따뜻한 말일까요, 잔소리일까요? 혹시 아이의 대답에 속이 뜨끔해서 변명하거나 '네가 이렇게 행동하니까 이렇게 하는 거지'라고 하시지는 않았으면 좋겠습니다.

'내가 그런 말을 많이 해서 네가 그렇게 생각했나 보다. 혹시 듣고 싶은 말이 있니?'라고 물어보고 그 말을 더 많이 해주겠다고 약속해주세요. 대신 여러분의 이름도 아이에게 말해주세요. "사실 엄마는 엄마 이름이 ~인 줄 알았어." 이렇게요. 예를 들면 "사실 엄마 이름이 '싫어' '안해'인 줄 알았어. 매일 ○○이가 엄마만 보면 이렇게 말하잖아? 그래서 엄마도 ○○이가 ~라고 말해줬으면 좋겠어"라고요. 그렇게 함으로써 양육자의 마음을 아이에게 전달하고 서로 원하는 이름을 불러주기로 약속해보도록 합니다. 서로가 듣고 싶은 이름을 종이에 적어 잘 보이는 곳에 붙여두고 볼 때마다 서로에게 이야기해주면 어떨까요?

# 눈에 보이지 않지만
# 존재하는 것

『짖어봐 조지야』

줄스 파이퍼 지음
조숙은 옮김, 보림, 2019

두 번째 만나볼 주인공도 강아지입니다. '안돼'와는 또 다른 모습의 강아지를 만나볼 수 있답니다.

"책 표지의 강아지는 어떤 성격의 강아지일까요?"

강아지도 사람처럼 모두 성격이 다르다고 해요. 얼핏 보기에도 조지는 그림책 『안돼!』에 나오는 강아지와는 다른 강아지처럼 보입니다. 네 발을 모두 땅에 붙이고 있고 꼬리는 아래로 내려가 있습니다. 입을 다문 채로 어딘가를 응시하고 있네요. 제목도 특이합니다. '짖어봐 조지야'라니. 보통 개에게 우리는 '짖지 마'라는 말을 더 많이 할 것 같은데 말이죠.

"조지는 왜 못 짖는 것일까요? 조지에게 무슨 일이 있는 걸까요?"
아이들은 별로 어렵지 않다는 듯 대답을 합니다.

"짖었다가 혼이 많이 나서 이제 안 짖어요."
"엄마가 잔소리를 많이 해서 그런 거 아닐까요?"
"목소리가 이상하다고 친구들이 놀려서요."

조지가 조용하고 얌전한 이유를 포스트잇을 이용해 간단히 써보도록 합니다. 이때 아이들이 쓰는 내용은 대부분 별다른 고민 없이 쉽게 쓴 대답입니다. 별 고민 없이 쓴 대답, 그 안에 본인의 이야기가 담겨 있습니다. 예를 들어 '짖었다가 혼이 많이 나서 안 짖는다.'라고 쓴 아이의 경우에는 어떤 일을 시도할 때 혼이 많이 나면 주눅이 들어 쉽게 시작하지 못하는 아이일 수 있습니다. 어른들의 경우에는 논리적으로 강아지의 처지를 생각하지만, 아이들은 다릅니다. 그림책을 읽어주는 동안 아이들은 그 주인공에 빠져들고, 자연스럽게 자신의 속마음을 이야기하는 경우가 많습니다. 물론 상상력을 발휘해 강아지의 처지에서 이유를 쓴 아이도 있고 강아지를 키워본 경험으로 '아파트에 사는 개라 성대 수술을 했어요.' 같은 대답을 하는 아이도 있지요. 이 또한 아이를 이해하는 좋은 자료가 되니, 상담 노트에 붙이는 것을 잊지 마세요.

자, 이제 조지에게 무슨 일이 있는지 한번 알아볼까요?
사실 이 책은 조지의 엄마가 조지에게 '멍멍' 하고 말을 가르치는 그림책입니다. 엄마를 따라 '멍멍' 하고 짖어보라고 하죠. 그런데 조지는 '멍멍' 하지 않습니다. 짖어보라는 엄마의 이야기에 '멍멍' 대신 '야옹' 하는 이상한 강아지입니다. 엄마가 아무리 화를 내고 반복해서 가르쳐줘도 조지는 '멍멍'이라고 하지 않습니다. '꽥꽥', '음매~' 하고 엉뚱한 소리를 내니 엄마는 미칠 노릇입니다. 도대체 뭐가 문제일까요?

조지가 '멍멍' 하지 않는 이유를 알게 되는 장면에서 어른들은 깜짝 놀라지만 아이들은 그리 놀라지 않습니다. '아, 조지 배 속에 고양이가 살고 있어서 "야옹" 했던 거구나.' 하며 있는 그대로 받아들이죠.

피아제의 인지 발달 단계에 따르면 전조작기, 구체적 조작기 단계인 아이들에게는 눈에 보이지 않는 것을 이해하기 어렵습니다. 우리가 하는 말, 행동, 태도, 표정 같은 외적인 면이 사실 눈에 보이지 않는 마음, 성격, 경험, 감정에 영향을 받는다는 것을 이해하기가 어렵다는 거죠. 그래서 아이들은 행동의 이유를 물었을 때 설명하기 어려워하거나, 타인에 대해 겉으로 드러나는 모습만 보고 쉽게 판단합니다. 예를 들어 매일 친구한테 고함을 치는 친구가 있다면 겉으로 보이는 행동만 보고 '고함치는 나쁜 애' 정도로 결론을 내립니다. '왜 고함을 치는 걸까?' 이유를 생각하기 어렵죠. 이렇게 실체가 없기에 이해하기도 설명하기도 어려운 것을 그림책 『짖어봐 조지야』는 단박에 이해시켜 줍니다. 설명이 아닌 직관으로, 말이 아닌 이미지로 말이죠. 선생님은 설명만 덧붙이면 됩니다. 고양이가 배 속에 있어서 '야옹' 했던 것처럼, '화나게 하는 무언가가 배 속에 살기 때문에 내가 화를 내는 거구나.'라고 설명할 수 있지요. 어떤 아이가 이상한 행동을 하고 있다면 '그건 배 속에 이상한 게 살고 있어서일 거야. 그럼 그 이상한 게 무엇인지 물어보자, 찾아보자.'라고 제안할 수 있습니다. 이제 아이들은 보이지 않는 것을 이해할 준비가 되었습니다. 이제 그림책을 놓고 아이들의 배 속을 살펴봅시다.

## 활동. 내 배 속 그리기

아이들과 '내 배 속 그리기'를 합니다. 이때 글 대신 그림으로 그립니다. 선생님은 아이들 사이를 돌아다니며 아이들이 그린 그림이 무엇인지 질문합니다. 글로 쓰면 선생님과 대화를 할 기회가 없습니다. 아이들이 가고 난 후 선생님 혼자 읽게 되지요. 하지만 그림으로 그리면 같이 이야기할 수 있습니다. 그 그림이 못 그린 그림일수록 선생님은 학생과 더 많이 대화할 수 있습니다.

"와, 공룡을 그렸네. 공룡을 좋아하나 보다!"
"어, 이거 공룡 아닌데. 우리 누난데."
"아, 누나야? 공룡 같은 누나?"
"네, 우리 누나는 공룡이에요. 엄청 나빠요."
"어떤 점에서 나쁜데? 맨날 너만 괴롭혀?"
"네. 그리고 막 짜증 내요."
"그런 누나를 보면 너는 어떻게 행동해?"
"저도 같이 짜증 내고 누나랑 자주 싸워서 많이 혼나요."
"아, 네 배 속에 공룡 모습의 누나가 살고 있으니 누나한테 말할 때 너도 모르게 짜증을 내는 거구나?"
"네. 맞아요."

그림을 그리는 것만으로도 아이들은 스트레스가 풀리는 것 같습니다. 고양이가 배 속에 있어 '야옹' 하고 표현했던 것처럼, 자신들도 이런 것 때문에 화가 난다고, 이 사람을 만날 때는 말을 뾰족하게 하게 된다는 이야기도 합니다. 좋은 것을 그리는 아이들보다 스트레스 주는 걸 그리는 아이들이 많습니다. 아이들의 마음속에 응어리가 많아 보입니다. 그림으로 그리고 친구와 서로 공감하고 선생님에게 이르며 조금은 풀리는 것 같습니다. 고자질은 아이들의 기본적인 특성입니다. 대체로 아이들의 마음속 응어리는 누군가 들어주고 내 편이 되어주는 사람이 있으면 사르르 녹아내리기 마련이니 아이들의 고자질을 서로 들어줍시다. 그런 날은 조금 시끄러운 교실이 되어도 좋습니다.

### 영화 <인사이드 아웃>: 내 마음속 인사이드 아웃

그림책 『짖어봐 조지야』와 함께 영화 <인사이드 아웃>을 보는 것을 추천해요. 배 속에 사는 것이 나의 말과 행동에 영향을 끼친다는 것을 영화로 만든 것이 바로 이 영화잖아요. 사춘기 딸아이의 머릿속이 궁금해서 만들었다는 영화 <인사이드 아웃>. 소심이가 버튼을 누르면 소심한 행동을 하고, 기쁨이가 버튼을 누르면 깔깔 웃는 것을 통해 배 속에, 머릿속에 사는 것이 외적인 면에 영향을 끼친다는 점을 한 번 더 살펴봐요. 영화는 한 걸음 더 나아가 기억 구슬, 성격섬, 다섯 마리의 대표 감정들처럼 배 속(영화에서는 머릿속)이 어떤 것으로 구성되어 있는지를 보여줍니다.

영화를 보고 나면, '내 마음속 인사이드 아웃'이라는 활동을 통해 나의 머릿속을 살펴봅니다. 『짖어봐 조지야』에서 진행한 배 속 살펴보기 활동과 다른 것은 좀더 구체화되고, 기억, 성격, 좋아하는 것, 싫어하는 것 등이 추가된다는 것이지요. 따로 하지 않고 그림책과 영화를 모두 본 후에 한 가지 활동만 진행해도 좋습니다.

활동할 때 선생님의 태도가 중요합니다. 선생님이 보이는 반응에 따라 아이들은 보여주고 싶지 않은 자신의 배 속을 숨기게 됩니다. 예를 들어 선생님이 '짜증'에 대해 나쁘게 반응하면 그 부분은 드러내지 않으려 할 거예요. 솔직하게 자신의 배 속을 그려낼 수 있도록 허용적인 분위기를 만들어 주는 동시에 사적인 부분이라 알리고 싶지 않은 것이 있다면 자기만 아는 표식으로 그려도 괜찮다고 이야기해줘요. 아이들이 편안하게 자신의 배 속을 다 드러내는 데 가장 좋은 것은 선생님의 솔직한 예시입니다. 선생님이 조금 부끄러운 부분까지도 솔직하게 드러내어 보여준다면 아이들은 편하게 자신의 마음을 드러낼 수 있을 거예요.

자, 여기 두 친구가 있습니다. 어때요? 한눈에 보기에도 완전히 다른 사람이라는 것을 알 수 있죠? 아이들에게 '사람마다 머릿속 혹은 배 속이 다르구나!' 하는 것을 말로 설명하는 것이 아니라 친구들의 활동 결과물을 통해 모두 다르다는 것을 통해 직관적으로 느끼도록 돕습니다. 그래서

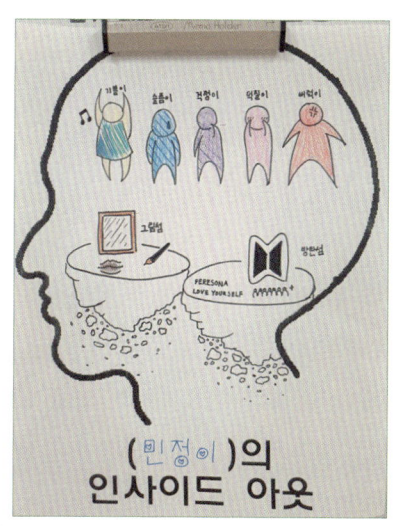

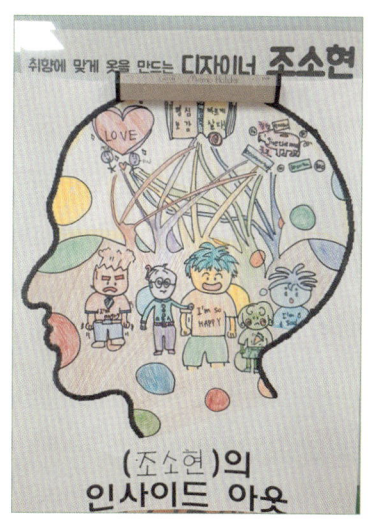

학급 게시판에 아이들의 활동지를 게시하거나, 하나로 묶어서 우리 반 책으로 만들어 학급문고에 꽂아두면 자연스럽게 아이들은 서로를 이해하게 됩니다.

예를 들어볼게요. 민정이의 머릿속에는 '방탄섬'이 있고 '덕질이'가 살고 있습니다. 민정이는 방탄소년단의 팬입니다. 소현이의 머릿속에 있는 것 중에서는 '명심보감'이 눈에 띕니다.

두 사람은 좋아하는 것이 완전히 다르지요. 아이들에게 질문을 던집니다. "민정이에게 방탄소년단의 외모에 대해 나쁘게 말하면 어떻게 반응할까요?"

아이들은 민정이의 머릿속을 근거로 이것저것 대답합니다. 그 후 민정이에게 정답을 이야기해달라고 하지요. 화를 내며 '우리 오빠들 멋지다!'라고 주장합니다.

"선생님이 소현이에게도 똑같이 방탄소년단의 외모에 대해 나쁘게 말했어요. 어떤 반응을 보일까요? 민정이와 같을까요?"

아이들은 이번에도 소현이의 머릿속을 근거로 자신이 추측한 답을 내놓습니다. 방탄소년단이 머릿속에 없으니 관심이 없을 것이라는 의견이 우세합니다. 소현이에게 정답을 이야기해달라고 했더니 "사람의 외모에 관해 이야기하는 것, 특히 부정적인 이야기를 하는 것은 좋지 않으니 마음속으로만 생각하면 좋겠다."라고 대답했습니다.

이렇게 같은 질문에 대한 답은 완전히 다릅니다. 배 속이 다르기 때문이지요. 아이들은 이 과정을 통해 선생님이 이야기하고 싶은 것, '배 속에 사는 것들이 외적인 것에 영향을 준다'는 사실을 온전히 이해하게 됩니다.

**유라쌤 Tip.** **아이들의 머릿속은 학급 수준의 교육과정 재구성에 활용해요.**

학급 수준의 교육과정 재구성을 해야 하는데 학기 초 아직 아이들이 파악되지 않았을 때, 혹은 우리 아이들에 맞게 어떻게 재구성할지 고민이 된다면 아이들의 머릿속 활동지에서 아이디어를 찾아보세요. 예를 들어 민정이의 머릿속에는 방탄소년단이 있어요. 그걸 보고 저는 6학년 국어 시간에는 〈LOVE MYSELF〉라는 방탄소년난의 노래를 이용해 '작품 속 인물과 나' 수업을 진행했고, 사회 시간 국제기구 관련해서는 UN 총회에서의 방탄소년단 연설을 수업 자료로 가져오기도 했어요. 이처럼 아이들의 머릿속은 아이들이 서로를 이해하는 도구인 동시에 교사가 아이들을 이해하도록 돕는 실마리가 될 수 있어요.

'친구 시험'을 보게 하는 것도 재미있어요. 시험 방법은 간단해요. 아이들의 활동지를 모두 스캔한 후에 이름을 가리고 누구의 것인지 맞히게 하거나, 머릿속에 나타난 것 중 중요한 부분을 가리는 식으로 문제를 내면 됩니다. 예를 들어 소현이의 활동지에서 '명심보감'을 가리고 맞히게 하는 것이지요. 그럼 아이들은 자연스럽게 친하지 않은 아이에게도 말을 걸고 관심을 두게 되며 즐겁게 시험을 볼 것입니다.

**유라쌤 Tip.** 아이들의 머릿속은 학급 수준의 교육과정 재구성에 활용해요.

『짖어봐 조지야』는 사실 아이보다는 어른에게 읽어주고 싶습니다. 학부모 총회 등 학부모와 만나는 날에, 또 선생님들 앞에서 연수를 하게 될 때면 가장 먼저 읽어드리는 그림책이지요. 어른에게 읽어줄 때는 미리 조지의 엄마 입장이 되어 들어달라고 부탁드립니다. 아이가 있다면 우리 아이가 조지라고 생각하고, 아이가 없다면 우리 반에 조지가 전학 왔다고 생각해달라고 하지요. 이야기가 진행되면 여기저기서 한숨과 탄식이 나옵니다. 조지 엄마와 같은 표정이 된 어른들께 기분이 어떤지, 만약 조지 엄마라면 어떻게 하실 것인지를 물어봅니다. 답답함, 짜증을 느끼는 경우가 많고 무시하거나 화를 낼 것 같다는 대답이 대부분입니다. 그러나 이야기가 끝나고 나면 어른들의 표정이 바뀝니다.

"조지가 야옹 하고 짖은 이유는 뭐였죠?"
"배 속에 고양이가 있어서요."
"그럼 아이들이 화를 내는 이유는 무엇일까요?"
"배 속에 화가 있어서요."
"그런데 우리 어른들은 그런 아이들에게 어떻게 하죠?"
"…"

침묵이 흐릅니다. 우리는 이상한 행동을 하거나 잘 따라오지 못하는 아이를 만나면 그 배 속을 살펴보려는 노력보다는 먼저 화를 내고, 답답해하는 경우가 많습니다. 특히 '개가 멍멍 하는 일'처럼 당연한 것을 못할 때 우리의 스트레스는 말로 다 못 하죠. 화를 내지 않더라도 조지의 엄마처럼 바른 행동이나 말을 가르치려 하거나 '왜 저러지?' 답답해하며 고치려고 합니다. 아이에게 '바른/옳은 행동'을 하도록 가르치는 것은 당연한 일이니까요.

하지만 그림책에서 고양이가 나왔을 때 조지의 표정은 자신도 몰랐다는 듯 깜짝 놀란 얼굴입니다. 아이는 자신의 배 속에 무엇이 있는지 잘 알지 못합니다. 눈에 보이지 않기 때문이지요. 그저 그런 행동과 말이 나와서 하는 것뿐인데 어른들은 잘못되었다고 합니다. 혼나고 잔소리를 듣는다고 쉽사리 그 행동이나 말이 바뀌지 않습니다. 배 속에 있는 것이 사라지지 않았기 때문이지요. 그래서 어른들에게 부탁드립니다. 아이가 이상한 행동을 한다면 먼저 그 배 속을 살펴봐달라고요. 자신의 배에 뭐가 있는지도 모른 채 그저 누르기만 한다면 결국 그것은 마음 어딘가에 상처로 남게 될 것입니다.

아이들에게는 자신의 이야기에 귀 기울여주는 어른이 필요합니다. 자기도 잘 모르는 자신의 배 속을 함께 들여다봐주고, 꺼내서 해결할 수 있게 도와주고, 괜찮다고 다독여주는 어른 말입니다. 나도 몰랐던 나의 배 속을 살펴보고 난 후에는 혼내는 말도 잔소리도 더 잘 들을 수 있지 않을까요? 멍멍 해야 하는데 야옹 한다면 '고양이는 야옹! 개는 멍멍!'이라고 화내는 대신 '아, 너는 개인데 고양이 소리를 잘 내는구나!' 하며 다가가는 것은 어떨까요? 배 속에 고양이가 있나 보다, 하며 배 속을 함께 살펴봐주는 건요. 왜, 어쩌다가 배 속에 고양이가 들어가 있는지 또 고양이를 어떻게 하면 꺼낼 수 있을지 함께 고민하다 보면 아이는 자연스럽게 바르게 성장하지 않을까, 생각해봅니다.

# 마음을 배워요

『아홉 살 마음 사전』

『짖어봐 조지야』를 통해 눈에 보이지 않지만, 우리의 배 속에 무언가가 있다는 것을 알게 되었습니다. 그리고 그것이 우리들의 말과 행동에 영향을 끼친다는 것도 알게 되었지요. 이번 책에서는 배 속에 사는 것 중 '감정'이 무엇인지 배워보려 합니다.

박성우 글, 김효은 그림, 창비, 2017

이 책은 마음을 표현할 수 있는 단어 80개를 아이들의 눈높이에서 이해할 수 있게 아이들이 겪어봤을 법한 상황으로 표현하고 있어요. 예를 들어 '걱정스러워'라는 단어는 "과자 사러 간 동생이 오지 않아서 슈퍼로 달려갔어. 아직도 과자를 고르고 있으면 어떡해?"라고 설명하고 있죠. 그래서 아이들이 쉽게 이해할 수 있고, 혹시 공감하지 못하는 상황이라고 하더라도 왜 공감이 안 되는지 생각해볼 수 있는 그림책입니다.

## 활동. 마음 퀴즈

 이 책은 본문의 페이지 한 장 한 장이 모두 중요하고 의미 있습니다. 그래서 모두 가르쳐주고 싶은 선생님의 욕심에 퀴즈 형식으로 읽기를 진행했습니다. 마음 퀴즈를 하기 전, 원활한 진행을 위해 약간의 사전 작업이 필요합니다. 선생님이 먼저 읽고 우리 아이들의 수준에 맞게 단어를 골라내는 작업부터 시작합니다. 예를 들어 저학년이라면 '허무해' 같은 단어는 어려울 수 있으니 빼둡니다. 그 후 단어 카드를 만들어 칠판이나 게시판에 부착해둡니다. 단어 카드는 퀴즈를 풀 때 참고할 보기가 될 겁니다. 방법은 다음과 같습니다.

마음 퀴즈 중간 과정. 아래쪽에는 보기가 되는 단어들이 있고 위쪽에는 대표 감정들이 있으며, 퀴즈를 푼 단어들은 각각 대표 감정 아래쪽으로 옮겨서 배치합니다.

> 1. 칠판의 가장 아래쪽에 보기 단어를 배치해 둡니다.
> 2. 사회자는 단어를 제외하고 상황을 읽어줍니다.
> 3. 상황 설명을 들은 아이들은 칠판에 있는 보기 단어 중에 정답을 고릅니다.
> 4. 아이들이 정답이라고 생각하는 감정 단어는 위쪽으로 올려줍니다.
>    다른 퀴즈와 다른 점은 아이들이 생각하는 정답을 모두 올려준다는 점입니다.
> 5. 정답 후보 단어들을 살펴봅니다.
> 6. 정답을 말해준 후 대표 감정 중 어떤 감정에 속할지 생각해봅니다.
>    (대표 감정: 기쁨/슬픔/소심/짜증/분노)
> 7. 대표 감정이 정해지면 그 아래로 단어 카드를 옮깁니다.
> 1~7번을 계속 반복합니다.

이때 제일 중요한 것은 5번, 아이들이 정답이라고 생각한 단어들을 살펴보는 작업입니다.

예를 들어볼게요(같이 한번 풀어보세요).

**더운 여름에 튜브 타고 물놀이하는 상황에서는 어떤 감정이 들까요?**

아이들은 칠판에 있는 보기 단어 중 '기뻐', '상쾌해', '신나', '즐거워', '유쾌해', '좋아', '행복해'와 같은 단어들을 고릅니다. 이 중 정답은 무엇일까요? 책 속의 정답은 '즐거워'입니다. 정답보다 중요한 것은 5번, 아이들이 정답이라고 생각한 단어를 살펴보는 일입니다. 가만 살펴보면 아이들이 고른 모든 단어가 다 정답이 됩니다. 모두 '기쁨'이라는 대표 감정 속에 속하는 마음 단어로 사람에 따라 표현 방식이 다를 뿐이지요. 아이들의 성향에 따라, 혹은 기쁨의 정도나 상황에 따라 이렇게 다양하게 표현할 수 있다는 것을 짚어줍니다. 그 과정에서 아이들은 더 많이 배우게 됩니다. 이 수업이 끝나고 나면 아이들은 같은 상황에서 '좋아.'라는 말 대신 '기뻐!', '신나!', '유쾌해!' 같은 다양한 표현들을 사용할 수 있게 될 테니까요.

또 다른 예를 들어볼게요.
**학교에 와서 신발을 벗다가 양말을 짝짝이로 신었다는 걸 알았을 때는 어떤 감정일까요?**

보통 '당황스러워'를 많이 고르는데요, 어떤 아이들은 '괴로워', '걱정스러워', '미워', '야속해', '부끄러워', '속상해' 등의 단어를 고르기도 합니다. 위의 예에서는 아이들이 다른 친구들이 고른 정답을 모두 동의했다면, 이번 단어는 아이마다 의견이 분분합니다.

"아니 양말을 짝짝이로 신었다고 괴로울 것까지 있어?"
"양말을 짝짝이로 신고 왔는데 누가 미운 거야?"

이럴 때는 그 단어를 고른 아이들을 한 명씩 인터뷰해주면 좋습니다. 그 아이에게 그렇게 생각한 이유를 직접 듣는 것이지요. 예를 들어 '괴롭다', '걱정스럽다'를 선택한 학생의 경우 평소 소심하거나 내향적일 가능성이 큽니다. 이유를 물어보면 아마도 '종일 아이들이 제 양말을 보고 뭐라고 할 것 같아요.' 같은 대답을 할 수 있겠죠. 이때 중요한 것은 그래서 그 아이를 바꾸려고 하는 것이 아니라 있는 그대로 가치 판단 없이 그 마음을 짚어주는 것입니다. "아, ○○이는 아이들이 양말을 보고 뭐라고 할까 봐 걱정되는구나. 평소에도 주변 친구들이 너에게 뭐라고 할까 봐 걱정이 많아? 얘들아, ○○이는 걱정이 많다고 해. 그럼 우리 어떻게 해야 할까? ○○이가 걱정하지 않도록 어떤 배려를 해줄 수 있을까?" 이렇게요. '밉다', '야속하다'를 선택한 학생한테는 무엇을 물어볼 수 있을까요? 맞아요. 누가 왜 도대체 밉고 야속한지를 물어봐야겠죠. 보통 이런 대답을 하는 학생은 의존적인 학생이거나 (실제로 양말을 엄마가 다 골라준다던가 할머니가 신겨준다던가) 남의 탓을 하는 학생이거나 (양말 잘못 신고 온 것도 엄마 탓을 하는 경우) 혹은 스스로가 밉고 야속하다고 말하는 학생도 있어요. 이때 역시 심각한 것(자기혐오, 부모님과의 불화 등)이 아니라면 가치 판단을 하기보다는 있는 그대로 짚어주고 친구들과 이 친구를 있는 그대로 인정할 방법과 태도를 생각해보도록 해요.

하나의 단어를 배우는 과정에서 아이들은 친구마다 배 속에 들어있는 것이 다르기에 같은 상황에서도 다른 마음을 느낀다는 것을 알게 돼요. 선생님의 태도를 통해 아이들은 자연스럽게 마음이라는 것에 틀린 것이 없고 다른 것만 있다는 것을 알게 되고, 친구를 조금 더 이해할 수 있게 되며 나와 다른 마음을 가진 친구를 어떻게 배려해야 할지 고민도 하게 됩니다.

7번 대표 감정을 고르는 작업에서도 의견이 갈라집니다. 예를 들어 '당황스럽다'라는 단어의 경우 아이의 특성에 따라 '소심함', '분노', '슬픔'으로 나뉩니다. 그럴 때 각각의 대표 감정을 넣어 연기를 해보면 좋아요. '당황스러워!'라는 단어를 분노하면서 혹은 울면서 말해보도록 하는 거죠. 그 후 투표를 통해 가장 알맞다고 생각하는 대표 감정을 골라줘요.

최종적으로 칠판은 오른쪽과 같은 형태가 됩니다.

대표 감정 아래에 마음 단어를 배치해 모둠을 만들어주는 이유는 같은 상황에서 항상 '좋아요', '싫어요', '짜증 나요' 같은 단순한 표현만 하는 아이들에게 이유에 따라, 상황에 따라, 혹은 상대에 따라 다양하게 표현할 수 있음을 알려주기 위해서입니다. 마음 퀴즈를 풀어가는 과정에서 아이들의 어휘력은 매우 향상됩니다. 비슷한 단어의 세세한 차이를 이해하고 어떨 때 어떤 단어를 써야 하는지를 알게 되지요. 하지만 결국 이 수업의 목표는 단어를 많이 외우고 이해하는 인지적인 부분이 아니라 스스

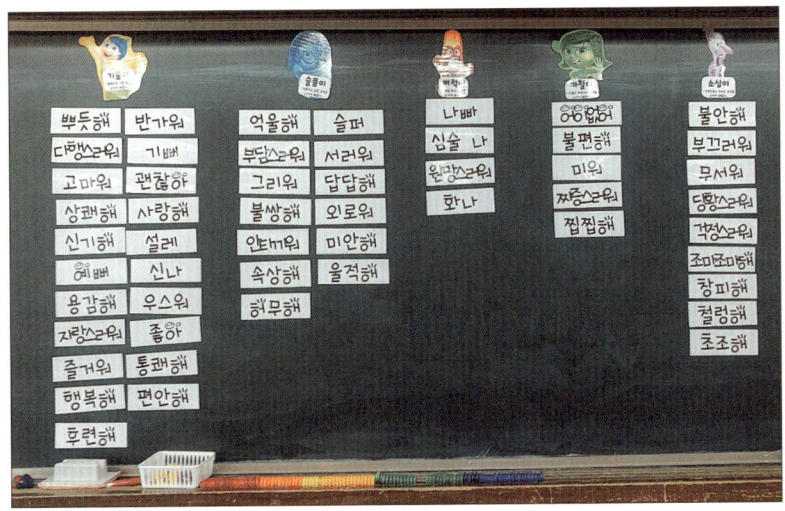

로 마음을 잘 이해하고 표현하는 것이기에 조금 더 쓰임새 있게 머릿속에 구조화되도록 모둠을 만들어주는 것이지요. '나는 지금 기뻐, 왜 기쁘지? 아, 그동안 걱정하던 일이 끝나서 기쁘구나. 가슴이 시원해지는 느낌이야. 이럴 때는 "상쾌해"라고 표현하면 되겠다!' 이렇게 생각을 정리할 수 있도록 구조화를 해주는 겁니다.

2학년 아이들과 이 수업을 하고 한참이 지난 후 학습 발표회가 있었습니다. 그때 대기실에서 아이들에게 기분이 어떠냐고 물어보았는데, 아이마다 다 다른 대답을 하더라고요. "마음이 조마조마해요.", "엄청 떨려요.", "나는 떨리긴 하는데 설레는 쪽에 가까워요."라며 자신의 감정을 표현하기에 "너희 2학년 맞아?" 하며 웃었더니 아이들이 "선생님, 이거 우리 다 배운 거잖아요!" 하더라고요. 자신의 배 속에 있는 것이 고양이인지 오리인지를 정확하게 파악하고 그것을 밖으로 표현할 줄 아는 아이들이 참 예뻤습니다.

### 유라쌤 tip. 마음 퀴즈를 더 재미있게 하려면

아! 마음 퀴즈의 과정은 굉장히 길어요. 단어의 개수를 조정하기에 따라 다르지만 50개 기준 4시간 정도 걸렸습니다. 이때 선생님이 모두 진행하시는 것은 단조롭기도 하고 선생님도 힘들기에 아이들과 함께 진행하면 좋아요. 처음 3~4개 정도 예시를 보여준 후 아이들에게 사회자의 자리를 넘겨주는 것이지요. 정확한 단어를 맞춘 학생에게 다음 퀴즈를 내도록 해도 좋고요. 마이크가 있으면 더 좋아요. 퀴즈 형식을 취하다 보니 분위기가 어수선해지기 쉬운데 마이크가 있으면 더 매끄럽게 진행이 됩니다. 저학년의 경우에는 칠판의 보기를 떼었다 붙였다 해주는 도우미가, 고학년의 경우에는 태블릿을 이용해 단어의 사전적 의미를 찾아봐주는 도우미가 있으면 금상첨화! 인상 깊었던 것은 이 퀴즈가 끝난 후에도 아이들이 쉬는 시간이나 점심시간에 마음 퀴즈를 놀이처럼 했던 것이에요. 이번에는 보기 없이, 자기들끼리 문제를 내고 답을 맞히거나 변형한 놀이를 진행하기도 했어요. 강당에서 단어들을 바닥에 놓고 한 바퀴를 돌고 와 자신이 정답이라 생각하는 단어를 짚어서 사회자에게 가져오는 놀이를 했는데, 이처럼 단어 카드를 정답을 찾은 아이에게 주고 나중에 마음 사전 책을 만들 때 활용해도 좋겠다 싶었어요. 아이들의 특성에 따라 교실에서도 다양하게 변형하여 진행하고 이때 아이들에게 아이디어를 물어본다면 수십 개의 단어도 재미있게 익힐 수 있을 거예요.

온라인 수업에서는 조회, 종례 시간에 출석 체크로 하루 2~3개씩 마음 퀴즈를 풀어보면 어떨까요? 패들렛을 활용해서 오늘 배운 단어의 모둠을 만들어주고요. 최종적으로 마음 패들렛이 모두 완성되었을 때, 우리 반의 마음에 대한 이해도도 높아져 있을 거예요.

## 활동. 우리 반의 마음 사전을 만들어요

우리 반이 만든 마음 사전의 일부. 똑같은 '뿌듯해'라는 마음 단어에 대해 서로 다른 상황이 적혀 있다. 이를 통해 아이들은 사람마다 감정을 느끼는 상황이 모두 다르고, 같은 상황에서도 다른 감정을 느낄 수 있음을 이해하게 된다.

마음 퀴즈가 끝난 후에는 『우리 반의 ○○살 마음 사전』을 만듭니다. 마음 사전의 단어 중 원하는 단어를 골라 나는 언제 그 마음을 느끼는지 상황을 그림과 글로 표현하는 활동입니다. 이때 중요한 것은 같은 단어를 중복으로 선택할 수 있게 하는 것입니다. 그럼 같은 단어에 대한 서로 다른 생각을 알 수 있습니다. 내가 만든 마음 사전 페이지는 학급에 게시한 후 일정 시간이 지나면 책으로 엮어 학급문고에 꽂아둡니다. 이 과정에서 아이들은 같은 마음을 다 다른 상황에서 느끼기도 하고 다른 상황에서 같은 마음을 느끼기도 한다는 것을 자연스럽게 알게 됩니다. 예를 들어 '처음으로 엄마 심부름을 할 때의 마음'을 뿌듯하다고 표현한 친구의 페이지를 보며 어떤 학생이 "나는 엄마가 심부름시키면 짜증나던데 너는 뿌듯해? 도대체 왜 뿌듯해?"라고 질문할 수 있습니다. 그 페이지의 작성자는 이렇게 대답할 수 있겠지요. "왜냐하면 엄마가 나를 못 믿었으면 혼자 심부름 다녀오라고 말을 안 했을 텐데, 이제 나도 다 커서 시키시는 거잖아? 그래서 나는 엄마가 나를 믿는구나 싶어서 뿌듯했어." 이런 식으로 자연스럽게 서로서로 마음도 살펴보고 상황을 이해하는 과정이 계속 일어나게 됩니다. 수업이 끝난 후에도 배움이 계속되는 거지요.

**유라쌤 tip.** 우리 반 마음 사전 만들기 활동을 할 때

   아이마다 속도가 달라 먼저 끝내는 아이, 나중에 끝내는 아이가 걱정될 수 있겠죠? 그래서 저는 시간 안에 할 수 있는 만큼 하라고 합니다. 그러면 어떤 아이는 한 개의 단어를 정성 들여 만들고 어떤 아이는 10개의 단어를 휘리릭 만들기도 합니다. 아이들이 만드는 동안 선생님인 저는 표지를 만들고 저의 페이지도 만들어 봅니다. 만든 책은 아이들의 동의를 받아 스캔 후 유튜브에 올리기도 하고, 대출증을 만들어 집에 가져가거나 옆 반에 빌려주게끔 합니다.

   수업마다 아이들과 나눈 이야기는 정리하여 학급 홈페이지 알림장을 통해 가정에 전달합니다. 이를 통해 가정에서도 마음 단어에 대해 신경

쓰며 대화를 하게 되고, 아이들의 마음 표현에 귀 기울이게 됩니다. 학부모님들이 평소 학생의 감정 표현과 관련하여 걱정하시는 부분에 대해 전달하기도 합니다.

**2018. 4. 24. 학급 홈페이지 내용 중에서**

아이들이 이야기한 단어들을 모두 묶어 비슷한 단어들이라는 것을 알려주고, 의미가 어떻게 다른지 실제 사례를 들려주며 이야기해주거나, 아이들이 인사이드 아웃 속 어느 캐릭터의 마음인지 궁금해할 때 직접 그 캐릭터를 연기하며 그 말을 해보는 시연을 자주 하는데, 아이들이 그게 재미있었던지, 막 따라 하며 자기들끼리 퀴즈를 잘 내더라고요.

예를 들면, '초조해', '조마조마해', '불안해', '철렁해', '걱정스러워' 같은 단어들은 비슷한 단어인데 의미가 조금씩 다릅니다. 아이들은 같이 섞어 이야기할 때가 많습니다. 그럴 경우 이 단어들은 모두 '소심이'의 말들이라는 공통점이 있음을 알려주고 예를 들어 설명합니다.

- '초조하다'는 어떤 일이 빨리 끝나기를 바랄 때.
(예를 들면 '차라리 빨리 주사 맞는 게 낫겠다!' 하며 주사 차례를 기다릴 때의 마음.)
- '조마조마해'는 가슴이 콩닥콩닥 뛰는데 걱정스러워서 뛰는 것.
(예를 들면 눈앞에서 오빠가 풍선을 계속 불 때 곧 터질까 봐 걱정스러움.)
- '불안해'의 경우 잘못될까 봐 걱정하는 것.
- '철렁해'는 큰일이 날 뻔해서 가슴을 쓸며 어휴, 하는 것.

그때그때 상황들을 말해주며 이해할 수 있도록 해주되, 모두 소심이의 말에서 나왔으니 자기의 감정에 따라 사용해도 좋으며 정답이 될 수 있다고 말해주었습니다.

'외로워'라는 단어를 이야기하며 '왕따'에 대한 이야기도 하였는데요. 혼자인 것과 왕따는 조금 다른 개념임을 알려주고, 어디까지가 혼자인 것/외로운 것/왕따인지를 차근차근 알려주었습니다.

1. 혼자 있는 게 더 좋다.
2. 혼자 있어도 괜찮다.
여기까지는 개인의 특성 또는 그날의 기분에 따라 생기는 자연스러운 마음.

3. 나도 같이 놀고 싶은데 다 다른 친구들이랑 놀고 있네. 끼어들기가 좀 그래.
4. 나는 이렇게 생각하는데 다른 친구들은 다 생각이 다르네. 내 마음을 몰라줘.
여기까지는 외로운 마음.

5. 너랑 나랑 싸웠어. 혹은 나는 네가 싫어. 미워.
이런 마음이 드는 것은 일어날 수 있는 일이고 자연스러운 감정.

6. 네가 싫으니까, 내가 너랑 싸웠으니까 나쁘게 이야기하고 욕하고, 괴롭히고, 다른 친구들에게 놀지 말라고 하고, 그렇게 해서 다른 친구들이 모두 그 친구의 말에 대꾸도 안 하고, 없는 사람 취급하거나, 혹은 괴롭히거나 하면 그것은 왕따!

★ **왕따를 당했을 때의 마음가짐** ★
무너지지 말 것. 왜냐하면 너는 그냥 너라는 이유만으로도 소중하니까! 내 마음 다지기!, 어른한테 도움 요청하기.

★ **우리 반 친구들이 누군가를 왕따시킬 때, 그 친구를 돕는 방법** ★
'나는 얘랑 놀고 싶어' 혹은 '나는 같이 놀래?' 하며 친구의 옆에 있어주는 것. 먼저 다가가 따뜻하게 말해주는 것, 먼저 손잡아주는 것임을 알려주고 미운 감정은 마음속에 생길 수 있는 자연스러운 감정이되, 밉다는 이유로 괴롭히거나 욕하지 않도록 한 번 더 이야기해주었습니다.

『아홉 살 마음 사전』과 함께하는 공부를 통해 '나'를 이해하다 보니 자연스럽게 '너'를 이해하고 존중하는 교실이 되었습니다. 이 과정에서 선생님도 조금 더 감정 표현에 자유로워질 수 있고요.

이 책은 2학년 2학기 국어책에 수록되어 있어 2학년에서만 해야 하나 걱정이 될 수도 있습니다(심지어 제목도 '아홉 살' 마음 사전이라!). 하지만 마음과 감정 표현은 모든 학년에서 다 필요한 내용이기에 어떤 학년이든 적용할 수 있고, 학기 초 적응 활동으로 창체 시간에 간단하게 진행해도 좋아요. 혹시 아이들이 이미 아래 학년에서 했던 활동일지라도 그때와 또 달라진 마음을 느끼며 감정과 마음도 바뀔 수 있음을 알게 해주는 것도 좋은 방법입니다.

**양육자 TIP**

가정에서 아이와 책을 읽고 같은 활동을 할 경우 아이가 해야 할 활동이 늘어납니다. 감정 단어의 퀴즈 정답도 아이가 맞춰야 하고, 마음 사전 전체도 아이가 만들어야 한다면 굉장히 부담스러울 겁니다. 그래서 가정에서 『아홉살 마음사전』 활동을 할 때는 가족이 함께 해주세요. 마음사전 시간을 만들어 퀴즈도 돌아가면서 진행하고, 마음 사전을 만들 때도 가족이 나누어서 함께 만드는 거죠. 아니면 감정 단어 중 꼭 알려주고 싶은 감정을 뽑아 개수를 줄여주면 좋습니다. 한 번에 모두 하려면 배우는 것 없이 지쳐버릴 수도 있음을 꼭 기억하고 책을 읽어주세요.

# 누구에게나
# 가시는 있어요
### 『가시 소년』

감정에 대해 배우고 나니 감정 표현이 많아지고, 서로의 다름을 이해하는 마음이 한 뼘 자랐습니다. 하지만 아이들은 여전히 마음에 걸리는 것들을 질문합니다.

**"선생님, 모든 감정이 소중한 것은 알겠어요. 그런데 화내는 건 나쁜 것 아닌가요?"**

화내지 마라, 소리 지르지 마라, 폭력은 나쁜 것이다, 라는 말을 어렸을 때부터 들어온 아이들은 한결같이 이야기합니다. 화내는 것은 나쁜 것이라고요. 특히 교실 안에 화를 잘 내는 친구가 있다면 아이들의 반응은 더더욱 예민해집니다. 그때 조용히 『가시 소년』을 꺼내 듭니다.

**"표지를 보니 어떤 생각이 드나요? 떠오르는 것이 있나요?"**
**"주인공은 왜 가시 소년이 되었을까요?"**

말 대신 입에서 가시가 나오는 가시 소년이 주인공인 이야기에요. 온통 가시투성이인 주인공은 친구들, 선생님, 가족 때문에 점점 더 가시를 세우게 됩니다. 그러다 결국 아무도 소년과 이야기를 하려 하지 않게 되죠. 혼자가 된 소년은 치과에 가서 가시를 모두 뺀 후 웃으면서 이야기합니다.

"나랑 놀자."

"나를 안아주세요."

"나는 너를 좋아해."

이 책을 어떻게 활용하면 좋을까요? 우리 반의 가시 소년을 이해해보는 데 활용할 수도 있어요. 실제로 이 책을 꺼내 읽기 시작하면 아이들은 우리 반의 어떤 친구를 떠올리며 수군거리기도 하니까요. 매일 화만 내는 친구가 표현이 서툴러 그렇지, 마음으로는 같이 놀고 싶어 하는 거야, 라고 이해를 시킬 수도 있겠죠. 하지만 이 수업 후 그 친구의 별명은 무엇이 될까요? 가시 소년이라는 낙인을 선생님이 찍게 되는 것은 아닐까, 두려웠어요.

권자경 글,
하완 그림, 천개의바람, 2021

**그래서 저는 이 페이지를 펼쳤어요. "누구에게나 가시는 있어."**
**"세상에 화가 없는 사람이 있을까요?"**

아이들은 곰곰이 생각해봅니다. 사실 화가 없는 사람은 없어요.

"선생님이 가시가 나면 어떤 모습인지 기억하나요?"

"목소리가 엄청 커져요!"

"맞아. 근데 진짜 화나시면 목소리가 작아져요. 존댓말도 엄청 무섭게 써요."

가만 생각해보면 어른인 선생님도 화를 냅니다.

『가시 소년』 권자경 글, 하완 그림, 천개의바람, 2021, 16~17쪽.

"모든 사람은 가시를 가지고 있어요.
어떤 사람은 그 가시가 밖으로 뾰족하게 나오죠.
소리를 지르고 화를 내고 때론 폭력적으로 변합니다.
어떤 사람은 그 가시가 안으로 뾰족해서, 스스로를 찔러요.
울기도 하고, 입을 꾹 다물거나 사라지고 싶기도 하죠.
여러분의 가시는 어떤 모습인가요?"

## 활동. 나의 선인장 만들기

지금부터 가시가 났을 때의 내 모습을 떠올려보세요.
그리고 '나 선인장'을 만들어볼 거예요.

선인장의 몸통 부분에는 '내가 가시가 났을 때의 표정'을 그립니다.

화분의 띠 부분에는 자신의 이름을 쓰고,

화분 몸통에는 언제 가시가 나는지 상황이나 말을 써봅시다.

다 그린 선인장 그림은 교실에 게시하고 찬찬히 읽어보도록 했어요.

매일 우는 아이가 있었어요. 반 친구들도 부모님도 그 아이를 아기같이 떼를 쓰는 아이라고 생각했어요. 그런데 이 그림을 보고 알게 되었지요. 소외감을 느낄 때마다 가시가 돋아 눈물을 흘렸다는 것을요.

착하고 모범생이었던 또 다른 아이는 자신을 불로 그렸어요. 읽어보니 화를 내면 나쁘다고 배워와서 꾹 참았던 거예요. 그래서 늘 마음에 불을

품고 있었던 거죠.

이 수업을 한 후 교실이 많이 달라졌어요. 첫 번째 그림의 매번 울던 아이는 달래주는 친구들이 생겼어요. 이전에는 아기 같다고 싫어했던 친구들이 '왜 울어?'라고 물어봐주었어요. 눈물을 흘리는 이유는 분명 배 속에 있을 테니까요. 두 번째 아이를 위해서는 학급 회의가 열렸어요. 화를 낼 줄 모르는 아이에게 화내는 방법을 가르쳐주고 연습하도록 도와주었죠. 열심히 화내는 방법을 배우는 친구를 위해 아이들은 자주 그 아이에게 '혹시 속상해?', '혹시 화났어?'라고 물어보았고요. 아직은 화를 표현하는 방식이 서툴지만 조금씩 화를 표현하는 방법을 배우고 있어요.

아이들의 선인장 모습은 모두 달라요. 다른 표정, 다른 색깔로 그려져 다른 이야기를 하고 있죠. 친구의 선인장을 보며 깜짝 놀라기도 해요.

"키 작다고 말하는 거 싫어하는 줄 몰랐어."

"너 그때 그 표정이 화가 난 표정이었네."
그렇게 몰랐던 친구의 모습을 조금씩 이해하기 시작합니다.

결국, 우리는 모두 가시 소년입니다. 화라는 감정은 자연스럽게 내 안에 존재하는 것이죠. 다만 우리는 화라는 감정과 표현하는 방식을 착각해서 화가 나쁘다는 생각을 하곤 합니다. 이 착각은 한 아이를 '맨날 화만 내는 아이'로 낙인찍게 할 수도 있고, 화를 꾹 참다 마음의 병이 든 아이를 만들기도 합니다. 그래서 아이들이 구분할 수 있도록 도와줄 필요가 있어요. 감정이 나쁜 것이 아니라, 감정의 표현 방식에 상대방에 대한 배려가 없을 때 나쁘다는 것을요. 모두가 다 있는 교실에서 소리를 지르거나, 친구를 때리는 행동은 자신의 감정만 앞서 상대방의 감정은 고려하지 않는 '배려가 없는' 방식이기에 잘못된 행동임을 알도록 도와줍니다.

**유라쌤 tip.** 선인장으로 그림을 그렸던 이유

고학년 아이들에게는 한 가지 더 이야기해주었어요.
"우리는 모두 선인장이에요. 그래서 가까울수록 가시에 찔릴 가능성이 크죠. 진짜 상처는 가까운 사람에게 받더라고요. 그래서 가깝고 친할수록 '적절한 거리'가 필요합니다. 그 거리는 '예의'고 '배려'일 테고요. 소중할수록 생각하세요. 내가 지금 이 사람에게 예의를 다하고 있는가. 소중할수록 더 배려해주세요. 그리고 진짜 소중하다면 그 친구의 선인장을 꼼꼼하게 읽고 기억해보세요. 사람과 사람 사이의 관계에서 좋아하는 것을 해주려는 노력도 중요하지만, 그 사람이 싫어하는 행동을 하지 않으려는 노력도 굉장히 중요해요. 내가 사랑하고 아끼는 친구라면, 최소한 그 친구의 마음에 나로 인한 가시가 돋지 않도록 노력해보세요. 그리고 혹시라도 선인장의 얼굴과 같은 모습이 친구에게서 보인다면 눈치채고 마음을 표현하고 달래주세요. 그럼 정말로 소중하고 오래가는 관계가 될 수 있을 거예요."

점심시간, 아이들이 칠판에 딱 붙어 친구들의 선인장을 꼼꼼하게 봅니다. 그린이의 허락을 구한 후 사진을 찍어 저장해두기도 하고, 상처를 준 친구에게 수줍게 사과하기도 합니다. 서로가 얼마나 다른지, 그리고 모두 다른 우리가 어떻게 함께 살아가야 하는지를 배우는 곳이 교실입니다. 표현이 서툴러 화를 많이 내는 아이를 미워하기보다 이해하고 도와주며 마음을 나눌 수 있기를 바랍니다.

## 유라쌤 tip. 아이들이 솔직하게 선인장을 만들지 않을까 걱정이라면

하나. 선생님이 먼저 솔직하게 표현해주세요. 선생님의 솔직한 표현은 아이들에게 감정 표현을 해도 괜찮다는 안정감을 줍니다.

둘. 숨기고 싶은 아이의 마음도 존중해주세요. 먼저 이 선인장 그림을 어디까지 공유할 것인지를 알려줘요. 일단 학급 홈페이지에 올리지 않을 거라고 약속해줘요. 원하지 않으면 부모님께는 말하지 않겠다고요. 그 후 이건 우리 반 게시판에 붙여 우리 반 친구들이 서로 보도록 할 텐데, 혹시 선생님이나 우리 반 친구에게도 말하고 싶지 않은 것이 있다면 굳이 쓰지 않아도 괜찮다고 말해줍니다. 그렇게 안심시켜준다면 아이가 마음을 여는 데 도움이 될 거예요.

### 양육자 TIP

『가시 소년』은 교실 속에서 '누구나 다 가시가 있다'는 걸 알려주기에 좋은 책입니다. 가정에서도 아이의 잘못된 습관에 대처하는 방법을 배우기에 좋은 책입니다. 때때로 양육자는 아이의 나쁜 습관에 관해 계속 잔소리하고 벌을 주는데도 고쳐지기는커녕 점점 더 심해지는 상황을 마주하게 됩니다. 『가시 소년』 속 주인공처럼 오히려 아무도 나를 못 건드리게 만들겠다는 마음으로 더 나쁜 행동을 하게 되는 거지요. 이 그림책을 함께 읽으며 나쁜 쪽으로 발전하는 생각이 결국에는 좋지 못한 결과(혼자 남게 됨, 아무도 나를 신경 쓰지 않음 등)로 끝난다는 것을 알려줍니다. 아이의 눈높이에서 어른들이 잔소리하고 벌을 주는 이유를 이해하게 하는 것이지요. 특히 나쁜 언어 습관을 가진 아이는 『가시 소년』을 통해 진짜 내가 원하는 것이 무엇인지(친구를 모두 잃어버리는 것인지 아니면 함께 놀고 싶은 것인지) 생각해본 후 내가 원하는 결론에 도달하기 위해서는 어떻게 행동해야 할지 생각해보게 합니다. 그 후에 사실 가시는 누구에게나 있음을 알려주고 나의 가시를 표현해보게 한 후, '네가 이런 때에 화가 나는구나. 앞으로 조심할게.' 하고 존중해주는 태도를 보여주도록 합니다.

# 가시와 친구가 되는 법

『소피가 화나면, 정말 정말 화나면』

　선생님은 혹시 화가 났을 때 화를 푸는 자신만의 방법이 있나요? 저는 일단 엄청 뜨거운 물로 샤워를 하거나 잠을 자기도 하고요. 그래도 안 되면, 달콤한 커피나 음료를 꿀꺽꿀꺽 마시기도 합니다. 중요한 건 '아이스'이어야 한다는 거에요. 한 번에 다 마셔야 하니까요. 이번에 소개할 책 『소피가 화나면, 정말 정말 화나면』은 화를 푸는 방법에 관한 이야기입니다.
　『가시 소년』을 통해 누구에게나 가시는 있지만, 그 가시를 표현하는 방식에는 배려가 필요하다는 것을 알고 난 후 우리 반 아이들이 달라졌어요. 화를 내서 폭력적이라 싫어했던 친구를 미워하거나 고자질하는 대신 그 친구를 설득하기 시작했어요. "그렇게 욕하면 선생님께 혼나. 차라리 운동장 나가서 달리기할래?" 그 장면을 보는 순간 머리를 스치는 생각은 '아이들이 가시를 폭력적으로 표현하는 것은 바르게 표현하는 방법을 몰라서 그렇구나!'라는 것이었어요. 화를 무조건 참으라고도 할 수 없으니 바르게 표출할 방법을 알려줘야겠다고 생각했어요. 운동장을 달린다던가 샤워를 한다는 것과 같은 자신만의 방법을 공유하거나 하나쯤 만들어보고 직접 실천하는 과정을 통해 스스로 느끼도록 돕고 싶었어요.

몰리 뱅 지음,
박수현 옮김, 책읽는곰, 2013

"주인공 소피의 감정은 어떤 감정인 것 같나요?
왜 그렇게 생각했나요?"
"소피는 왜 화가 났을까요?"
"소피는 나쁜 아이일까요?"

이야기를 시작하자마자 소피가 화나는 일이 발생합니다. 소피가 가지고 놀던 고릴라 인형을 언니가 "내 차례야!" 하며 가져가지요. 심지어 엄마는 "이젠 언니 차례다."라며 언니 편을 들기까지 합니다. 아이들은 첫 장부터 격하게 공감합니다. 아이들이 쉽게 가정에서 겪을 수 있는 일이자, 스트레스받는 일이에요. 말 못하는 동생 때문에 혼나기도 하고, 때론 친구 때문에 선생님에게 혼이 나기도 합니다. 억울한 감정이 치솟습니다. 이 책은 이렇게 소피의 화난 감정이 어떤 과정을 통해 분출되고 사그라드는지를 잘 보여줍니다.

모르는 척 억누를수록 화는 더 커지기 마련입니다. 지금 외면하면 안 보일지 몰라도 언젠가는 그 불씨가 살아나 전혀 의도하지 않은 상황으로 번지고 말지요. 그래서 화를 표현하고 풀어내는 방법을 아이들에게 알려줘야 합니다. 소피의 방법은 다른 사람에게 피해를 주지 않습니다. 제가 앞서 말한 점, '표현에 있어 배려가 있어야 한다'라는 조건에 꼭 들어맞습니다.

## 활동. 내가 화나면, 정말 정말 화나면!

목표는 화를 푸는 자신만의 방법을 찾는 것입니다. 사람마다 방법은 다 다를 텐데, 공통적인 부분이 있습니다. 일단 화가 난 상대와 마주하지 않는 것입니다. 화가 났을 때는 사실 어른들도 이성적으로 대화하기 쉽지 않습니다. 그래서 아이들에게도 일단 그 사람과 바로 마주하지 않기를 권합니다. 그 이후에는 아이들만의 방법을 찾게 합니다.

먼저 자신이 해보았더니 효과가 있었던 방법들을 이야기해봅니다. 또 아직 해보지는 않았지만 한번쯤 해보고 싶다 싶은 방법도 이야기합니다. 아이들의 이야기는 칠판에 정리하여 나중에 자신의 실천 방법을 고를 때 참고하도록 도와줍니다. 아이들이 내는 다양한 방법은 타인에게 해가 되는 방법이 아니라면 의견을 모두 존중해주세요. 만약 문제가 될 경우, 왜 문제가 되는지 이유를 설명해주고 지우도록 합니다.

이제 칠판에는 많은 방법이 제시되어 있습니다. 이것을 정리하여 우리 반 한쪽 벽에 '추천 리스트'로 붙여둡니다. 언제든 볼 수 있게 말이죠(교실에서도 아이들은 쉽게 화를 내니까, 언제든 잔소리 대신 가리킬 수 있도록 붙여두면 좋아요). 아이들에게 이 중 마음에 드는 방법을 2~3가지 골라 실천하는 계획을 세우게 합니다(도덕, 바른 생활 수행평가와 연계합니다). 충분한 시간을 주고 실천하게 하고 효과가 있었는지도 이야기해봅니다.

실천 기간이 끝나면 『우리 반이 화나면, 정말 정말 화나면』 책을 제작합니다. 한 사람이 한 페이지씩 만들며 실천 기간 중 가장 효과적이었던 방법으로 페이지를 제작하게 합니다. 지난 시간에 했던 『가시 소년』 페이지와 나란히 넣어주면 좋습니다. 즉 내가 화나면 이런 모습인데(『가시 소년』의 페이지) 이런 식으로 화를 푸니까 효과적이더라, 라는 책 페이지가 만들어집니다. 이제 나도 나의 친구들도 내 가시의 모습을 이해하게 되었습니다. 언제 화가 나는지, 화가 났을 때 어떤 표정인지, 그리고 어떻게 해야 화를 가라앉히는지까지 말입니다.

이 책은 작은 책자로 만들어 아이들에게 모두 나누어 주면 더욱 좋습니다. 평소에 친구들에게 관심을 가지고 혹시 화난 친구를 발견한다면 화를 푸는 방법을 권유하도록 책의 사용 방법도 알려줍니다. 처음 이 책을 읽게 된 계기가 되었던 상황처럼 '우리 같이 운동장 나가서 달리기할래?', '사탕 하나 줄까?' 하며 화를 풀어주기 위해 노력하는 거지요. 이러한 과정은 사람과 사람 사이의 관계에서도 서로를 이해하려는 노력, 즉 사람에 관한 공부가 필요하다는 것을 느끼도록 돕습니다.

## 활동. 나의 감정의 색깔

안나 예나스 지음, 김유경 옮김, 청어람아이, 2020

다른 방향으로의 접근도 가능합니다. 『소피가 화나면, 정말 정말 화나면』은 소피의 감정을 색으로 표현하고 있습니다. 처음에는 노란색이던 소피는 언니와 엄마로 인해 빨간색으로 변하고 다시 주황색으로 변했다가 처음의 노란색으로 돌아옵니다. 색의 변화를 통해 소피의 감정 상태를 직관적으로 알 수 있습니다. 아이들과도 이를 참고하여 자신의 감정을 색으로 나타내거나 다양한 감정을 대표하는 색을 만들어보는 활동을 할 수 있습니다. 자신의 마음이 어떤 색으로 가득 찼는지를 즐거운 미술 놀이로 표현할 수도 있고요. 멋진 그림, 완벽한 색칠보다는 손으로 발로 자신을 표현할 수 있는 색으로 마음껏 칠하는 것이 중요합니다. 이때 추상화를 도입하여 함께 지도해도 좋겠지요?『컬러 몬스터』와 함께하면 더 좋아요.

## 활동. 진짜 엔딩 만들기

이 책의 가장 좋은 점은 화가 났을 때 주의 할 점을 구체적으로 보여준다는 것입니다. 소피가 바로 엄마, 언니와 마주하지 않고 격해진 감정을 풀어낸 다음 가족에게 돌아갑니다. 이것은 아이들에게 모범이 됩니다. 물

『소피가 화나면, 정말 정말 화나면』몰리 뱅 지음, 박수현 옮김, 책읽는곰, 2013, 30~31쪽.

론 때때로 직접 마주하여 싸우고 풀어내야 하는 경우도 있겠으나 그것은 배우지 않아도 할 수 있는 일이기에 감정적인 순간에는 거리를 두고, 마음을 가라앉히고 나서 상대를 마주하는 것에 대해 한 번 더 짚어줍니다.

아쉬운 점도 있습니다. 화가 풀린 후 소피가 집으로 돌아와 그저 평화롭게 다시 일상으로 돌아갔다는 것입니다. 소피의 화에는 분명 이유가 있습니다. 소피가 생각할 때 부당하거나 억울했기에 화가 난 것이지요. 그런데 그 부분이 해결되지 않고 이야기는 끝이 납니다. 그래서 저는 마지막 부분을 아이들과 함께 만들어보곤 합니다. '어느 정도 격한 감정을 다스리고 나면, 그다음엔 어떻게 해야 할까? 어떻게 하는 것이 바른 문제해결 방법일까?' 충분히 생각해본 후 자신만의 방법으로 마지막 부분을 만들어보는 것입니다.

"나 왔어요!" 하며 돌아온 소피가 부모님과 언니에게 그때 자신이 어떤 감정이 들었는지, 왜 화가 났는지, 화가 났음에도 감정싸움을 하고 싶지 않아 자신이 어떻게 행동했는지 등을 이야기하도록 합니다. 이때는 기존의 책 페이지에 말풍선 포스트잇을 활용하여 아이들이 직접 소피가 되어 가족들에게 하고 싶은 말을 써보도록 합니다. 어떻게 말을 하는 것이 자신의 감정을 잘 전달하면서도 상대방의 기분을 상하지 않게 할까, 또 어떻게 해야 다시 그런 일이 발생하지 않을까를 생각하며 자신의 문장을 다듬어봅니다.

화가 난다고 소리 지르지 말고 차근차근 이야기하라고 잔소리를 하는 것보다 이렇게 그림책을 통해 소피의 행동을 살펴보고, 직접 소피가 되어 자신의 말을 해보는 경험이 아이들의 행동 변화에 훨씬 도움이 될 것입니다. 만약 학급에서 다툼이 많이 발생한다면 실제로 있었던 일을 예로 들며 그 상황에서 어떻게 말하면 좋을지 그림책을 통해 배운 대로 '감정 해소하기 → 문제 해결을 위한 말하기'의 방식으로 풀어보는 것도 좋습니다.

아이들의 삶은, 또 아이들이 살아가는 세상은 아무런 갈등이 없는 세상이 아닙니다. 화를 내지 않는 것이 옳은 것도 아니지요. 그래서 아이들에게 가르쳐야 할 것은 갈등이 일어나지 않도록 막는 것이 아니라 갈등이 발생했을 때 건강하고 바르게 대처하고 해결하는 방법이라 생각합니다. 학교는 그 방법을 배우기 참 좋습니다. 항상 지켜봐주고 도와줄 어른인 선생님이 있는 안전한 공간 속에서 한 명 한 명 다른 아이들이 모여서 생활을 하니까요. '화'라는 감정은 때때로 갈등을 불러일으키고 그것은 골치 아픈 문제 같아 보입니다. 하지만 올바른 방법을 몰라서 그렇다고 생각해보면 어떨까요? 화에 대해 하나씩 차근차근 이해하며 이를 잘 해소하고 자신의 마음을 잘 표현하는 방법을 배워간다면 아이들은 조금씩 성장하게 될 것입니다.

> **양육자 TIP**
>
> 『소피가 화나면 정말 정말 화나면』의 처음에 나오는 소피가 화난 이유는 아이들에게 자주 일어나는 생활 속의 문제입니다. 초등학교 아이들을 만나보면 가장 큰 스트레스가 '형제'라고 합니다. 형은 형대로, 동생은 동생대로 형제에 관한 스트레스가 가장 크더라고요. 그래서 이 책을 읽어주면 공감하는 아이들이 정말 많습니다. 그러니 가정에서는 언니와 싸우고 엄마한테 혼나고 소피가 분노하는 장면에서 멈추고, 아이에게 물어봅니다. 너는 이런 적

이 없었는지, 이럴 때 어떤 마음이 들었는지, 혹시 억울했던 순간은 없었는지 등을요. 잘잘못을 따지기 보다는 아이의 감정을 충분히 읽어주세요. 혹시 아이가 형제와 크게 싸우는 일이 발생하면 바로 그때 이 책을 읽어주시면 좋습니다. 앞 부분에서는 아이의 상황에 공감해주고, 중간 부분에서는 아이의 분노를 가라앉히는 방법을 함께 고민해보고, 마지막으로 분노가 가라앉으면 억울한 점, 하고 싶은 말을 이야기하도록 하여 아이가 바르게 자신의 화를 표현하도록 돕습니다. 어른들은 이유가 있어서, 또 상황을 여러 각도로 바라볼 수 있기에 아이를 위해 잔소리를 하거나 벌을 주지만 자기중심적인 아이의 입장에서는 어른이 자신의 편이 되어주지 않는다고 생각하거나 자신만 혼난다고 억울해 할 가능성이 큽니다. 아이의 입장에서 아이의 마음을 충분히 보듬어주면서 아이의 화를 바르게 표현하게 도울 때 이 책을 추천합니다.

### ■ 함께 읽으면 좋은 책 『제라드의 우주 쉼터』

만약 아이가 형제와의 관계에서 갈등이 없거나, 아이가 자신의 감정을 조절하지 못해 분노할 경우에는 이 책을 추천합니다. 이 책은 아이가 스스로의 분노를 조절하지 못할 때 많이 쓰는 기법인 '타임아웃'을 그림책으로 이해하고 직접 해볼 수 있는 그림책입니다. 이 그림책에서는 타임아웃을 하는 장소로 커다란 상자를 정하고 그 상자를 주인공이 좋아하는 우주로 꾸민 후, 화가 날 때마다 그 상자 안에 들어가는 장면이 나옵니다. 이 그림책의 흐름에 따라 아이와 함께 커다란 택배 상자를 아이가 좋아하는 공간으로 꾸미고, 아이가 화날 때 그곳에서 쉬도록 연습하면 좋습니다.

## '감정: 마음과 인사해요'를 맺으며

'마음'을 첫 주제로 정한 것은 개인적인 이유에서였습니다. 제가 초등학생이던 그때, 열 살 무렵의 나에게 무엇이 가장 필요했을까 생각해보면 그 답은 마음, 감정이었습니다. 어떤 감정이든 소중히 대해야 한다는 것과 내 마음을 살피고 표현하는 것의 중요함을 알려주었다면, 하는 아쉬움이 있었거든요. 다행히 교육과정의 내용에 마음, 감정, 자기표현에 관한 내용이 포함되어 있었기에 마음에 관한 교육과정 재구성을 하여 마음껏 아이들과 '마음'을 공부할 수 있었습니다. 마음에 관한 것은 '앎'으로 끝나면 안 됩니다. 직접 실천하여 조금씩 아이들의 삶 속에 녹아들어야 합니다. 학교에서의 시간은 물론이고 삶 속에서 실천하고 강화할 수 있게 도와주어야 합니다. 실전의 방법으로 매일 아이들의 감정을 묻는 감정 출석부를 활용합니다. 등교하면 자신의 감정을 생각해서 붙이는 것으로 출석부를 대신하는 활동입니다. 이때 아이들끼리 친구들이 왜 그 감정을 택했는지 이유를 물어보는 활동을 함께 합니다.

아이들과 미리 행동 기준을 만들어 공유하면 좋습니다. 예를 들어 슬프거나 화가 난 친구가 있다면 어떻게 해야 할까요? 자신이 그런 감정을 느꼈을 때를 떠올려보게 합니다. 때론 아무 말도 하고 싶지 않을 수도 있습니다. 그래서 아이들에게 자신의 경험을 바탕으로〔1) 만약 가까운 친구라면 꼭 무슨 일이 있었는지 물어봐준다. 2) 말하고 싶지 않다고 하면 더 이상 묻지 않는다. 3) 오늘 하루만큼은 같은 상황에서도 더 예민할 수 있으므로 활동하다가 한 번쯤 봐주는 여유도 가져보자.〕와 같은 행동 기준을 만들어 공유하는 것이지요. 이 활동은 자신의 감정을 살펴보는 것만으로도 의미 있지만, 교실 속에서는 서로의 감정을 어떻게 대할 것인지도 중요하기에 이에 관해 생각해보고 하나씩 배우고 실천해가도록 돕는다면 훨씬 의미 있는 활동이 될 것입니다.

수업 중이더라도 자신의 감정 변화가 있으면 감정 출석부를 바꿀 수 있게 해줍니다. 왜냐하면, 감정은 소중한 것이고 표현하는 것이 중요하다고 하고선 수업 시간이니 안 된다고 하는 것은 아이들 입장에서는 말이 안 된다고 여길 수 있기 때문입니다. 더군다나 수업 중에 굳이 나와서 감정을 바꾼다는 것 자체가 '선생님에게 꼭 할 말이 있다'는 의미이기도 하기에, 아이들의 감정 변화를 바로 알아차릴 수 있다는 좋은 점도 있습니다.

저도 감정 출석부를 통해 제 감정을 매일 매일 솔직하게 표현합니다.

특히 부정적인 감정일수록 어떻게 표현하는지를 보여줌으로써 아이들에게 좋은 감정 표현의 모범을 보여주려 노력합니다. 한번은 이런 일이 있었습니다. 월요일 5교시 담임 체육 시간이었는데 미세먼지가 '매우 나쁨'이라 밖에는 나갈 수 없고, 강당은 이미 체육 수업으로 꽉 차 있었습니다. 결국 지난번에 못 한 수학 단원평가를 치는 것으로 변경해야겠다 했지요. 그러자마자 아이들은 우르르 몰려나와 자신들의 감정을 '짜증스럽다', '실망스럽다' 등으로 바꾸었습니다. 아이들의 처지에서 생각하면 당연한 일입니다. 하지만 선생님도 아이들이 이렇게 표현하면 속상할 수밖에 없습니다. 감정 표현을 자연스럽게 하라는 교실의 규칙에 따라 한 것이니 혼내는 대신 저도 냉큼 제 감정을 '행복하다'로 바꿔줍니다. "너희가 이런 반응을 보이니 참으로 행복하구나! 내가 잘하고 있는 것 같아 기뻐."

선생님이 자신의 감정을 '행복하다'로 바꾸고는 시험지를 나눠주는 모습을 보며 아이들은 배신감 가득한 얼굴이 되지만 이내 함박웃음을 짓습니다. 짜증이 났고 그래서 그 감정을 표현했더니 선생님이 그대로 받아주었습니다. 선생님도 자신의 감정 표현을 했고요. 이 과정에서 아이들의 마음에는 응어리가 남지 않습니다. 또 아이들은 '모든 감정은 소중하니까 솔직하게 감정 표현을 해도 괜찮다'는 선생님의 가르침을 온전히 받아들이게 됩니다.

출근할 때마다 『짖어봐 조지야』의 조지를 떠올립니다. 선생님에게 혼나려고 학교에 오는 아이는 없습니다. 물론 때론 엄격해질 필요도 있지만, 아이들의 배 속에 무엇이 있는지, 왜 그렇게 했는지 물어봐주는 어른이 되고자 노력합니다. 더불어 아이들이 마음과 감정을 배우는 동안 저도 한 번 더 생각해보게 됩니다. 선생님과 학생이 함께 자라는 교실입니다.

# 나, 첫 번째

모든 감정이 소중하다는 것, 자신의 감정을 잘 표현할 수 있어야 한다는 것, 그리고 감정을 표현할 때 다른 사람을 배려하고 존중해야 한다는 것을 배웠습니다. 이제 그것을 감정에서 '나 자신'으로 확대해보려 합니다. 즉, 나의 모든 것이 소중하고 나를 있는 그대로 잘 표현할 수 있어야 하며, 나 자신을 인정하는 것에서부터 다른 사람도 인정할 수 있음을 알려주는 것이 이번 주제의 핵심입니다.

초등학교 6년 내내 아이들은 끊임없이 '나'에 대해 배웁니다. 그런데 정말로 아이들이 자신에 대해 잘 알고 자신의 모든 것을 소중히 여기고 있는 것일까 의구심이 들었습니다. 특히 좋은 점, 잘한 점을 칭찬하느라 아이들이 가진 부족한 점을 숨기게 하지는 않을까 하는 고민도 컸고요.

이번 주제는 이런 고민 끝에 나온 말입니다. 아이들에게 사람은 누구나 완벽하지 않다는 것을 알게 해주고 싶어 아이들의 눈높이를 고려해서 만들었어요. 어른인 선생님도 '안 씻는' 다섯 살의 모습이 있듯이 우리 모두에게 다섯 살의 모습이 있다는 것을 쉽게 알려주고 싶었거든요. 그리고 부족한 부분을 그저 단점이라고 표현하고 싶지는 않았어요. '다섯 살'이라는 표현으로 언제든 자라고 성장하며 극복할 수 있다는 용기를 주고 싶었습니다.

# 누구에게나
# 다섯 살은 있어요

이번 주제의 흐름도 그렇습니다. 먼저 아이들에게 자신의 장단점을 살펴볼 기회를 줍니다. 장점은 좋은 것, 단점은 나쁜 것이라는 인식을 넘어 '단점이 있어도 괜찮아, 좋은 장점이 이만큼 많으니까' 혹은 '단점이 있어도 괜찮아, 상황에 따라 장점이 될 수 있으니까'하고 생각할 수 있게 돕습니다. 그 후 자신이 가진 단점 때문에 속상해하기도 하지만 차츰 단점을 극복해나가는 그림책의 주인공들을 만나며 나만 그런 것이 아니라고 안심하게 해줍니다. 혹시 나와 닮은 주인공을 만나 위로와 용기를 얻는다면 더 좋을 것 같고요. 사람마다 속도가 다르니 자기만의 속도로 나아가면 된다는 것을 체감하도록 돕고, 사실 저마다의 특성이 너무도 달라 서로서로 부러워한다는 걸 가르쳐줘 편안한 마음을 가지도록 합니다. 이렇게 너그러워진 마음으로 내 안에 있는 '나다움'이 무엇인지 살펴보며 이 단원을 마무리합니다.

이번 단원의 목표는 아이들을 위로하는 것입니다. 오랫동안 '잘하기 위해서', '1등 하기 위해서', '더 나아지기 위해서', '칭찬받기 위해서' 노력해온 아이들에게 그저 지금 모습 그대로도 괜찮다고 위로해주고 싶었습니다. 그리고 그 위로를 바탕으로 자신의 속도로 나다움을 향해 조금씩 나아가길 바라는 응원의 마음이 쌓이기를 바랍니다. 특별히 마음을 쓴 부분이 있다면 어른인 선생님보다는 함께 계속 삶을 살아갈 친구들끼리 서로 위로하고 응원하는 경험을 제공하기 위해 노력했다는 점입니다. 교실을 떠난 이후에도 서로에게 힘이 되어 자기 자신을 지켰으면 하는 바람입니다.

# 우리 반의 유행어

『괜찮아』

학교에서는 아이들의 자존감을 위해 내가 잘하는 것, 나의 장점에 대한 이야기를 나눕니다. 하지만 그러다 보면 어쩐지 부족한 부분은 숨기고 싶어집니다. 사실 부족한 부분도 내 모습인데 말이죠. 학교나 집에서 부족한 부분 때문에 혼나거나 작아지기도 하고 그러다 보니 불쑥 화가 나고 속상하기도 합니다. 그런 아이들에게 '괜찮다'는 응원의 메시지를 주고 싶었어요. 특히 선생님뿐 아니라 교실에서 친구들끼리 '그것 조금 못해도 괜찮아.', '괜찮아, 너는 다른 걸 잘하잖아.'라고 말하며 위로하고 응원한다면 얼마나 좋을까, 꿈꾸어보았습니다.

『괜찮아』는 딱 그런 마음과 맞닿은 책이었어요.

최숙희 지음,
웅진주니어, 2009

여러 동물이 나와 이야기를 합니다. [부족한 부분 → "괜찮아." → 잘하는 부분]의 구조가 반복되며 동물들이 가진 특성을 이해하도록 돕습니다. 그리고 마지막에는 "그럼 너는?"이라는 질문에 아이가 답하며 이야기가 끝이 납니다. 유아용 그림책이기에 간단한 문장이 반복되고, 아이들은 책의 내용을 쉽게 이해하고 받아들입니다.

책을 읽으며 아이들은 모든 동물이 그러하듯 누구에게나 부족한 부분은 있지만 잘하는 부분도 함께 있으며, 그래서 '괜찮다'는 사실을 자연스럽게 알게 됩니다. 또한 책을 함께 읽다 보면, 약점인 줄 알았는데 강점이라고 생각을 바꿀 수 있다는 것도 깨닫게 되지요.

마지막 부분에 "그럼 너는?"이라는 동물들의 질문을 통해 자연스럽게 아이들의 이야기를 시작할 수 있습니다. 이때 아이들에게 먼저 선생님의 예시를 보여주면 좋습니다. 아이들은 책을 읽고 나서도 자신의 약점을 이야기하는 것을 부끄러워하기도 하고, 약점을 인정하고 싶지 않을 수도 있습니다. 그래서 먼저 선생님의 예시를 보여줍니다. 잘 씻지 않고, 매번 깜빡깜빡 잊어버리는 선생님의 이야기를 들으며 '어른인 선생님도 부족한 부분이 있으니 나도 그런 부분이 있어도 괜찮겠지.' 하고 안심하게 됩니다. '조금 부족한 선생님의 모습'이 그리 나쁘거나 문제가 되지 않는다는 것을 알고 있기에 자신에게도 똑같이 적용하여 아이들은 솔직하게 자신들의 부족한 부분과 잘하는 부분을 생각해 표현할 용기를 가지게 됩니다.

### 활동. 『괜찮아』 책 만들기

> 1. 윗부분에는 자신의 부족한 점이나 단점을 씁니다. 부족한 부분이나 단점, 못하는 것이 많으면 자신이 생각할 때 가장 걱정되는 부분을 쓰도록 도와줍니다. 다른 친구들이 '너 이거 못하잖아.' 같은 이야기를 하지 않도록 합니다. 사생활이라 밝히고 싶지 않은 부분은 쓰지 않아도 괜찮습니다.
> 2. 아래쪽에는 아주 크고 진하게 '괜찮아!'라고 쓰고 자신이 잘하는 것, 장점을 씁니다. 부족한 부분과 관련 있는 것이면 좋지만, 꼭 그렇지 않아도 괜찮습니다. 자랑스럽게 말할 수 있는 것을 쓰도록 하고, 만약 찾기 어려워하면 친구들이 찾아줘도 괜찮습니다.
> 3. 마지막으로 가운데 부분에는 자신의 부족한 점과 장점에 대한 그림을 그려 마무리합니다.

우리 반의 『괜찮아』 책을 만드는 것만으로도 아이들은 꽤 행복해 보입니다. 그동안은 숨기거나 애써 외면하려 했던 자신의 부족한 점을 드러내고 나니 마음이 후련하다고 이야기하기도 하고요. 여기서 한 가지 활동을 더 해봅니다. 바로 '댓글 달아주기' 활동입니다. 사람은 누구나 완벽하지 않고 나도 다른 사람과 똑같이 부족한 부분이 있다는 것을 잘 알게 된다고 해도, 사실 여전히 자신의 약점 앞에서는 작아지기 마련입니다. 그렇게 움츠러든 마음을 어떻게 하면 쫙 펴줄 수 있을까 고민해보았고, 고민 끝에 '다른 사람을 통해 듣게 하자'는 결론을 내렸습니다. 내가 나를 인정하고 괜찮다고 말해주는 것도 중요하지만, 주변 사람들이 보내는 응원과 위로 또한 큰 힘을 가지기 때문입니다.

코너를 만들어 『괜찮아』 책과 포스트잇을 함께 두었습니다(혹시나 나쁜 말을 쓰는 경우가 있을까 봐, 또 원래의 작품 자체를 훼손하지 않기 위해 포스트잇을 사용했습니다). 그리고 친구들의 페이지를 읽고 친구에게 전하고 싶은 위로나 응원의 말이 있다면 쓰도록 했어요. 이름은 밝히지 않도록 했습니다. 진심이 담긴 댓글을 달아주기를 바랐는데 자칫 '누가 누구를 좋아하나 봐요.'라던가 '너는 왜 나한테는 댓글 안 달아?' 같은 이야기를 막기 위해서지요.

댓글 달기에 얼마나 큰 힘이 있는가는 제가 직접 받은 댓글을 읽으며

**댓글 달아주기 활동 예시(선생님 작품과 아이들의 댓글)**

잘 깜빡한다는 저의 단점에 대해 아이들이 "그래도 잘 기억해주시는데?", "우리가 기억하면 되지요."라고 댓글을 달아주었습니다. 늘 깜빡해서 아이들에게 실수할 때가 있던 터라 마음의 짐이 있었는데 아이들의 댓글이 마음에 큰 위로가 되었습니다. "우리가 기억하면 되지요."라는 댓글을 통해 언제든 저를 도와줄 아이들이 있음을 새삼 깨닫게 되었지요.

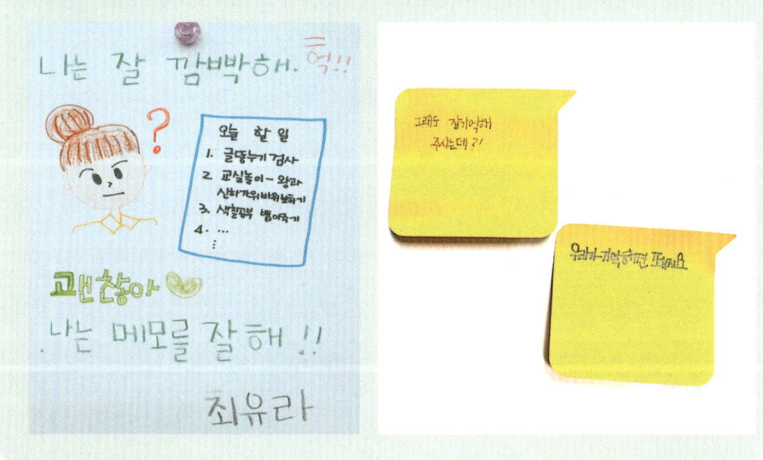

느꼈습니다. 잘 깜빡한다는 저의 단점에 대해 아이들은 "아닌데, 선생님이 내 생일은 잘 기억해주셨는데?"라든지 "괜찮아요. 우리가 기억하면 돼요."와 같은 위로와 응원의 말을 달아주었습니다. 더불어 이 글을 쓴 아이가 우리 반에 있다고 생각하니 우리 교실이 훨씬 더 따뜻하게 느껴지더라고요.

아이들은 아침마다 학교에 오면 자신에게 댓글이 달렸을까, 어떤 댓글이 달렸을까 궁금해하며 책 앞에 모여들었고, 댓글 밑에 댓글을 달며 우리 반만의 또 하나의 그림책 문화를 만들기 시작했습니다.

"괜찮아."라는 말은 마법 같습니다. 이 말을 통해 아이들은 이해하는 법과 너그럽게 용서하는 법을 배우게 됩니다. 또한 그동안 타인에 대한 이해와 용서만을 배워왔던 아이들이 자신을 이해하고 토닥이는 시간을 가집니다.

누구나 가진 부족함, 어쩌면 태어날 때부터 평생 가지고 살아야 하는 그것에 대해 아이들의 눈높이에서 설명하기 위해 '다섯 살인 부분'이라고 표현합니다. 선생님은 씻기 능력이 다섯 살이고, 누구는 달리기 능력이 다섯 살이며 또 누군가는 마음이 아직 다섯 살이라고 말입니다. 누구나 다섯 살인 부분은 가지고 있고, 이 부분은 어떨 때는 연습과 노력을 통해 극복되기도 하지만 때때로 아무리 노력해도 더 자라지 않을 수도 있다는 것을 이야기해줍니다. 이렇게 밉고 못났다고 생각했던 부분에 대해 인정하고 이해하고 위로하고 응원하는 시간은 단지 나 자신만을 위한 것은 아닙니다. 정말 '이해가 안 되던' 친구를 이해할 수 있게 되는 좋은 발판이 됩니다. '나에게도 다섯 살인 부분이 있듯, 저 친구는 저런 모습이 다섯 살인가보다.' 하며 그 친구를 너그럽게 이해하게 되고, 비난을 멈추게 되기도 합니다. 결국, 완벽한 사람은 없기에 다섯 살인 부분이 있어도 괜찮다고 모두 함께 한마음으로 응원하고 위로하며 살아가는 법을 이 책을 통해 배울 수 있도록 돕는 것이지요.

**양육자 TIP**

이 책은 아이의 부족한 점에 관한 책이라 교실에서는 다른 친구들이 있어 충분히 자신의 부족한 점을 솔직히 드러내지 못하는 경우가 생길 수 있습니다. 가정에서는 좀더 솔직하게 부족한 점에 관해 드러낼 수 있겠죠. 친구들이 없으니까요. 하지만 이때 조심할 것은 부족한 점을 아이가 스스로 찾아야지 어른들이 찾아주면 안 된다는 것입니다. 내가 이야기하면 그것은 스스로의 부족한 점을 인정하는 것이 되지만 어른이 찾아서 이야기해주면 '비난'으로 느껴져 자존감에 상처를 받을 수 있습니다. 가정에서 어른들은 아이가 자신의 부족한 점을 찾아낸 후에 그럼에도 불구하고 가진 장점도 많다는 것을 함께 찾아주는 역할을 하거나, 그 부족한 점이 장점이 되는 순간을 함께 고민하며 아이의 자존감이 올라가도록 도와줘야 합니다.

# 그림책
# 카페 열기

『강아지똥』,『짧은 귀 토끼』,『치킨 마스크』
『넌 (안) 작아』,『분홍 몬스터』

　누구에게나 다섯 살같은 어린 면이 있습니다. 그것이 괜찮다고 말해주고 난 후, 저는 아이들이 계속 '누구에게나 다섯 살은 있어, 그러니까 '괜찮아.'라는 말을 반복해서 듣기를 바랐습니다. 작아진 마음은 한두 번의 응원으로 쉽게 펴지지 않고, 열 번의 응원이 있어도 한 번의 좌절도 금세 다시 작아져 버리니까요. 그래서 이번에는 여러 그림책을 한꺼번에 소개하기로 합니다. 다섯 권의 그림책을 통해 아이들이 하나의 이야기를 듣는다면, 분명 '나만 왜 이렇게 못났을까?'나 '나는 왜 이렇게 못할까?'와 같은 생각을 바꾸는 데 도움이 되리라 생각했습니다.

　먼저 아이들을 위해 고른 그림책은 다섯 권입니다. 자신이 쓸모가 없다고 생각하는 강아지 똥이 민들레꽃으로 피어나는 『강아지똥』, 짧은 귀를 가진 토끼가 긴 귀를 가지기 위해 노력하는 『짧은 귀 토끼』, 나만 텅 빈 그릇(재능)을 가지고 태어난 것 같아 속상한 『치킨 마스크』, 우리에 비하면 너무 작은 너와, 우리에 비하면 너무 큰 너, 서로를 비교하는 『넌 (안) 작아』, 생김새도, 색깔도, 크기도 모두 달라 늘 튀는 분홍 몬스터가 자아를 찾아가는 이야기인 『분홍 몬스터』. 모두 다 어딘가 부족하거나 이상한 모습을 가진 인물이 주인공인 그림책입니다.

형식은 '월드 카페'의 형식을 빌려왔습니다. 따뜻한 카페에서 차를 마시는 편안한 분위기 속에 그림책을 함께 읽고 활동을 해보는 것입니다.

## 활동. 그림책 카페 설명

- 준비물
  주제에 맞는 5권의 그림책(모둠 수만큼 준비), 4절지 이상의 종이, 필기구, 포스트잇
- 사전준비
  1. 그림책 카페의 주인 5명을 정합니다.(주인의 역할: 그림책 읽어주기, 활동 진행하기)
  2. 미리 주인들에게 그림책을 주고 살펴보도록 합니다. 필요하면 읽기과 진행 연습을 해도 좋습니다.
  3. 간단한 차와 간식을 준비합니다.(생략 가능)
  4. 각 카페의 소개 팻말을 만듭니다. 메모꽂이에 그림책의 이름을 꽂아두어도 좋고, '이러이러한 사람들 오세요~'라는 홍보 문구를 만들어 넣어도 좋습니다.
  5. 카페 방명록을 준비합니다. 4절 이상의 종이와 네임펜을 준비하여 그림책 카페가 끝날 때 각자 어떤 것을 배웠고 느꼈는지 방명록처럼 남기고 갈 수 있도록 합니다.
- 그림책 카페 운영
  1. 모둠을 만들되 간격을 최대한 멀리합니다. 공간의 여유가 있다면 복도 등을 활용해도 좋습니다.
  2. 각 모둠은 그림책 카페가 되고, 주인만 그림책과 남고 나머지 아이들은 움직입니다.
  3. 원하는 카페의 자리에 앉고 자리가 다 차면 활동을 시작합니다.

4. 카페 주인은 카페를 찾아온 아이들에게 그림책을 읽어주고, 카페별로 그림책을 활용한 활동을 진행합니다. 간단한 질문 주고받기부터, 비슷한 경험 표현, 주인공에게 하고 싶은 말 쓰기 등의 활동을 진행합니다. 마지막으로 방명록에 간단히 느낀점을 적습니다.
5. 정한 시간(저의 경우에는 10분)이 지나면 종을 치고, 다음 카페로 이동합니다.
6. 모든 시간이 지나고 나면 자리로 돌아와 그림책을 읽고 활동을 한 느낌과 생각을 나눕니다.

그림책 카페가 열리기 시작하면 아이들은 원하는 그림책을 읽고 함께 그 이야기를 나누어봅니다. 그동안 선생님이 했던 그림책 활용 교육 활동들을 떠올리며 자유롭게 활동을 하지요. 읽어주는 그림책을 듣고 주인이 던지는 질문에 답도 해봅니다. 그 후 활동을 진행합니다. 아래는 각 그림책별 활동 내용입니다.

『강아지똥』 권정생 글, 정승각 그림, 길벗어린이, 1996
- 이야기의 흐름을 강아지똥의 감정을 중심으로 정리해요.
- 강아지똥이 느낀 감정과 비슷한 감정을 느낀 경험을 나누어요.

∨ 까페 방명록: 강아지똥에게 해주고 싶은 말을 써요.

『짧은 귀 토끼』 다원시 글, 탕탕 그림, 심윤섭 옮김, 고래이야기, 2020
- 짧은 귀 토끼에게 긴 귀를 만들어줄 방법을 고민해요.
– 간단한 활동 중심 (클레이로 만들기, 그림 그리기 등)

∨ 까페 방명록: 경험을 떠올리며 짧은 귀 토끼에게 해주고 싶은 말을 써요.

『치킨 마스크』 우쓰기 미호 지음, 장지현 옮김, 책읽는곰, 2008
- 내 그릇에는 무엇이 담겨 있을까 생각해봐요.
- 나는 어떤 마스크를 가지고 싶은지 그림으로 표현해요.

∨ 까페 방명록: 나의 마스크와 그것이 담고 있는 내 능력을 표현해요.

『넌 (안) 작아』 안나 강 지음, 크리스토퍼 와이엔트 그림, 김경연 옮김, 풀빛, 2008
- 친구와 비교를 하거나 비교당한 적이 있는지 나누어봐요.
- '넌 (안) 작아' 말 이어가기 놀이를 해요.
  – 나의 단점을 이야기하면 옆의 친구가 아니라고 이야기해주고 자신의 이야기를 하는, 말 이어가기 놀이에요. 예를 들면 '난 키가 작아.' → '아니야. 넌 안 작아. 그리고 키는 얼마든지 클 거야. 난 소심해.' → ……

∨ 까페 방명록: 내가 나 자신에게 용기를 주는 응원의 말을 써요.

『분홍 몬스터』 올가 데 디오스 지음, 김정하 옮김, 노란상상, 2015
- 나만 이상하다고 느낀 적이 있는지 경험을 나누어요.
- 함께 무지개 그리기

∨ 까페 방명록: 내 몬스터를 그려서 동산을 만들어요.

    보통 한 카페당 15~20분 정도의 시간을 주고 진행합니다. 혹시 한 카페에서 활동을 다 못 끝냈다면 나머지는 추후에 추가해도 좋습니다. 충분한 시간을 주어 5개의 카페를 모두 다녀도 좋고 시간이 부족하다면 2~3개 정도의 체험을 해봐도 좋습니다. 꼭 다 해볼 필요는 없습니다. 이때 마지막 활동을 참고하여 [선택1: 『강아지똥』『짧은 귀 토끼』, 선택2: 『치킨 마스크』『분홍 몬스터』, 선택3: 『넌 (안) 작아』]로 진행하셔도 됩니다. 선택1은 인물에게 용기를 주는 말, 선택2는 자신을 표현하여 모두가 다르다는 것을 알게 하기, 선택3은 나에게 용기를 주는 말이 중심활동입니다.

이 활동을 끝내고 나면 각 카페의 자리마다 4절지 이상의 크기를 가진 방명록이 탄생합니다. 이 방명록은 교실 벽, 복도를 활용해 붙이는데, 그곳에는 모두 '부족한 나'에게 용기를 주는 결과물들이 있습니다. 이 결과물들에 선생님의 마음, 학급의 운영관, 혹은 책 속 메시지를 함께 적어 주시면 아이들이 활동을 이해하기 훨씬 쉬워요. 예를 들면 『강아지똥』과 『짧은 귀 토끼』의 결과물에는 "강아지똥, 짧은 귀 토끼 대신 내 이름, 친구 이름을 넣어서 읽어보세요."라는 안내문을 붙입니다. 『치킨 마스크』와 『분홍 몬스터』의 결과물에는 "모두 다른 거지, 틀린 사람은 한 명도 없어요."라고 씁니다. 마지막으로 『넌 (안) 작아』에는 "비교하지 말아요. 남이 나를 비교하는 것도 안 되지만 스스로를 남과 비교하지 않도록 해요." 등을 써둡니다. 이런 과정을 통해 마치 '칭찬 샤워'처럼, '자존감 샤워'를 한다는 느낌을 주고 싶었어요. 선생님에게, 친구들에게, 그리고 책에서 끊임없이 용기를 얻게 만들어주는 거죠.

### 양육자 TIP

가정에서도 그림책 카페를 열어봅니다. 같은 주제의 책을 골라 장소별로 두고 이동하면서 활동을 하는 거지요. 그림책 카페 활동을 하기 힘들다면 그림책 큐레이션 활동으로 바꾸어 진행해보세요. 어딘가 부족해 걱정이 많은 주인공, 혹은 아이와 닮은 주인공이 나오는 그림책을 골라 함께 읽어봅니다. 같은 주제, 같은 메시지를 담은 그림책을 모아 읽어본 후 함께 엮어 독후 활동을 진행한다면 훨씬 깊이 있는 활동이 될 수 있을 거예요.

# 사람마다
# 속도는 달라요
『진정한 일곱 살』

　내가 가진 다섯 살은 어떤 모습인지 살펴보고 모두가 다섯 살을 가지고 있다는 것을 그림책을 통해, 친구들을 통해 배웠어요. 그동안의 그림책이 내가 가진 다섯 살을 인정하는 것에 관한 이야기였다면, 이제는 그런 점을 지닌 채로 이 세상을 잘 살아가기 위한 방법을 배울 차례입니다. 내가 가진 다섯 살을 인정하고 보듬는 것도 중요하지만, 그렇다고 그것을 그대로 내버려둘 수는 없습니다. 사람은 성장합니다. 그래서 다섯 살인 부분을 없애버릴 수는 없을지라도, 그 부분을 가진 채 살아갈 수 있는 혹은 극복하고 성장할 수 있는 나만의 방법을 찾기 위해 용기 내어 시도해보는 것은 필요한 부분이라 생각했어요. 그래서 이번에는 실

허은미 글, 오정택 그림
만만한책방, 2017

제 생활 속에서 나의 다섯 살인 부분을 한 뼘 더 성장시킬 수 있는 노력, 도전을 해보기로 했어요.

함께할 그림책 『진정한 일곱 살』은 이런 책이에요. "진정한 일곱 살은요, 앞니가 하나쯤 빠져야 해요."라는 문장처럼 아이들의 눈높이에서 진정한 일곱 살 시절을 어떤 모습일까 이야기하고 있어요.

제목에서도 알 수 있듯 유치원 학생들을 위한 그림책이라 그림도 아이들이 그린 듯한 모습이고, '진정한 일곱 살은 ~을 해야 해요.'라는 짧은 문장이 계속 반복되어 나타납니다.

그림책을 읽으며 아이들은 자신의 일곱 살을 떠올려봅니다. 나는 몇 살 때 이가 빠졌었지? 일곱 살의 나는 브라키오사우루스를 알고 있을까? 꼭 질문하지 않아도 아이들은 자연스럽게 자신은 어땠는지 일곱 살로 돌아가 그때를 떠올립니다. 자신들의 일곱 살 추억을 잔뜩 늘어놓기도 합니다.

진정한 일곱 살이라면 어떻게 행동해야 하는지를 하나씩 읽어가다 보면 몇몇 아이들이 툭툭 말을 내던집니다. "나는 네 살 때 이미 채소 다 먹기 시작했는데!" "나는 다섯 살 때부터 저거 다 했어!" 자신의 자랑을 늘어놓으며 으스대기도 합니다. 이런 아이들의 반응을 있는 그대로 가져와 이야기해줍니다.

"맞아요. 누군가는 같은 행동을 네 살 때 하고 누군가는 열 살이 넘도록 못 하기도 해요. 사람마다 성장 속도가 모두 다르기 때문이지요. 누군가는 어떤 부분이 계속 다섯 살에 머물기도 한다는 것은 이미 이야기했죠? 누군가는 키가 열 살에 크고 누군가는 열다섯 살에 크는 것처럼 우리들의 말과 행동, 마음도 마찬가지랍니다. 사람의 성장 속도는 모두 다 달라요. 저마다의 성장 속도를 가지고 있지요. 그러니 내 친구는 이

『진정한 일곱 살』 허은미 글, 오정택 그림, 만만한책방, 2017, 2~3쪽.

미 다 하는 일을 나만 못 한다고 속상해하지 말아요. 반대로 나는 할 수 있는 일을 아직 못하는 사람을 놀려서도 안 돼요. 속도가 다를 뿐, 모두 다 자라고 있어요."

용기를 주는 겁니다. 자신의 다섯 살을 있는 그대로 바라볼 수 있도록, 자신의 서툰 부분들이 잘 성장할 수 있도록 응원하도록 돕는 거지요.

그림책 읽기가 끝나면 이제 '진정한 ○○살/○학년'에 대해 자신의 이야기를 해보는 그림책 만들기 활동을 합니다. 만들기 활동 전 먼저 깊이 생각해봅니다. 저는 아이들에게 '나 자신과의 대화'를 하는 법을 가르쳐 줘요. 다른 사람과 입 밖으로 말을 꺼내어서 하는 대화는 많이 경험해보았지만, 나와 하는 대화는 해본 적이 없는 경우가 많습니다. 조용히 눈을 감고 혹은 편안한 자세로 속으로 나에게 묻습니다. 내가 진짜 올 한 해 동안 꼭 하고 싶은 것은 무엇일까? 나는 어떤 것을 해야만 하는 걸까? 내가 잘하지 못하는 것 중에 내가 꼭 지금은 이루고 싶은 것, 이것만큼은 꼭 해야겠다 싶은 것은 무엇이지? 스스로 물어가며 내 진짜 마음을 들어보는 겁니다.

　새해 목표는 곧잘 작심삼일로 끝나고 맙니다. '바람'만 있었기 때문입니다. 이 활동에는 '현실적인 목표'가 있습니다. 더불어 '진정한'이라는 말이 주는 의미는 스스로 던지는 질문에 무게를 더해줍니다. 단지 재미있게, 대충 생각해서 정하는 목표가 아닌, 나의 마음에 늘 걸렸던 것, 그래서 내가 조금 힘들더라도 꼭 도전해보고 싶었던 것들에 대해 깊이 생각해보게 돕습니다. 깊이 있는 질문의 끝에 하나의 목표를 정하고 활동을 완성해갑니다.

## 활동. 『진정한 ○○살』『진정한 ○학년』 (학생 예시 작품)

　깊은 고민 끝에 정한 목표라고 하기에 아이들의 목표는 참으로 소박합니다. 어떤 학생은 혼자 잠을 자는 것이 올해의 가장 큰 목표이고 어떤 학생은 진정한 6학년이라면 긴 글로 가득한 책을 읽을 수 있어야 한다고 말합니다. 1억을 모은다거나, 집을 산다거나 하는 어른들의 목표와 비교해보면 참으로 소박하다는 생각을 합니다. 그러나 반대로 생각해보면 그만큼 이 아이에게는 이 목표가 절실합니다. 꼭 이루고 싶은데 이루지 못해서 늘 마음에 걸리던 나의 약한 부분, 다섯 살인 부분인 것이지요. 늘 내 방 청소를 엄마가 해주었는데, 사실 2학년쯤 되면 스스로 청소를 해야 하는 게 아닌가 고민이 많았던 겁니다. 학교에서도 자기의 일은 스스로 해야 한다고 하고, 집안일 중에 자신의 역할이 있다고 배우는데, 자신은 그렇지 못한 것이 어쩐지 마음에 걸렸습니다. 그래도 청소는 귀찮아서 그동안은 그냥 모르는 척하고 있었는데 이번 기회에 한번 큰맘 먹고 목표로 잡았습니다. 이러한 아이의 마음속 대화, 고민을 생각한다면 '자기 스스로 청소를 한다'는 것은 결코 작은 목표가 아닙니다. 그러니 어른으로서, 선생님으로서 이 아이들의 모든 목표를 있는 힘껏 응원해줄 수밖에 없습니다. 모든 아이의 이야기가 크게 다가옵니다. 두려움 때문에 혼자 잠을 못 자서 그동안 얼마나 걱정이 많았을까, 혹시 친구들이 맨날 만화책만 본다고 놀리면 어쩌나, 왜 자기만 이렇게 겁이 많은 걸까 얼마나 고민했을까요. 그 안에 담긴 아이들의 생각들을 찬찬히 읽으며 아이들에게 어떤 응원을 해주면 좋을까 생각해봅니다.

나의 책 페이지가 완성되면 스캔한 후 작게 만들어 알림장에 붙입니다. 사물함에 붙여도 좋고 게시판에 붙여도 좋습니다. 그리고 아이들에게 일정한 기간 중에 한 번은 진정한 내가 되기 위해 용기 내어 시도하고 노력해보자고 약속합니다. 시도해보고 나면 그 결과를 선생님에게 와서 이야

기해주거나 친구들에게 경험을 나누어주라고 이야기합니다. 이 활동은 '바른 생활' 혹은 '도덕'과의 수행평가와 연계하여 진행하면 좋습니다. 실제 아이들의 삶에서 자기에 대한 깊은 생각 끝에 만든 생활의 목표를 실천해나가는 것이기에 바른 생활, 도덕과의 수행평가 목표와 맞닿아 있습니다.

어느 날 아이들이 저에게 와서 조용히 말을 꺼냅니다. "선생님, 저 드디어 혼자서 잤어요." 자랑스럽게 말하는 아이들에게 칭찬을 듬뿍 건넵니다. 때론 친구들에게 그 경험을 나누어주도록 합니다. "일단 시도해봐. 그럼 생각보다 쉬워." 이런 이야기를 통해 친구들도 용기를 가지고 시도해봅니다. 그렇게 우리 반 모두가 진정한 ○○살이 되기 위한 노력이 끝나면 우리 반을 위해 '진정한 ○○살 생일 파티'를 열어주기도 합니다. 그저 시간이 흘러 나이만 먹는다고 성장하는 것이 아니라 자신을 돌아보며 목표를 정하고 그것을 위해 노력하는 시간이 진짜 나를 성장하게 만든다는 것을 조금씩 알아갑니다.

이 이야기의 묘미는 맨 마지막 부분에 있습니다. 늘 성공만 하던 아이에게 처음으로 시련이 닥칩니다. 진정한 일곱 살이라면 당연히 해야만 한다고 생각했던 것을 실패해버리고 말지요. 이렇게 실패한 아이에게 다정하게 건네는 그 말 한마디는 '괜찮아.'입니다. 왜 괜찮냐면, 진정한 일곱 살이 안 되면 진정한 여덟 살이 되면 되고, 진정한 여덟 살이 안 되면 진정한 아홉 살이 되면 되고, 진정한 아홉 살이 안 되면 진정한 열 살이 되면 되니까! 실패했을 때 건네는 그 말에 다시 한번 마음에는 위안이 찾아옵니다. '그래, 괜찮아, 또 하면 돼.' 하고 용기를 갖게 되는 거지요. 중요한 것은 나의 다섯 살을 위해 무언가를 했다는 사실입니다. 그래서 성공을 한다면, 다음에도 스스로 부족함을 느끼거나 어려움을 느낄 때 목표를 세우고 그 목표를 위해 노력할 수 있는 바탕이 될 수 있습니다. 혹은 실패를 한다고 해도 '괜찮아. 다음번에 조금 더 크면 해보자, 환경이 바뀌면 다시 해보자.' 하며 자신을 다독일 수 있게 됩니다.

## 이렇게도 활용할 수 있어요

이 책은 '진정한'이라는 수식어를 통해서 대충 머릿속으로만 떠올리던 '자질' 혹은 '조건'에 대해 진지하게 생각해보는 계기를 만들어줍니다. 예를 들면 '진정한 우리 반'이라는 주제를 가지고 '진짜 우리 반이라면 어떻게 행동해야 할까, 우리 반을 위해서 나는 어떤 구성원이 되어야 할까?'에 관해 생각해보도록 할 수도 있어요. 혹은 교과목과 연계하여 '진정한 가족'이란 무엇일까 생각해보며 깊이 있게 '가족'의 의미를 사유해보고, 나에게는 어떤 가족이 필요한지를 생각해볼 수도 있지요. 중요한 것은 그림책을 시작으로 하여 '진정한 무언가'에 대해 스스로 생각해보고 자신의 생각을 표현해보는 것이지요. 상상도 못 했던 아이들의 생각을 들을 수 있을 거예요.

저는 종종 아이들에게 하는 '진정한 어른이란?', '진정한 선생님이란?'이라는 질문을 통해 제가 교실에서 어떤 어른, 어떤 교사가 되어야 할지를 떠올려보곤 해요. 아이들의 솔직한 답변들을 통해 제가 잘하고 있는지, 또 어떤 부분이 부족한지 스스로 평가하며 수정·보완해가지요.

또한, 저는 꼭 아이들과 함께 저의 페이지를 만듭니다. 제가 생각하는 진정한 서른네 살은 '내 몸이 예전 같지 않은 걸 인정하고 잘 챙기는 것'입니다. 이를 통해서 아이들은 나이마다 과업이 있다는 것도 어렴풋이 알게 됩니다. 지금의 나이에 배워야만 하는 것이 있다는 것을요.

   선생님이 생각하는 '진정한 어른'은 무엇인가요?

   선생님이 생각하는 '진정한 선생님'은 어떤 모습인가요?

   그림책을 읽으며 선생님도 함께 생각하고 활동해보세요. 아이들이 더욱 집중해서 함께 활동에 참여하게 될 거예요. 때론 사제동행이 학생들에게 가장 큰 학습 동기가 되기도 합니다. 더불어, 수업 속에서 제가 배우기도 하고요.

### 양육자 TIP

종종 아이가 바르지 않거나 나이에 맞지 않는 것임을 알면서도 행동할 때가 있습니다. 모르고 할 때도 답답하지만, 알고도 한다고 생각하면 더 화가 나서 잔소리를 하게 되시죠. 이럴 때 잔소리 대신 이 책 『진정한 일곱 살』을 읽어보면 어떨까요. 아이 스스로 '진정한 ○○살'은 어떤 행동을 해야 하는지 생각해보게 하는 과정을 통해 자신의 행동이 바르지 않았다는 것을 깨닫게 합니다. 특히 아이가 하는 행동이 『진정한 일곱 살』에 등장하는 행동과 관련이 있다면 더 효과적일 겁니다. 그렇게 스스로 '진정한 ○○살은 ~을 해야 해요.'라는 문장을 만들고 나면 가족이 함께 아이가 그 문장을 행동으로 실현시킬 수 있도록 함께 돕습니다. 잔소리나 화내는 대신 재미있게 아이가 나이에 맞게 행동을 하도록 도와줄 수 있어요.

# 사실은 모두가
# 부러워하고 있어, 나를
『여우지만 호랑이입니다』, 『기린은 너무해』

내가 가진 것은 초라해 보이고 남이 가진 것은 넘쳐 보일 때가 있습니다. 그래서 마치 내가 아닌 다른 사람인 것처럼 나 자신을 꾸미게 되기도 하고 그로 인해 더 힘들어지기도 합니다. 각자가 가진 서로 다른 능력을 발현하도록 돕는 것이 학교의 역할임에도, 이 점을 이야기해주는 것이 쉽지가 않습니다.

코리 R 테이버 지음, 노은정 옮김
꿈꾸는달팽이, 2019

다른 이를 부러워하는 아이들을 가만 보면 누군가도 그 아이를 부러워하고 있다는 것을 알게 됩니다. 그러니까 서로의 보석을 보느라 자신의 보석을 보지 못하는 거지요. 그래서 아이들에게 아이들의 상황과 꼭 닮은 그림책을 통해 자신의 보석을 보도록 도와주고 싶었어요.

첫 번째 책 『여우지만 호랑이입니다』

는 자기가 호랑이라면 좋겠다고 생각한 여우의 이야기입니다. 호랑이는 몸집이 크고 날쌔고 잘 숨기 때문이지요. 그래서 호랑이가 되고 싶었던 여우는 자신의 몸에 줄무늬를 그리고 호랑이인 체하며 밖으로 나갑니다. 그리고 경주용 자동차가 되고 싶은 거북이, 로봇이 되고 싶은 토끼를 만나게 되지요. 여우, 거북이, 토끼는 모두 친구가 부러워 따라 하는 아이들의 모습과 많이 닮아 있습니다.

조리 존 글, 레인 스미스 그림
김경연 옮김, 미디어창비, 2019

두 번째 책 『기린은 너무해』는 목이 너무 길어 불편하고 속상한 기린의 이야기입니다. 길고, 잘 휘고, 가늘고, 잘 늘어나고, 높고, 우뚝해서 너무하다며 시종일관 자신의 목에 대한 불평불만을 늘어놓습니다.

이렇게 내가 가진 것을 불평하고 남이 가진 것을 부러워하는 아이들에게 먼저 충분히 불평하고 부러워할 시간을 줍니다.

### 활동. 마음껏 불평해!

두 책의 불평불만을 이야기하는 장면까지 읽은 후 잠시 멈추고 내가 가진 것 중 불만인 것들을 마음껏 써보게 합니다.

**천하제일 불평불만 대회**

- 주제: 내가 가진 것에 대한 불평불만
- 참가자격: 우리 반 학생(학부모님 가능)
- 참가방법: 글노트에 주제일기로 참가
- 심사위원: 우리 반 학생
- 심사기준: 불평불만의 디테일이 살아 있는가? 고개를 끄덕이게 하는가?

불만이나 부러움을 그대로 표현하는 것만으로도 아이들은 스트레스가 조금씩 해소됩니다. 그리고 다른 친구들의 활동을 보며 나만 불만을 가진 줄 알았는데 그렇지 않았다는 사실도 어렴풋이 느끼게 되지요.

혹시 아이들이 불평불만을 이야기하고 끝나는 것이 걱정된다면 서로의 불평불만에 이의를 제기하는 활동을 추가하면 어떨까요? 참가자가 말한 불평불만에 대해 "나는 네 그런 점이 좋다고 생각해. 왜냐하면~" 하고 이의 제기를 하고 받아들여지면 그 불평불만은 삭제되는 거지요. 그림책의 이야기와도 맞닿아 있으니 이렇게 변형하여 진행해도 좋을 것 같아요.

불만을 표현하고 부러움을 그대로 표현하는 것만으로도 아이들 스트레스가 조금씩 해소됩니다. 다른 친구들의 활동을 보면서 나만 불만이 있는 줄 알았는데 그렇지 않다는 사실도 알게 되지요.

## 활동. 변신 놀이: 마음껏 부러워해!

충분히 불만을 표현한 후에는 『여우지만 호랑이입니다』에서처럼 내가 되고 싶은 것, 가지고 싶은 것, 부러운 것들로 변신해봅니다. 학급 사정에 따라 다양한 활동이 가능한데, 책 속의 여우, 거북이, 토끼처럼 페이스 페인팅, 의상, 액세서리, 상자 등으로 꾸며도 좋고 간단한 가면을 만들 수도 있습니다. 가면은 나 자신을 가리고 상대에게 다른 모습을 보여주기 좋습니다. 고학년의 경우 특정한 인물(우리 학교의 친구, 연예인 등 실제로 존재하는 사람으로 분장)이나 특정한 특성을 가진 사람(예를 들면 부자라든가, 똑똑해 보이는 사람 같이 특성을 표현)으로 표현할 수 있습니다. 반면 저학년은 책 속 인물들처럼 동물, 사물 등으로 자신을 표현할 수 있겠죠.

『기린은 너무해』의 기린이 다른 동물의 목을 부러워한 것처럼, 자신에 대한 불만을 얘기하고 다른 사람들을 마음껏 부러워하며, 일인극 형식으로 그런 '척'을 해봐도 좋습니다. 이 과정에서 아이들의 마음이 어떤지 알아볼 수 있습니다. 아이들이 어떤 사람이 되고 싶어하는지를 기록해두었다가 이후에 상담이나 진로 지도를 할 때 도움을 줄 수도 있겠지요.

이제 이야기를 다시 읽어나갑니다. 『여우지만 호랑이입니다』에서는 갑자기 비가 내려서 기껏 호랑이, 경주용 자동차, 로봇으로 분장한 것이 모두 사라지고 원래의 모습으로 돌아오게 되지요. 셋의 표정은 시무룩합니다. 부러워서 따라 한다고 해도 본래의 내가 바뀌는 것은 아니라는 걸 알게 되는 거죠. 변신놀이에 즐거웠던 아이들 마음이 살짝 꺾일지도 몰라요. 평생 호랑이로 살 수 없는 여우는 어떻게 해야 할까요? 답은 책에 있습니다. 시무룩해진 여우는 다람쥐를 만납니다. "몸집이 크고, 날쎄고, 잘 숨는 여우가 최고야!" 여우는 호랑이를 부러워하지만 꼭 같은 이유로 다람쥐는 여우를 부러워합니다. "맞아! 여우가 최고지!"라는 다른 동물의 이야기에 여우는 그제야 웃습니다.

『기린은 너무해』에서 기린은 거북이를, 거북이는 기린을 부러워합니다. 여기서는 한 걸음 더 나아가, 기린이 긴 목을 활용해 바나나를 따주는 장면을 통해 나는 불만이지만 타인이 보기에는 장점이 될 수도 있고, 나의 특성을 좋은 곳에 쓸 수 있다는 것을 인식합니다(지난 단원에서 다룬 『괜찮아』와 맞닿아 있습니다. 『괜찮아』가 너무 글밥이 적어 걱정이라면 『기린은 너무해』로 활용하셔도 좋습니다). 거북이와 기린이 서로의 목을 칭찬하는 모습은 아이들이 자신의 불만을 어떻게 대해야 하는지에 대한 예가 되어줍니다. 부족함을 열등감으로 이어가지 않고 상황에 따라 단점이 좋은 점이 될 수도 있다는 것을 알게 해주죠. 또 서로의 부족한 부분(다섯 살)을 다독여주고 응원해주며 채워주는 것이 중요함을 알도록 해줍니다. 나의 모든 면이 다 소중하다는 사실을 인식하게 돕는 것이지요.

고학년의 경우 질투와 부러움을 이해하는 수업으로 진행하면 좋습니다. 다큐멘터리 〈다른 한 짝〉, 웹툰 〈슬기는 슬기를 싫어해〉와 같은 자료를 함께 활용하여 내게 부족한 것, 그런데 타인은 가지고 있는 것들에 대한 부러운 감정들을 어떻게 대해야 하는지를 알려줄 수 있습니다. 질투나 부러움이 생겨나는 것은 어쩔 수 없지만 그것이 나쁜 모습, 열등감, 자기혐오로 바뀌어 나의 삶과 타인과의 관계를 망치지 않도록 함께 이야기해준다면 아이들이 바르게 자랄 수 있을 것 같습니다. 활동보다 메시지를 전달하고 싶다면 『천만의 말씀』을 읽으면 좋습니다.

스즈키 노리타케 지음
김숙 옮김, 북뱅크, 2016

**양육자 TIP**

이 책을 활용한 활동에서 가장 중요한 것은 '아이가 자신에 관한 불만을 마음껏 표현하게 해주기'입니다. 양육자가 불만, 질투, 부러움이 나쁜 감정인 것처럼 대하면 아이는 자신의 마음을 숨기게 됩니다. 그래서 일단 불평을 편하게 이야기할 수 있게 하여 아이의 마음을 살펴본 후에 그림책을 함께 읽으며 어떻게 자연스럽게 해소할 수 있는지 이야기하면 좋습니다. '너는 완벽한 아이야!' 혹은 '완벽해야 해!'가 아니라 '네가 부족한 점을 가진 것처럼 이 그림책 속의 주인공들도 다 부족한 점을 가지고 있어. 나도 그렇고.', '너의 그런 부족해 보이는 점이 사실은 이럴 때 장점이 될 수 있지 않을까? 누군가가 너를 부러워할지도 몰라.', '만약 정말 마음에 안 드는 부분이 있다면 스스로 변하려고 노력해야 해. 부러움은 나를 성장시키는 좋은 도구가 될 수도 있어.'와 같은 이야기를 아이와 나누는 것이지요. 이런 대화들은 아이가 자신을 건강하게 바라볼 수 있게 도와줍니다.

**함께 읽으면 좋은 그림책 『천만의 말씀』**
이 책은 내 부족한 점에 관해 투덜거리며 누군가를 부러워하면, 부러움의 대상이 나타나 자신도 자기가 마음에 안 든다고 말하며 다른 대상을 부러워하는 식으로 꼬리에 꼬리를 무는 그림책입니다. 아이가 자신에 관해 자주 불만을 가지거나, 타인을 부러워하는 모습을 보인다면 이 책을 함께 읽기를 권합니다. 읽으며 누구나 자신이 마음에 안 드는 부분이 있으며 누구나 다른 사람을 부러워하지만 실제로 그 사람도 완벽하지 않음을 알 수 있습니다.

# 나답게 사는 것의
# 행복

『슈퍼 거북』

유설화 지음
책읽는곰, 2014

토끼와 거북이 이야기를 모르는 사람은 없을 거예요. 그런데 우리가 아는 이야기 이후에 어떤 일이 있었을지 생각해본 적이 있나요? 거북이보다 자신이 당연히 빠르다고 생각하다가 경주에서 진 토끼는 어떻게 되었을까요? 느리기로 유명한 거북이가 경주에서 토끼를 이긴 뒤에 거북이에게는 어떤 일이 생겼을까요?

그림책 『슈퍼 거북』은 상상만으로도 즐겁습니다. 노란색 책 표지에 '빠르게 살자'라는 머리띠를 질끈 묶은 거북이의 표정에는 결연함마저 느껴집니다. 아이들에게 먼저 표지를 보고 떠오르는 것들을 모두 이야기해보게 합니다. 아이들은 자연스럽게 '토끼와 거북이'를 떠올리죠. 우리가 거북이에 대해 아는 것들도 자유롭게 이야기해보고, 이 표지에 나오는 거북이는 어떤 거북이일지도 상상해봅니다.

표지를 넘기면 속표지에는 토끼와 거북이 이야기가 나옵니다. 아이들은 이 책이 바로 그 뒷이야기라는 것을 알게 되지요. 『슈퍼 거북』은 경주에서 그만 이겨버린(?) 거북이 '꾸물이'의 뒷이야기입니다.

온통 '슈퍼 거북' 열풍이 불게 되고, 동물들은 꾸물이가 엄청 빠른 거북이라고 생각합니다. 여전히 우리 꾸물이는 느리게 걷는데도 말이죠. 결국, 다른 동물들을 실망시키기 싫었던 꾸물이는 진짜 빠른 슈퍼 거북이 되기 위해 노력하지요. 그러던 어느 날, 토끼의 재대결 도전장을 받고 다시 경주를 해야 하는 상황에 놓이게 됩니다.

**나의 선택이 나를 설명한다 "그래! 결심했어!"**

어쩌면 선택의 순간들이 모여 삶이 되는 것일지도 모릅니다. 순간순간 어떤 선택을 하느냐에 따라 나의 삶이 결정되기도 하고, 그동안 살아온 삶에 비추어 지금의 선택을 결정하기도 합니다. 어떤 선택을 하느냐가 그 사람이 어떤 사람이냐를 설명한다는 생각까지 듭니다. 그래서 여기에서는 아이들과 '선택이 나를 설명한다'라는 주제를 가지고 수업을 진행해보면 어떨까 생각해보았습니다. 예전의 한 방송 프로그램에서 나왔던 "그래! 결심했어!"라는 말로 선택의 갈림길에서 모두가 어떤 선택을 하는지를 알아보고, 그 뒷이야기를 상상해보는 수업을 진행하는 것이지요.

**[첫 번째 선택] 나를 느리다고 비난하는 사람들에게**

거북이 꾸물이가 건널목을 건널 때 사람들이 비난하기 시작합니다. "슈퍼 거북이 저렇게 느릴 리가 없지!"라면서요. 이때 책 읽기를 잠시 멈추고, 아이들에게 첫 번째 선택지를 제시합니다.

"만약 내가 꾸물이라면, 다음에 어떻게 행동할까요?"

다양한 방식이 있지만 저는 연극 단원과 결합하여 일인극의 형식으로 진행했습니다. 내가 꾸물이라면 어떻게 할지 생각해본 다음 꾸물이가 되어 10~20초 가량의 연기를 하는 것입니다. 간단한 일인극이라 따로 준비가 필요 없어 간단합니다. TV 프로그램의 대사처럼 "그래! 결심했어!"를 시작하는 큐 사인으로 합니다.

"그래! 결심했어! 나는 슈퍼 거북 꾸물이가 아닌 척할 거야! (이때부터 연기 시작) 저기요, 사람 잘못 보셨어요. 거북이라서 착각하셨나 본데, 전 그 슈퍼 거북이 아닙니다~!"

이렇게 간단하게 자신의 결심을 이야기하고 간단한 대사 혹은 간단한 행동을 보여줍니다. 필요하다면 간단한 인터뷰를 진행해도 좋습니다. "왜 꾸물이가 아닌 척하기로 했나요?", "그럼 앞으로 만나는 사람마다 다 아닌 척할 건가요?"와 같이 실제 그렇게 선택한 인물에게 할만한 질문들을 던져 연기를 계속 끌어가도록 돕습니다.

일인극이 끝나면 '꾸물이는 이런 선택을 했습니다.' 하고 자연스럽게 책으로 돌아옵니다.

**[두 번째 선택] 토끼의 재도전, 받아들이시겠습니까?**

어느 날, 경주에서 진 토끼가 찾아와 다시 도전장을 내밀고, 아이들은 두 번째 선택의 갈림길에 서게 되죠. 기본적으로는 '받아들인다/받아들이지 않는다' 두 가지로 나뉘지만, 그 이후가 중요합니다. 받아들인 후에는 어떻게 할 것인지, 받아들이지 않은 이후에는 어떻게 할 것인지 고민하도록 합니다.

 예를 들어, 받아들일 때도 1) 일단 받아들이고 도망친다 2) 받아들인 후에 토끼와 협상해서 토끼가 스스로 포기하도록 만든다 3) 받아들이고 당당하게 대결해서 이긴다 4) 받아들인 후에 집으로 돌아가 걱정한다… 등 다양한 버전의 이야기들이 펼쳐질 수 있습니다.

 이번 일인극은 받아들인 경우와 받아들이지 않은 경우로 나누어 진행합니다. 먼저 같은 선택을 한 학생끼리 모여 자신들의 뒷이야기를 공유하고, 비슷하게 이야기가 전개되는 사람끼리 하나의 팀이 되어 연기합니다.

 예를 들어, '그래! 결심했어! 토끼의 도전을 받아들이는 거야.(방송 카메라 앞에 있는 것처럼) / 네. 토끼의 도전을 받아들이겠습니다.(혼잣말) / 더 이상의 대결은 싫어! 몰래 이 마을을 떠야겠다!(도망친다)'라는 식으로 선택지를 나눈 뒤, 같은 선택을 한 친구끼리 함께 팀이 되어 연기합니다.

 이후 이 선택에 대한 질문은 모두에게 합니다. '대결이 싫으면 그냥 안 받아들이면 될 텐데 왜 대결을 받아들이고 도망가나요?'와 같은 질문들 말이지요. 같은 선택을 하고 같은 팀으로 연기를 하더라도 이 질문에 대한 답은 저마다 다를 수 있습니다. '안 한다고 하면 왜 그러냐고 귀찮게 계속 물어볼 것 같아서요.', '다들 내가 빨라서 이긴 줄 아는데 부끄럽잖아요.'와 같이 말이죠.

 이 과정을 통해 아이들은 같은 선택을 해도 선택의 배경이나 속내는 사람마다 다를 수 있다는 것을 알게 됩니다. 겉으로 보기에는 비슷해 보일지라도 속속들이 살펴보면 다르다는 것이지요. 이 과정을 통해 '나다움'이라는 것이 얼마나 고유한 것인지, 그래서 얼마나 소중한 것인지를 알아가게 됩니다.

**[세 번째 선택] 경주에서 토끼가 이겼습니다. 이제 당신은 어떻게 하실 겁니까?**

경주는 토끼의 승리로 끝납니다. 이제 어떻게 해야 할까요?

이번 선택은 충분히 고민할 시간을 충분히 줍니다. 만약 내가 꾸물이라면 기분이 어떨까? 사람들은 꾸물이에게 어떤 말을 할까? 토끼는 꾸물이에게 뭐라고 할까? 일상으로 돌아갈 수 있을까? 등등 많은 질문을 하며 앞으로 어떻게 살아야 할지에 대한 계획을 세우도록 합니다.

이 과정에서 충분한 시간을 주는 이유는 아이들의 삶과 연관 있습니다. 우리 아이들도 살아가며 수많은 실패, 좌절을 만날 텐데 그때를 미리 상상해보고 어떻게 대처할지 생각하는 시간을 주고 싶었기 때문입니다. 사고실험처럼 모의로 상상해서 고민해보는 것이지요. 어떤 아이는 '실패라고 생각하지 않는다, 이제 사람들의 관심에서 벗어났다'며 행복해할 수도 있고 어떤 아이는 '이제 부끄러워서 얼굴을 들고 다닐 수가 없다, 사람들이 놀릴 것'이라 생각하기도 합니다. 아이들의 성향, 성격에 따라 모두 다르게 생각하지요.

다음 활동은 '정지 장면 만들기'로 진행합니다. 충분히 고민한 후에 내 선택을 가장 잘 보여줄 수 있는 한 장면을 표현합니다. 지켜보는 아이들은 어떤 장면일지 추측해본 후에 '그래! 결심했어!'라고 큐 사인을 주면 움직이며 말하기 시작합니다. 이때 연기에는 자신의 감정과 앞으로의 계획이 간단하게 들어가야 하고 친구들은 인터뷰 형식으로 질문하며 연기가 이어집니다.

모둠끼리 한 팀을 이루어 장면을 함께 표현해주어도 좋습니다. 이때 선택을 하는 아이는 꾸물이가 되고 나머지 친구들은 토끼나 꾸물이에게 질문하는 다른 동물들이 되어 꾸물이와 인터뷰를 합니다. 그럼 좀더 완성도가 높은 역할극이 될 수 있습니다.

위 세 가지 선택 외에도 소소하게 '슈퍼 거북이 되기로 마음먹었습니다. 이제 어떻게 해야 할까요?', '거울을 보니 너무 늙은 내 모습이 보입니다. 포기하시겠습니까?'와 같은 작은 선택들도 함께 진행할 수 있어요. 아이들의 귀여운 대답들을 들을 수 있는 질문들이지요.

## 활동. 『슈퍼 거북』 책 만들기

각자의 나다움에 대해 들어본 후 이제 나만의 슈퍼 거북 책 만들기를 진행합니다.

먼저 책의 표지를 만듭니다. 표지는 『슈퍼 거북』의 표지를 가지고 오되, 슈퍼 거북의 머리띠에 적힌 '빠르게 살자!' 대신 나다움을 표현할 수 있는 문구를 적어 넣습니다.

저학년의 경우에는 여기까지만 진행해도 좋습니다. 나다움을 표현할 수 있는 문구와 함께 내가 생각하는 슈퍼 거북에 대해 생각해보는 거죠.

고학년의 경우, 표지는 물론 내용까지 창작하여 책 만들기를 진행합니다. 앞의 세 번의 선택을 통해 고민해보았던 '나다운' 생각과 선택, 즉 가치관을 고려하여 나만의 토끼와 거북이 이야기를 진행해가는 거죠.

이제 학생 수만큼 개성 넘치는 '슈퍼 거북'이 탄생했습니다. 서로가 만든 책을 읽으며 모두가 다른 선택을 하고 그에 따른 이유도 천차만별이라는 걸 확인하고, 그래서 모두 다른 삶을 살아간다는 것을 알게 됩니다. 무엇보다 선택은 스스로 하는 것이고, 선택에 정답은 없으며, 내가 선택하고 그것을 올바른 답으로 만들어나가는 것이 삶이라는 점을 어렴풋이 이해하기를 바라면서요. 혹은 이렇게 거창한 이야기가 아니라도 최소한 어떠한 선택을 마주해 '나'와 '나다움'에 대해 고민하길 바라면서요.

[활동을 진행하면서 유의할 점]

- 꼭 일인극일 필요는 없습니다. 자신의 선택을 모둠에 이야기한 후 정지 장면 만들기, 20~30초 정도의 장면 표현하기로 진행해도 좋습니다.
- 모든 아이의 일인극을 모두가 지켜보는 가운데 하지 않아도 좋습니다. 특히 다인수 학급에서는 모든 아이의 선택을 다 지켜보는 것이 힘들 수도 있습니다. 이때는 시간을 주고 모둠에서 일인극 발표와 인터뷰를 먼저 진행한 후 모둠에서 가장 보여주고 싶은 친구를 뽑아 진행해도 좋습니다(혹은 선택마다 다른 친구가 나와서 발표하도록 골고루 기회를 줘도 좋고요).
- 연극 활동으로 진행하지 않아도 괜찮습니다. 이 그림책이 연극 단원으로 진행하기에 좋은 내용으로 보여 연극 활동을 접목했을 뿐입니다. 예를 들어 나의 선택을 보드에 적어 칠판에 붙여 함께 읽어보고, 궁금한 점이 있으면 포스트잇으로 댓글을 다는 형식으로 진행해도 좋습니다. 한두 가지의 선택은 연극으로, 나머지는 글쓰기와 그림 그리기로 표현해도 괜찮아요.
- '슈퍼 거북'이라는 제목도 바꿀 수 있게 해주면 좀더 의미 있는 책이 탄생합니다. '슈퍼 거북' 대신 '즐거운 거북'이 될 수도 있고 그냥 '거북'이 될

수도 있을 겁니다. 아이들의 가치관이 스며들도록 제목도 바꿀 수 있게 해보는 것을 추천합니다.

## 유라쌤 tip. 『슈퍼 거북』, 이렇게도 활용할 수 있어요.

### ① 이야기 비틀어보기

슈퍼 거북은 『토끼와 거북이』의 뒷이야기입니다. 국어 교과에 늘 나오는 인물, 사건, 배경을 바꾸어 이야기를 진행하기, 뒷이야기 상상하기 등의 활동을 교과서 대신 이 그림책으로 할 수 있습니다. 이야기 비틀어보기를 주제로 『슈퍼 거북』과 함께 활용할 수 있는 그림책이 많이 있습니다.

『아기 돼지 삼형제』 비틀어보기

『장화 신은 고양이』 비틀어보기 　 『신데렐라』 비틀어보기 　 『심청전』 비틀어보기

『개구리 왕자』 비틀어보기

### ② 숨은 동물 찾기

이 그림책은 한 페이지 한 페이지 읽을거리가 많아 책장이 잘 넘어가지 않습니다. 특히 주인공인 거북이와 토끼 외에도 다양한 동물이 등장하여 눈을 사로잡습니다. 엑스트라처럼 등장하는 동물들이 어떤 마음을 가졌는지(토끼를 응원하는지 거북이를 응원하는지), 어떻게 마음이 변하는지, 그리고 그것을 어떻게 행동으로 보여주는지를 살펴보면 좋습니다. 마치 숨은그림찾기를 하는 기분이 듭니다.

예를 들어 '달팽이'는 계속 거북이의 곁을 지킵니다. 처음부터 느림보의 자랑인 꾸물이를 응원하며 내내 함께하지요. 반면 너구리의 마음은 다릅니다. 피켓은 꾸물이를 응원하고 있지만 실제로는 꾸물이를 등지고 돌아서서 머리띠에는 토끼 만세를 적어두고 있지요. 이처럼 페이지마다 있는 엑스트라 동물들을 찾아봅니다. 그 후에 내가 정한 다른 동물을 중심으로 다시 읽어보며 새 이야기를 만들어봅니다.

"드디어! 느림보의 시대가 왔다! 명실상부 속도의 제왕 토끼와의 대결에서 당당하게 승리하고 돌아온 우리의 영웅 슈퍼 거북 꾸물이 님! 이제 꾸물이 님은 우리가 지키겠습니다!"

이렇게 다른 동물의 입장이 되어 이야기의 흐름에 맞게 새로운 이야기를 만들어봅니다. 이 이야기를 연극으로 만들어 표현해도 좋습니다. 예를 들어 1모둠은 달팽이, 2모둠은 너구리, 3모둠은 개구리, 4모둠은 기린, 5모둠은 여우, 6모둠은 토끼를 맡아 그 동물을 중심으로 책을 다시 읽고 이야기를 상상해본 다음 그것을 연극으로 표현해보는 것이지요. 그럼 완전히 다른, 재미있는 이야기들이 많이 탄생할 것입니다.

[숨은 동물 찾기] 아래 장면에서 다음 동물들을 찾아보세요.
달팽이, 너구리, 여우, 날다람쥐, 개구리, 돼지, 기린, 얼룩말….

『슈퍼 거북』 유설화 지음, 책읽는곰, 2014, 4~5쪽.

### ③ 숨은 배경 찾기

상황에 따라 마을이 어떻게 변하는지를 보는 것도 재미있습니다. 소품들 하나하나가 이야기에 맞게 공들여 제작된 느낌이 듭니다. 아래 그림에서 마을의 각종 상점 간판들을 살펴보세요.

『슈퍼 거북』 유설화 지음. 책읽는곰. 2014. 6~7쪽.

　토끼가 경주에서 이긴다면 이 마을의 간판은 어떻게 바뀔까요? 토끼가 이긴 마을을 그림으로 표현해봅니다. 꼭 토끼가 아니라도 다른 동물이 인기 있을 수도 있겠죠? 각각 좋아하는 동물을 하나 골라 그 동물이 인기 스타가 되었을 때 마을의 간판이 어떻게 바뀌고 풍경이 어떻게 바뀔지 그림으로 표현해봐도 좋습니다.

　이 활동을 통해서 아이들은 '유행'이라는 것을 이해하게 됩니다. 어떤 것이 유행하게 되면 순식간에 삶의 풍경이 바뀌는 우리네 현실, 교실을 닮았습니다.

### ④ 심화 활동: 언론의 역할

　『슈퍼 거북』을 통해서 사회 현실을 살펴볼 수도 있어요.

　이 책에는 나쁜 인물이 등장하지 않습니다. 주인공인 꾸물이를 힘들게 했던 것은 누구일까요? 토끼 때문이었을까요? 글쎄요. 토끼는 나쁘기보다는 억울한 인물이지요. 경기 결과에 따라 거북이에서 토끼로 옮겨가는 유행, 그 유행을 따르는 사람들 역시 악인은 아닙니다. 토끼와 동물들을 그렇게 만든, 이 모든 것을 만든 인물이 있습니다.

『슈퍼 거북』 유설화 지음, 책읽는곰, 2014, 4~5쪽.

누가 나쁜 역할인지 보이시나요? 그림 왼쪽 위에 카메라맨과 기자가 보이시나요? 꾸물이를 힘들게 했던 것은 특정한 동물이 아닌 바로 '언론'이었습니다. 처음 토끼와 거북이 경주의 결과를 보도하여 온 동네에 슈퍼 거북을 알린 것도, 토끼의 재도전을 보도하여 꾸물이가 자신의 의사와 무관하게 대결을 받아들여야 했던 것도, 토끼로 승자가 바뀌자 냉큼 토끼를 띄워주는 것도 모두 언론이었죠. 어쩌면 '슈퍼 거북'이라는 말도 언론이 만들어낸 신조어일지도 모릅니다. 이 모습은 전혀 낯설지 않습니다. 우리 현실에서 순식간에 열풍이 불고, 특정한 신조어를 만들어 계속 입에 오르

내리게 하고, 그랬다가 또 순식간에 사그라지는 언론과 그 언론에 휩쓸리는 여론 말입니다.

　이 책을 통해 아이들은 언론의 역할을 어느 정도 입체적으로 이해하게 됩니다. 언론이 잘못하면 한 개인의 삶이 어떻게 되는지, 또 사람들은 여론에 어떻게 휩쓸리는지, 바른 언론의 역할은 무엇인지에 대해 이야기해 볼 수 있습니다.

　책을 덮으며 보이는 마지막 속표지에는 꾸물이가 꿈꾸던 '거북이다움'이 나타납니다. 기존의 토끼와 거북이 이야기가 '느림보 거북이도 성실함을 잃지 않으면 토끼를 이길 수 있다'는 이야기를 담고 있었다면 이 책은 거북이는 거북이답게, 토끼는 토끼답게, 자신을 인정하고 받아들이며 자연스럽게 살 때 삶이 행복하다는 것을 보여줍니다. 항상 최고, 최선, 노력을 강조하는 시간에서 잠깐 벗어나 그저 나답게, 나다움을 생각할 수 있는 여유를 아이들이 느끼길 바랍니다.

### 양육자 TIP

『슈퍼 거북』은 그냥 읽어도 재밌습니다. 가정에서는 『토끼와 거북이』 원작을 먼저 읽고 '그 뒤에 거북이는 어떻게 되었을까?' 하는 질문을 던지고 상상해본 후에 자연스럽게 책을 읽어주세요. 먼저 처음부터 끝까지 책을 읽어줍니다. 그리고 읽어줄 때 '거북이가 성실한 성격'이라 이런 선택을 했음을 짚어줍니다. 그 후 각각의 장면으로 돌아가 '만약 나라면 어땠을까?' 하고 아이의 선택을 물어봅니다. 학교와는 다르게 다른 사람들은 어떤 선택을 하는지 알 수 없기에 가족들이 모여 각자 어떤 선택을 했을지, 그리고 그 선택에 따라 이야기가 어떻게 달라지는지를 비교해보도록 해줍니다. 만약 가족들의 선택을 듣기 어렵다면 '만약 네가 이런 성격이었다면 어떻게 선택했을까?'라고 상상해보게 하거나 아이의 친한 친구 혹은 아이가 좋아하는 캐릭터를 활용해 '만약 ○○이가 선택했으면 어땠을까?' 물어보며 선택이 달라질 수 있음을 알려줍니다. 사람에 따라 선택이 달라지고, 나는 가장 나다운 선택을 하고 있고, 앞으로도 해야 함을 아이가 이해하도록 해줘요. 아이의 생활 속에서 선택의 고민을 할 때, 슈퍼거북 활동을 한번 더 기억하게 해주면 아이의 삶과 연결시킬 수 있어요.

이렇게 충분히 선택에 관한 이야기를 하고 나면 나만의 그림책을 만들어봅니다. 내가 주인공인 『슈퍼 거북』을 만드는 거죠. 가능하다면 우리 가족 모두의 『슈퍼 거북』 책을 만들어 함께 읽으면 서로가 어떤 사람인지 더 잘 알 수 있게 될 거예요. 상대를 이해하는 첫걸음이 되어줄 테고요.

# III
# 나, 두 번째

나의 부족한 부분을 인정하고 있는 그대로의 나를 너그럽게 바라보는 태도를 길러주는 것이 앞선 주제의 목표였다면, 이제 한 걸음 더 나아가 내면의 나를 마주하는 것이 이번 주제의 목표입니다.

나를 이해하는 것이 삶에서 중요하다는 건 누구나 알고 있습니다. 특히 초등학교시절은 자아가 형성되는 시기이다 보니 자기 이해 역시 교육과정의 중요한 목표입니다. 때문에, 자신에 대해 생각할 시간과 기회가 충분히 보장되어 있죠. 그런데도 나를 이해하기란 결코 쉽지 않습니다. 수업을 통해 그러한 이해를 돕기는 더더욱 어렵고요. 다양한 경험과 시도, 깊은 관찰 끝에야 내가 이런 사람이구나 하고 겨우 결론을 내릴 수 있는 데다 그 결론은 언제든 뒤집힐 수 있고 바뀔 수도 있으니 참 어렵습니다.

결국, 아이들이 당장 이 자리에서 자신을 이해하도록 돕기보다는 이를 위한 몇 가지 방법과 질문이 더 필요하다는 생각에 이르렀습니다. 질문을 통해 아이들이 진정한 자신과 마주하는 것을 목표로 하되 현실적으로는 그 방법과 질문이 필요한 순간에 스스로 활용할 수 있게 돕는 것, 그것이 교사로서 할 수 있는 최선이라는 생각이 들었습니다.

# 진정한 나와 마주해요

준비한 질문은 세 가지입니다. 첫 번째는 '지금의 나는 무엇으로 이루어져 있는가'입니다. 성장하는 과정에 영향을 준 다양한 경험에 대해 묻고 그 경험이 어떤 영향을 끼쳤는가를 살펴봅니다. Ⅱ. 나 (1)의 주제에서 확장되는 이야기입니다. 두 번째는 나를 둘러싼 벽에 관한 질문으로 '내가 느끼는 벽은 무엇이고 그 벽을 어떻게 하고 싶은가'입니다. 이를 통해 세상을 바라보는 자신의 시선과 세상을 대하는 태도, 문제를 해결하는 방식에 대해 포괄적으로 살펴보게 합니다. 세 번째는 '진짜 나는 누구인가'입니다. '세상이 바라는 나'와 '내가 바라보는 나' 중 무엇이 진짜 나인지, 세상 속에서 나다움을 지키며 살아가는 방법은 무엇인지 생각해봅니다. 아직은 혼자 질문하고 생각하는 것이 익숙지 않은 나이이니 비슷한 고민과 생각을 공유하는 친구들과 서로의 이야기를 털어놓고 질문할 수 있는 충분한 시간을 주려 노력했습니다.

이 단원은 학년, 학급에 따라 어렵게 다가올 수 있습니다. 학년과 학급의 사정에 따라 어디까지 질문을 던질 것이고 얼마만큼의 시간을 줄 것인가, 어떻게 활용할 것인가 고민한 후에 적용하면 좋습니다.

교실에서 선생님, 친구들과 함께한 이 경험이 마음속에 가라앉아 있다가 어느 순간 아이들이 자신에 대해 고민하고 싶어질 때, 자신을 찾고 싶을 때, 자신이 누구인지 궁금해졌을 때 떠오르기를 바랍니다.

# 지금의 나를
# 만든 것

『파랗고 빨갛고 투명한 나』

누구에게나 다섯 살인 모습이 있다는 것을 알게 되었어요. 나의 다섯 살을 따듯하게 바라봐주고 인정하는 연습을 해보았지요. 하지만 '나'에게 다섯 살인 부분만 존재하는 건 아니잖아요. 그래서 이제 다섯 살인 모습뿐 아니라 '나'라는 존재 자체를, 그서 바라보는 것을 넘어 어떤 것이 지금의 이 모습을 만들게 했을까 생각해보려 합니다.

황성혜 지음
달그림, 2019

아이들에게 질문합니다. "여러분의 다섯 살인 부분은 서로 같나요? 다른가요?" 아이들은 앞에서 배웠던 나의, 그리고 친구들의 모습을 생각합니다. "무엇이 나를 그렇게 만들었을까요? 무엇이 같게 혹은 다르게 만드는 걸까요?" 이 질문은 아이들에게 꽤 어렵습니다. 아이들의 눈높이에서 설명하는 것은 더 힘들고요. 이 책을 읽으며 무엇이 나를 나로 만들고 있는지, 내가 왜 다른 사람과 다른지에 관해 차근차근 이야기해보려 합니다.

책 표지에는 열 명의 캐릭터가 등장합니다.

"책 표지에 나오는 캐릭터들의 공통점과 차이점을 찾아봅시다."

"열 명의 이름을 지어줄까요? 꼭 이름이 아니어도 떠오르는 느낌을 써봐도 좋아요. 왜 그렇게 생각했나요?"

이야기가 시작되면 우리는 저 열 명의 정체를 곧장 알 수 있습니다. 바로 파랗고 빨갛고 투명하고 검은, 혹은 동그랗고 뾰족하고 다양한 무늬를 가진 '나'입니다. 공통점은 모양과 색깔 정도겠지요. 그러나 동그라미라고 다 똑같은 동그라미가 아니고, 색깔이 모두 같은 위치에 있지도 않습니다. 누구나 성장하며 겪게 되는 순간들이 새겨지는 건 같지만 모양과 색깔, 그리고 흔적은 저마다 다르게 남게 되지요. 그리고 그 순간들이 각자에게 남기는 것은 이토록 다를 수 있음을 그림으로 표현하고 있지요.

우리는 이렇게 성장합니다. 이 책은 아이들에게 성장이란 무엇인지, 성장에는 무엇이 어떤 식으로 영향을 끼치는지를 직관적으로, 이해하기 쉽게 전달합니다.

### 활동. 그림을 설명해봅시다

이야기에는 표지에 있었던 10명의 모습이 나옵니다. 다들 어떤 일을 겪으며 그 모습이 되어가는지를 보여주지요. 또 이야기를 읽으며 그 모양, 색, 무늬의 의미도 알게 되었습니다. '나'를 표현해보기 전에 캐릭터들의 특징을 설명하며 이야기를 잘 이해했는지 확인해봅시다. 예를 들면, 옆의

캐릭터에 대해서 이렇게 설명할 수 있겠죠.

"동그라미 얼굴이 뾰족뾰족하게 표현되어 있어요. 태어났을 때 타고난 것을 의미하는데 다른 친구들이 평범하게 동그란 것에 비해서 뾰족뾰족하다는 건 특별하게 태어났다는 의미인 것 같아요. 그게 좋은 의미인지 나쁜 의미인지는 잘 모르겠어요. 꿈을 의미하는 파란색의 몸통에는 동그란 무늬가 새겨져 있어요. 무늬는 갈등의 순간을 의미하니까 꿈과 관련해서 갈등이 있지 않았을까 생각해봤어요."

캐릭터 그림을 일일이 설명하지 않아도 좋습니다. 이야기의 페이지마다 등장하는 그림을 해석해봐도 좋습니다. 예를 들어 아래의 페이지의 그림을 설명한다고 하면 꿈을 의미하는 파란색이 모두에게 다르게 표현된 것을 확인할 수 있습니다. 각각이 의미하는 것이 무엇일지 생각해봅니다. 파란색이 전혀 없는 나는 꿈을 아직 가져본 적이 없다는 뜻일 수 있겠죠. 파란색이 적게 표현된 나는 꿈이 막연하다는 뜻일 수도 있고요. 보통은 몸통에 색이 있는데 머리카락이 파란 캐릭터도 있네요. 꿈이 머리카락으로 표현된

『파랗고 빨갛고 투명한 나』 황성혜 지음, 달그림, 2019, 10~11쪽.

경우는 무엇을 의미할까요? 각자의 생각을 이야기해봅니다.

모둠별로 캐릭터나 책 페이지를 나누어주고 생각을 모아도 좋아요. 물론 정답은 없습니다. 이 활동은 충분히 이야기를 나누는 것이 목적입니다. 이 과정을 통해 이야기를 제대로 이해하고 있는지를 확인하는 동시에 다음 활동인 '나 표현하기'를 어떤 방식으로 하면 좋을지 생각해보고, 아이디어를 제공할 수 있습니다.

구체적인 생각을 모양, 색깔, 무늬 등의 추상적인 모습으로 표현한다는 것이 아이들에게 어려울 수 있습니다. 그림을 설명해보며 그 과정이 구체적이고 쉽게 다가가기를 바랍니다.

## 활동. 나의 성장 이야기: 우리의 삶은 흰 도화지 한 장으로 시작된다

이제 나의 지난 시간을 '파랗고 빨갛고 투명한 나'로 표현하는 활동 시간입니다. 이를 위해서는 준비물이 필요합니다. 모든 이가 똑같이 도화지를 한 장씩 받습니다. 그러나 그 도화지에 어떤 그림을 그리는가는 저마다 다릅니다. 그렇기에 표현 재료는 미리 준비하기보다는 활동을 진행하며 생각나는 대로 활용해도 좋습니다. 설명은 포스트잇에 쓰도록 합니다. 포스트잇은 우리가 생각해볼 순간에 필요한 만큼 준비합니다.

### Step 1. 작은 동그라미

"작은 동그라미가 의미하는 것은 무엇일까요?"

우리는 모두 동그라미로 태어납니다. 그러나 모두 같은 동그라미는 아니지요. 동그라미는 우리가 본래 타고난 것을 의미합니다.

"내가 태어날 때 타고난 것은 무엇일까요?"

부모님께 물려받은 것들로는 외모, 지성, 가정환경, 성별, 형제자매 등이 있습니다. 우리가 지금 하고 싶은 것은 아이들이 스스로 생각하는 자신에 관해 표현하는 것이기에 과학적으로 혹은 모두 천편일률적으로 답을 쓰기보다는 스스로 생각하는 답을 쓰게 합니다. 그러니 아이가 쓴 내용이 타고나는 것이 아니라 성장 과정에서 생기는 요소로 보일지라도 '이것은 타고난 것이 아니'라고 지적하기보다는 왜 그렇게 생각했는지 물어보는 것이 좋습니다.

하얀 도화지 어딘가에 작은 동그라미를 하나 그립니다. 그리고는 태어났을 때의 나, 무언가를 갖고 타고난 나의 모습을 떠올리며 그 동그라미를 꾸며줍니다. 색, 모양, 질감, 무늬를 어떤 식으로 그려도 좋습니다. 첫 번째 포스트잇에는 내가 타고난 것이 무엇인지와, 또 그에 대한 자기 생각을 써넣습니다. 그림 그릴 때 방해가 될 수 있으니 적은 포스트잇은 도화지 뒤쪽에 붙입니다. 이제 더 이상 도화지는 같은 도화지가 아닙니다. 우리가 모두 다 다르게 태어났듯이 말이죠.

**Step 2. 살면서 반드시 만나는 순간들**

꿈, 희망, 열정, 상처, 좌절, 갈등…. 살면서 반드시 만나는 순간들을 책에서 발견할 수 있습니다. 그 순간을 거치며 우리에게, 동그라미에게 무엇이 생기는지를 모양과 색과 무늬로 표현하고 있지요. 책과 마찬가지로 다섯 순간을 차례차례 그려보아도 좋고, 필요하다면 아이들과 의논하여 더 추가하거나 수정해도 좋습니다.

예를 들어, 저학년 아이들에게는 그리고 싶을 정도의 갈등이나 좌절이 없었을지도 모릅니다. 그 단어를 이해하기 어려울 수 있겠죠. 그렇다면 갈등이나 좌절이란 단어 대신에 '힘들었을 때', '아팠을 때'와 같이 아이들이 이해할 수 있는 표현으로 변경하면 좋습니다. 다만 한 가지 꼭 지켜야 할 것은 그 순간을 어떻게 표현할지 약속해두는 것입니다. 노란색, 회색과 같은 색이나 네모, 직선 등의 모양, 혹은 특정한 무늬를 넣기로 약속합니다.

하나의 순간을 지날 때마다 자신에게 그때가 언제였는지, 몇 번이나 지났는지, 어떻게 오고 또 갔는지, 그 이후에 나는 어떻게 변화했는지를 찬찬히 살펴보도록 합니다. 살펴보는 방법은 다양합니다. 글로 쓰며 정리해도 좋고, 조용한 음악을 틀어놓고 눈을 감고 옛 기억을 떠올려봐도 좋습니다. 필요하다면 부모님 혹은 친구들과의 대화를 통해서 가져와도 좋고요. 충분히 떠올려보았다면 이제 그림으로 표현합니다. 생각은 깊이 해보되 그림은 고민 없이 표현합니다. 함께 약속한 색 혹은 모양을 사용하여 그리도록 합니다. 그 외의 것은 자유롭게 둡니다. 그리고 관련된 이야기를 포스트잇에 써서 붙입니다.

예를 들어볼게요. '꿈이 찾아온 순간'에 대해 이야기할 때 나의 꿈들을 떠올려보고 그 꿈이 무엇이었는지, 어떻게 나에게 찾아왔는지, 어떻게 지나갔는지 혹은 내 안에 남아 있는지, 그 꿈으로 인해 나는 어떤 변화를 겪었는지 등을 생각해봅니다. 사람에 따라 꿈이 여러 번 찾아왔을지도 몰라요. 그렇다면 여러 개를 써도 좋습니다. 이런 생각들을 포스트잇에 먼저 정리해도 좋고요. 그 후에 흰 도화지 속 동그라미를 중심으로 꿈에 관한 약속인 '파란색'으로 표현을 합니다. 책에서 꿈은 파란색으로 표현했으니까요.

꿈이 여러 번 찾아왔던 아이는 파란색으로 여러 개를 표현할 수도 있을 테고, 꿈 때문에 많이 힘들었던 아이는 뾰족뾰족한 파란 가시를 그릴 수도 있겠지요. 팔을 파란색으로 표현해도 좋고, 머리카락을 파란색으로 표현해도 괜찮습니다. 파란색이라고 모두 같은 파란색은 아니겠지요. 하늘색도 좋고 남색도 좋습니다. 때론 색종이를 찢어 붙이거나 파란색 실을 붙여도 멋있겠네요. 어떤 방식으로든 내가 경험한 것을 파란색으로 표현해봅니다.

이제 도화지에는 동그라미와 파란색이 표현되었습니다. 도화지, 동그라미, 파란색이라는 점은 같지만, 그것 외에는 완전히 다른 그림이 나옵니다. 꿈이 찾아온 순간을 정리한 포스트잇은 역시나 그림을 방해하지 않기 위해 도화지 뒷면에 붙입니다.

이렇게 아이들에게 찾아왔을, 혹은 찾아온 순간을 생각하고 표현하는 것을 반복합니다. 아이들이 생각하기 어려워하면 친구들의 발표를 듣고 비슷한 경험을 떠올려볼 수 있습니다. 영화나 음악을 활용해 생각을 자극하는 것도 좋은 방법이고요.

이 과정이 끝나고 나면 이제 도화지에는 내가 표현한 다양한 순간을 겪으며 성장한 내가 있을 거예요. 도화지의 뒷면에는 나를 설명하는 무수히 많은 포스트잇이 붙어 있을 테고요.

### Step 3. 나를 만나요

완성된 도화지 속 나를 봅니다. 지금까지 다양한 방법으로 나를 그려봤겠지만, 한 번도 본 적 없던 나를 만납니다. 나를 하나도 안 닮았지만, 모두가 나입니다. 나의 모습에 숨겨진 의미는 나만 알 수 있습니다. 왜 파란색 뿔이 머리 위에 솟아 있는지, 내 다리는 왜 검정색인지, 내 얼굴에 왜 무늬가 그려져 있는 것인지 하나하나 볼 때마다 지나온 나의 시간과 그

속에서 내가 느꼈던 감정이 떠오를 것입니다. 그렇게 지금의 내가 되어 있습니다.

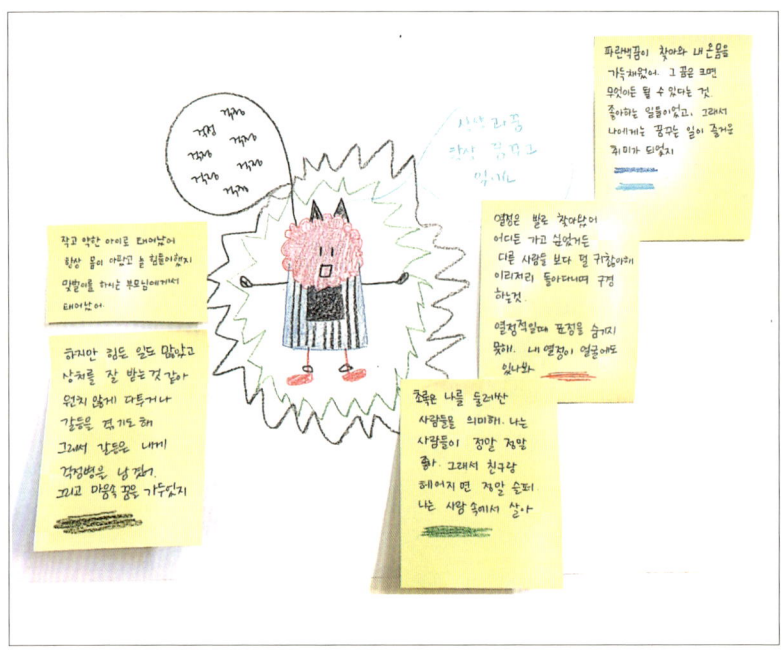

도화지 속 나를 마주하며 어떤 생각이 드는지 이야기해봅시다. 글로 표현해도 좋습니다.

**Step 4. 우리는 다 같고 다 달라요**

우리 반 아이들의 도화지를 한곳에 모아봅니다. 칠판도 좋고 게시판도 좋습니다. 필요하다면 스캔을 하여 디지털 그림으로 모아도 좋습니다. 그리고 서로의 모습을 찬찬히 바라봅니다. 우리는 알고 있습니다. 저 그림이 무엇을 의미하는지 말입니다.

그 친구는 어떤 순간을 겪었고 그로 인해 어떻게 성장했을까 상상해봅니다. 아무런 색이 없이 까맣게 그린 동그라미는 무엇을 의미하는 것일까, 바닥까지 흘러내린 파란색의 머리카락을 보고 꿈은 내 친구에게 어떤 식으로 찾아온 것일까, 다양한 생각과 추측을 해봅니다. 그 어느 때보다 나의 친구를 깊이 관찰하게 됩니다.

무엇이 같은가요? 무엇이 또 다른가요? 표현된 모습이 같다는 것은 같은 경험을 했다는 의미일까요? 표현된 모습이 다르다는 것은 서로 다른 생각을 해서일까요?

## 파랗고 빨갛고 투명한 나

앞선 '다섯 살인 나의 모습 찾기'에 내 부족한 부분, 그래서 숨기고 싶은 부분을 찾아내어 따뜻하게 보듬어순다는 목표가 있었다면, 이번 나를 찾는 과정의 목표는 '경험과 생각에 따라 성장하는 나를 바라보기'입니다. 즉, 나의 다섯 살인 부분의 과거, 현재, 미래를 부각해 살펴본다는 의미이지요. 앞선 주제에서 부족한 부분을 충분히 다독여주고 성장할 수 있다고, 사람마다 속도는 다르다고 이야기를 해준 뒤이기에 아이들은 이번 활동에 마음껏 솔직해질 수 있을 거예요.

처음의 질문으로 돌아가봅시다.
"여러분의 다섯 살인 부분은 서로 같나요? 다른가요?"
"무엇이 나를 그렇게 만들었을까요? 무엇이 같게 혹은 다르게 만드는 걸까요?"

이제 아이들은 이 질문에 대답할 수 있습니다. 우리에게는 똑같은 색과 모양의 순간이 주어졌습니다. 그러나 그것이 나에게 와서는 다른 사람과는 구별되는 모습으로 그려집니다. 같은 모습으로 그렸다고 해서 우리가 같은 경험을 하고 비슷한 방식으로 성장했다는 의미는 아닙니다. 다만 겉으로 보기에 결과가 비슷해 보일 뿐이지요.

같은 맥락에서, 다른 모습으로 표현되었다고 해도 어쩌면 비슷한 경험을 하고 비슷한 성장을 했을지도 모릅니다. 이는 결국 같은 경험을 한다고 해도 서로가 이해하고 받아들여 각자의 성장으로 어떻게 녹여낼지는 다를 수 있으며 다른 경험을 한다고 해도 우리가 같은 이해를 할 수도 있다는 것을 의미합니다. 그렇게 복잡한 경험-생각-성장의 과정을 통해 지금의 우리가 되었고, 처음 동그라미일 때부터 그랬듯 우리는 모두 다른 사람이 되었습니다.

## 이렇게도 활용할 수 있어요

### 성장책으로 만들어요

활동에서는 인생은 한 번이라는 의미를 담고 학급에서의 손쉬운 준비를 위해 도화지 한 장에 자신을 표현했지만, 각자의 책을 만들 수도 있습니다. 이때 활용하면 좋은 것은 '드로잉 스크랩북'입니다. 미리 학급운영비로 구입해두면 아이들이 자신의 책을 만들 때 활용하기 좋습니다.

### 책으로 만들 때는 Step마다 한 페이지씩 만듭니다

혹은 책의 내용을 한 줄씩 써두고 그림으로 나의 모습을 그려주면 되고요. 책으로 만들게 되면 자신의 이야기와 경험, 성장에 대해 좀더 깊이 생각하고 자세하게 이야기할 수 있습니다. 혹시 필요하다면 관련된 사진을 붙여도 좋고, 그림을 그려도 좋습니다. 그럼 정말 아이 자신의 '성장기'를 보여주는 책이 되는 것이지요.

**1년의 성장을 돌아봐요**

쉽지는 않지만, 긴 시간에 걸쳐 이 책의 활동을 해나가면 더 의미 있는 결과를 낼 수 있습니다. 학년 초에 이 활동을 진행한 후에 학년 말 혹은 졸업을 앞두고 1년 동안 스스로 어떤 부분이 더 성장했고 어떤 부분은 성장하지 않았는지, 어떻게 변화했는지를 마지막 페이지에 그려 넣어보고 한 해를 되돌아보는 시간을 가져보는 것입니다.

1년이라는 기간 동안 겪은 점진적인 성장과 그 방향을 시각화하여 보여주는, 의미 있는 시간이 될 것입니다. 더불어 학기 초 활동 시 1년 뒤 성장해 있을 자기 모습을 상상해보고 목표를 세운 후 1년 뒤 진짜 내 모습과 비교해보거나, 타임캡슐처럼 5년 뒤, 10년 뒤, 20년 뒤 등의 페이지를 비워두고 계속 꺼내어볼 수 있게 하면 아이들이 '나'와 '성장'에 대해

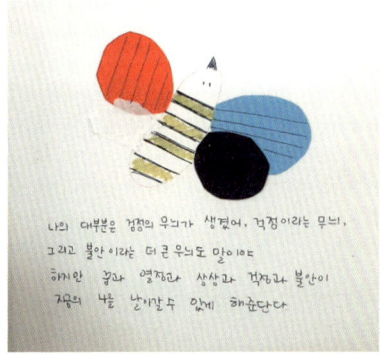

계속 생각해볼 수 있을 것입니다.

가정에서도 아이의 성장 앨범을 만들 때 활용하면 좋습니다. 실제 아이의 사진, 영상 등을 함께 보면서 아이가 자라며 겪었던 일을 이야기해줍니다. 이야기를 듣고 아이가 자신 나름의 표현을 할 수 있게 하는 거죠. 그림책을 만들 때 그 안에 아이의 실제 사진을 붙이는 것도 좋아요. 그러면 진짜 '나의 책'이 됩니다.

책을 다 만들고 나면 가족들이 읽고 한마디씩 서평을 써주도록 해요. 아이가 얼마나 소중하고 귀한 존재였는지 알 수 있도록요.

아직 아이들이 만나지 않은 순간이 있다면 어른들의 경험을 아이에게 전해주며 앞으로 이런 순간을 만나게 될 텐데 너무 두려워하지 말라고 응원해줄 수도 있어요.

# 내가 나를
# 가만히 들여다보기
### 『빨간 벽』

아주 어렸을 때는 호기심이 많았던 것 같고, 당장 어린아이만 보아도 세상 모든 것을 신기해합니다. 점점 커가면서 아이들의 호기심은 어디론가 사라져버리는 걸까요?

조금씩 커가며 아이들은 다양한 벽을 경험하게 됩니다. 어떤 아이는 새로운 것에 더이상 도전하지 않으며 안전한 그곳에 머무르려 합니다. 또 어떤 아이는 여전히 호기심이 많고 도전을 하고 싶지만 학교가, 가정이 그 아이를 막아서기도 하지요. 내가 만든 벽 혹은 타인이 만든 겹겹의 벽들 속에서 살아가게 되는 아이들. 문제는 아이들이 벽 안에 있다는 것을 깨닫지 못하는 데 있습니다.

그림책 『빨간 벽』은 아이들이 가만히 자신의 내면을 응시할 수 있는 그림책

브리타 테켄트럽 지음
김서정 옮김, 봄봄출판사, 2018

입니다.

　아이들에게 표지를 보고 책의 내용은 어떤 것일지, 또 빨간 벽이 의미하는 것은 무엇일지 상상해보도록 합니다. 아이들이 생각하는 '벽'에 대한 이미지를 파악할 수 있을 거예요.

　문이 없는 빨간 벽 속에 사는 동물들의 이야기입니다. 이야기는 크게 세 부분으로 나뉩니다. 빨간 벽 안에서, 빨간 벽을 넘은 직후, 그리고 그 이후의 이야기로 말이죠.

## Part 1. 나는 누구와 닮았을까?

　첫 번째 부분에서는 각 인물을 소개하고 있습니다. 호기심이 많은 쥐, 겁이 많은 고양이, 이미 늙어버린 곰, 순응하는 여우, 공허한 사자가 등장합니다. 각 동물이 가진, 빨간 벽에 대한 생각, 빨간 벽을 대하는 태도를 통해 다양한 가치관을 만나게 됩니다. 동물의 이야기를 하나씩 살펴보며 나는 누구와 닮았을까, 어떤 가치관에 가까운가를 생각해봅니다.

**질문 1. "나는 누구와 닮았을까? 왜?"**

　인물의 대사를 통해 인물의 성격, 가치관을 파악하고(국어과목에서 매번 하는 바로 그것!) 나는 누구를 닮았는가 살펴봅니다. 내가 닮은 동물과 그 이유 말하기를 진행하는데, 5개의 가치관으로 딱 나뉠 필요는 없습니다. 어떨 때는 고양이, 어떨 때는 쥐와 같이 상황에 따라 다르게 변하는 나의 모습을 발견한다던가, 속마음은 여우인데 겉으로는 곰처럼 행동한다던가 할 수 있겠지요. 아이들은 복잡한 내면을 가진 나를 발견하게 됩니다.

**질문 2. "그 동물은 왜 그런 생각을 하게 되었을까?"**

 이때 만약 아이들의 이야기를 조금 더 깊이 있게 듣고 싶다면, 각 동물의 과거를 상상해보도록 하면 좋습니다. 그 동물들이 그런 가치관을 가지게 된 데에는 분명 이유가 있을 것입니다. 자신과 닮은 동물을 고르고, 그 동물이 겪었을 법한 사건을 상상해보도록 합니다. 특히 자신의 이야기를 잘 꺼내어놓지 않는 아이들이 있다면 이 방법을 활용하는 것을 추천합니다. 동물의 이야기를 통해 아이의 내면에는 어떤 이야기가 담겨 있나 살펴볼 수 있습니다. '고양이가 겁이 많아진 이유는 예전에 벽 위에 올라갔던 적이 있는 거예요. 벽을 넘으려고 했는데 벽 밖은 너무 깜깜하고 무섭고 또 위험한 동물들이 있었던 거죠. 꼭 벽이 아니라도 그래요. 고양이는 밤잠이 없으니까 벽에 기대어 있다 밖에서 들리는 괴물 소리를 들었는지도 모르죠.' 이런 숨겨진 이야기를 들려줄지도 모릅니다.

**질문 3. "고양이, 곰, 여우, 사자가 실은 빨간 벽 너머를 이미 알고 있다고 가정해보자. 그들은 왜 그렇게 이야기를 하게 된 것일까?"**

 좀더 재미있게 이야기를 파고 들어봅니다. 이미 빨간 벽 너머를 알면서도 모른 척 시치미를 떼고 쥐에게 이렇게 말하는 이유는 무엇일지 상상해보면서 삶을 대하는 태도, 즉 가치관이 어떻게 형성되었는지에 대해 이해를 해볼 수 있을 거예요. 아무 이유 없이 생겨나는 생각은 없다는 것, 우리가 마주하는 하루하루가 결국 내 생각을 만든다는 것을 조금씩 알게 될 거예요.
 선생님은 어떤 동물의 모습과 닮았나요? 그리고 그런 모습과 닮게 된 이유가 무엇인가요? 선생님의 이야기를 들려주고, 아이들의 이야기를 듣다 보면 우리가 참 많은 벽과 마주한다는 것을 알게 되며 그 아이를 진정으로 이해하게 될 거예요.

## Part 2. 나의 빨간 벽은 무엇일까?

이제 두 번째 부분으로 넘어가요. 쥐는 벽 너머에서 날아온 새의 도움으로 벽을 넘어서게 됩니다. 그리고 그곳에서 생각지도 못한 세상을 만나게 되지요. 그리고 쥐는 신이 나서 새에게 이야기합니다. 이런 세상이 있을 줄은 몰랐다고, 친구들에게 알려줘야겠다고 말이죠.

그렇게 돌아본 그곳에 이제는 빨간 벽은 보이지 않습니다. 어디 갔느냐고 묻는 쥐에게 새는 '벽은 처음부터 없었어.'라고 말합니다. 여기에서 우리는 벽의 의미를 알게 됩니다. 물리적인 벽으로 보였던 그것은 사실 보이지 않는 벽이었다는 사실을요.

아이들과 아이들을 가로막는 벽에 관한 이야기를 나누어봅니다.

"나를 막고 있는 빨간 벽은 무엇일까?"

칠판에 그려놓은 '빨간 벽'의 벽돌 하나하나에 포스트잇으로 자신이 생각하는 벽을 써내려갑니다. 벽돌은 하나씩 아이들 마음의 벽으로 채워집니다. 학교, 가족, 친구, 공부, 무관심, 세상, 두려움…. 질문은 여기에서 끝나지 않습니다.

"나는 그 벽을 넘고 싶을까? 부수고 싶을까? 그대로 두고 싶을까? 지금 나는 어떨까?"

빨간 벽은 누구에게나 있습니다. 이 빨간 벽에 대한 아이들의 생각이 궁금했습니다. 빨간 벽을 어떻게 바라보느냐에 따라 삶의 방식이 달라질 테니까요. 쥐, 고양이, 여우, 곰, 사자, 심지어 새에게도 빨간 벽은 존재합니다. 다만 그것을 어떻게 바라보느냐에 따라 그들의 생각은 달라졌습니다. 그림책 속 고양이처럼 세상이 두려워 빨간 벽을 안전하게 느끼는 아이가 있을지도 모릅니다. 책에는 나오지 않지만, 벽이 답답해서 부수고 싶고 싸우고 싶은 아이도 존재하겠지요.

## Part 3. 벽을 넘은 동물들은 행복했을까?

빨간 벽 너머의 세상을 알게 되고, 열린 마음으로 궁금해하며 세상을 바라보는 것이 중요하다는 것을 깨달은 쥐는 그 후에 어떻게 되었을까요? 이미 세상 속에 나와 삶을 살고 있는 어른으로서 사실 쥐의 그 이후가 마냥 행복했을 거라고 자신하기는 힘듭니다. 아이들에게도 무조건 벽을 넘어서는 것이 '기쁜 일'은 아닐 수 있다는 이야기를 해주고 싶었어요. '벽을 넘어 도전해라!'와 '사회가 만든 벽 속에서 순응하며 살아라!' 양극단의 '재촉'만이 존재하는 듯한 세상에서 잠깐 멈춰서 생각하기를 바랐어요. 나는 어떤 사람이고, 내 안에는 어떤 벽이 있고 나는 그 벽을 어떻게 하고 싶은가. 현재를 바라보고, 미래를 생각할 때 행복이 목적이 되었으면 좋겠고, '내가 생각하는 행복이란 무엇인지' 생각했으면 하는 선생님의 바람을 담은 질문, "벽을 넘은 동물들은 행복했을까?"입니다.

마지막 장면은 길을 걸어가는 쥐의 뒷모습입니다. 아이들은 다양한 생각을 쏟아냅니다.

"사실 빨간 벽 안에 있을 때보다 위험할 것 같아요. 벽 안에서는 고양이도 쥐를 안 잡아먹었잖아요. 그런데 밖에 있는 고양이들은 잡아먹을 것 같아요."

"길의 끝에 바다가 보이잖아요? 그래서 행복했을 것 같아요. 물론 빨간 벽 안에 있을 때보다는 조금 더 힘들 수는 있겠지만, 그래도 처음 보는 아름다운 세상, 바다 같은 것을 보는 것은 분명 행복일 거예요."

"사실 어디 있든 무슨 상관이 있겠어요. 고양이는 여전히 걱정이 많을 테고, 사자는 여전히 우울하지 않을까요?"

선생님은 아이들의 이야기 하나하나에서 아이들의 생각을 낚시하듯 건져냅니다. 아이들은 자신이 왜 그런 이야기를 하는지 모르는 채 그냥 자신의 생각을 이야기합니다. 선생님은 아이들의 이야기를 듣고 '아, ○○이는 이렇게 생각하고 있구나.' 하고 정리할 수 있도록 도와줍니다. 혹시 선생님의 피드백이 잘못되었다면 바로바로 수정도 합니다. 이 과정에서 아직은 경험이 부족한 아이들은 생각을 조금씩 넓혀갑니다. '아, 이렇게 생각할 수도 있구나.', '다른 사람은 이런 생각을 하는구나.' 하고 말이죠.

짧은 그림책 한 권을 통해 아이들은 나의 가치관은 무엇인지 끊임없이 탐색해보았습니다.

"꼬마 생쥐야, 네 인생에는 수많은 벽이 있을 거야. 어떤 벽은 다른 이들이 만들어놓지만 대부분은 네 스스로 만들게 돼."

새의 이야기를 아이들에게 다시 들려줍니다. 새는 '마음과 생각을 활짝 열어놓으라'고 말하고 있지만, 교실에서는 '정답은 이것'이라고 말해주기보다 질문을 던져주고자 합니다. 수업이 끝나도 그 질문은 아이들의 마음에 남아 계속 고민하게 될 것입니다. 지금 이 벽은 내가 만든 것인지, 타인이 만든 것인지, 그리고 나는 이 벽을 어떻게 하고 싶은지 말이죠.

**유라쌤 tip.** 이렇게 활용할 수도 있어요

저학년을 위해서 혹은 '진정한 나' 탐색보다는 국어 수업에 활용하고 싶을 때는 아래와 같이 진행할 수 있어요.

활동 1. 빨간 벽 속 동물들의 과거 상상해보기 (왜 그런 생각을 하게 되었을까?)
활동 2. 빨간 벽 너머 상상해서 표현하기 (그림과 글)
활동 3. 빨간 벽 너머의 세상으로 가자고 쥐가 사자를 설득하는 말하기
활동 4. 뒷이야기 상상하여 글쓰기

비슷한 활동이지만 진정한 나에 대한 탐구보다는 아이들의 상상력에

초점을 두고 국어의 '뒷이야기 상상하기', '앞 이야기 상상하기', '설득하는 말하기' 활동으로 진행할 수 있어요. 그림책에 나와 있지 않은 시간과 공간을 채우며 더 풍요로운 수업이 될 수 있답니다.

『빨간 벽』은 아이의 마음 속에 어떤 벽이 있는지 이야기를 나누기 위한 그림책입니다. 아이가 답답해할 때, 아이가 힘들어할 때, 그러나 쉽게 이야기를 꺼내지 못하고 스스로도 설명을 못할 때 꺼내지요. 『짖어봐 조지야』와 함께 처음에 이야기했듯 아이들은 자신의 마음 속에 벽이 있다고 하더라도 그것을 쉽게 설명해내지 못합니다. 그래서 그림책을 읽어주며 주인공에 대입하여 자신의 벽은 무엇일까 생각하게 하는 거지요. 교실에서는 다른 친구들의 대답이 예시가 되어주기에 벽을 좀더 쉽게 찾을 수 있습니다. 그런데 가정에서는 아이가 눈에 보이지 않는 마음속 벽을 찾는 것을 어려워할 수 있죠. 그럴 때 아이에게 '혹시 생활하면서 답답하게 느끼는 건 없었어? 예를 들어 나는 학교 다닐 때 이런게 답답했던 것 같아. 이런 생각도 했었고.'라는 식으로 아이의 눈높이에서 생각할 수 있게 이야기를 해줘요. 어떤 아이들은 '벽'을 말하는 것을 꺼려할 수도 있어요. 예를 들어 가족이 아이의 벽이라면 그걸 말하는 게 미안하거나 무서울 수도 있거든요. 그래서 양육자가 예시로 들어주면 도움이 돼요. '나는 가족이 답답했어. 엄마는 왜 내 마음을 몰라줄까, 아빠는 왜 맨날 공부하라고만 할까. 이런 생각을 했었지.'와 같이 먼저 자신의 경우를 말해주어 그런 생각을 가지는 게 나쁜 게 아니라고 안심시켜 주도록 합니다. 말해도 괜찮다는 안전한 분위기를 만들어주는 거죠. 그때 핵심은 '너만 그런게 아니야, 그런 생각은 얼마든지 할 수 있어.'라고 이야기해주는 거고요. 그 후에 그 벽을 어떻게 하면 좋을지 함께 이야기해봐요. 이때는 양육자의 예시를 먼저 이야기하기보다는 '너는 그 벽을 어떻게 하고 싶어?'라고 꼭 먼저 물어봐주세요. 예시를 먼저 들어주면 그걸 따라 말하게 될 가능성이 크니까요. 적절한 순서로 예시를 들어주는 것이 아이 마음에 부담을 덜어줄 수 있어요.

# 세상 VS 나
『고슴도치 엑스』

아이들이 가고 난 교실에서 자주 울곤 합니다. 혼나려고 학교에 온 것이 아닐 텐데 오늘도 혼을 내어 보낸 아이들의 얼굴이 떠오릅니다. 그저 말 잘 듣고 조용하다는 이유로 말 한 번 제대로 못 건네고 보낸 아이들이 떠오르기도 하고요. 그때 자주 했던 생각은 '교실에서 가장 억울한 아이들은 누구일까?'였습니다. 저는 시끄럽다거나 뛰어다닌다거나 에너지가 넘친다는 이유로 잔소리 세상에서 사는 아이들을 자주 가장 억울한 아이로 꼽곤 합니다. 교실이 운동장만큼 넓었다면, 아니 운동장에서였다면 절대 '그만 좀 해!'라고 혼내지 않았을 텐데, 하는 마음이 들어 교실에서 아이들을 혼내고 나면 꼭 사과합니다.

노인경 지음, 문학동네어린이, 2020

"이곳이 교실이고 지금이 수업 시간이라 그래요. 만약 운동장에서 쉬는 시간에 그랬다면 활기차다고 칭찬받았을 텐데. 함께 있는 공간에서 방해했기에 선생님은 혼낼 수밖에 없어요. 그러니 자신의 좋은 특성은 잃지 말고 때와 장소를 가려서 활용하는 방법을 생각해보면 좋겠어요."

　가끔 그렇게 이야기를 해도 여전히 풀이 죽은 아이들이 있습니다. 오랜 시간 쌓여온 잔소리와 낙인이 그 아이를 아프게 만든 것이지요. 한 번쯤은 푹 꺾여버린 기를 살려주고 때에 맞게 바르게 자신의 특성을 사용할 수 있도록 해줘야겠다 싶은 날에 이 책을 꺼내 듭니다.

## 세상에서 가장 안전한 도시 '올'

　'올'의 아침 풍경은 '가시부드럽게비누'를 배달하는 소리로 시작합니다. '교양 있는 고슴도치 수칙'에 따라 아침마다 가시부드럽게비누로 가시를 부드럽게 만들어야 하고, 모든 학생은 등교할 때마다 가시 검사를 받아 모든 가시가 부드러워졌는지 확인을 받아야 하지요. 만약 뾰족한 가시가 발견되면 따로 가시 교육을 받아야 하고 학교에서 '뾰족한 놀이'는 모두 금지입니다. 우리의 주인공 고슴도치는 뾰족 솟은 세 개의 가시 때문에 '가시 교육'도 받고, 풍선 터뜨리는 장난을 하다 도서관 벌 청소도 하게 됩니다. 그런데 이 녀석이 왠지 밉지 않습니다. 가시 때문에 혼나고 남아서 청소를 하면 속상할 법도 한데 긍정적으로 받아들이며 신나게 벌을 받는 주인공 고슴도치를 보고 있으면 우리 아이들이 생각납니다. 안전한 도시 '올'과 매일 아침 검사를 하고 벌을 주는 학교의 모습에 어쩐지 얼굴이 화끈거립니다. 어쩌면 저도 모르게 교실에서 아이들을 이렇게 대하진 않았을까 하는 생각이 들었어요. 그 속에서 선생님이, 학교가, 사회가 원하는 대로 자신의 가시를 열심히 부드럽게 만들기 위해 노력하면서도 즐거워하고, 그런데도 가끔 가시가 빼꼼 고개를 드는 모습이 꼭 우리 교실 속 아이들인 것만 같아 마음 한쪽이 짠해옵니다. 나의 교실은 어땠나, 나는 아이들에게 어떻게 대했나 반성하게 합니다.

> **몸풀기: 닮은 그림 찾기**
>
> 아이들과 닮은 그림 찾기를 해봅니다. 아이들이 가장 잘 아는 세상인 '학교'와 『고슴도치 엑스』 속의 학교를 비교해봅니다. 어떤 점이 닮았고 어떤 점이 다른지요. 저학년 학생들이라면 다른 점들 위주로 찾을 거예요. 하지만 학년이 올라가면 올라갈수록 우리의 학교와 책 속의 학교가 많이 닮았다는 것을 알게 되지요.

주인공 고슴도치는 벌 청소를 하다 도서관에서 책을 한 권 발견하게 되는데요. 책 속에는 전설 같은 고슴도치의 이야기가 적혀 있었지요. 호랑이도, 코끼리도, 사자도, 토끼도 못 해낸 일을 뾰족한 가시로 해낸 고슴도치의 이야기 말이에요!

그날 이후 주인공 고슴도치는 매일 매일 자신의 가시를 뾰족하게 만들기 위해 훈련을 합니다. 점점 뾰족해지더니 우리가 아는 바로 그 고슴도치의 모습을 되찾게 되지요. 물론 '올'에서 다른 고슴도치들은 난리가 났습니다. 큰일 났다고, 위험하다고 말이죠. 급기야 뾰족한 고슴도치를 잡기 위해 병력도 배치됩니다. 과연 우리 고슴도치 X는 자신의 자랑스러운 가시를 지킬 수 있을까요?

## 세상 vs. 나다움

고슴도치를 고슴도치답게 하는 것은 무엇일까요? 고슴도치 하면 가장 먼저 떠오르는 것은 몸을 뒤덮은 뾰족한 가시입니다. 물론 그 가시는 때때로 상처를 주기도 합니다. 그렇다고 고슴도치의 가시를 마음대로 부드럽게 만들 수는 없는 법입니다. 대신 고슴도치의 가시가 누군가에게 '해'가 되지 않는 방법을 연구해야 하는 거죠. 마찬가지로 아이들도 각자 자신의 나다움을 찾아봅니다.

### 나다움을 찾기 위한 질문들

1. '고슴도치의 가시'처럼 나다움을 나타낼 수 있는 단어, 문장, 특성을 찾아보세요.
2. 나다움이 언제나 환영받았나요?
   - 다양한 상황 속에서 나다움이 어떤 식으로 인식되었는지를 생각해봅니다.
   - 예: 교실에서 수업 중에 / 집에서 쉬고 있을 때 / 친구들과 놀 때 등
3. 세상 vs. 나다움
   - 환영받지 못한 상황에 집중해봅니다. 왜 환영받지 못했을까요?
   - 환영받은 상황에 집중해봅니다. 왜 같은 특성인데 환영을 받았던 것일까요?
   - 환영받는 상황과 그렇지 못한 상황 중 어느 쪽이 더 많은가요?
   - 나에게는 이 나다움이 소중한가요?
   - 나다움을 지키기 위해 나는 어떻게 해야 할까요? 세상과 나다움 사이에서 생각해봅시다.
4. 세상 속에서 나다움을 지키며 살아가는 방법

3번의 질문을 통해 생각해본 내용을 토대로 세상 속에서 나다움을 지키며 살아가는 방법을 생각해봅니다. 나다움을 없애고 세상에 순응하며 살아가는 것이 아니라, 나다움을 지키며 함께 살아가는 구체적인 방법을 생각해봅니다. 필요하다면 행동 매뉴얼을 만들어도 좋습니다. 이 과정을 통해 아이들은 '나다움을 지키는 것'과 '함께 살아가기 위해 세상의 규칙을 지키는 것' 모두가 중요하며 이 두 가지는 결코 반대 관계가 아니라는 것을 이해하게 됩니다.

"뾰족한 가시가 모두 사라지면 정말로 세상은 안전해질까?"

아이들과 토론을 해봅니다. 뾰족한 것들이 사라지면 우리는 정말 안전하게 지낼 수 있을까? 물론 정답을 정해놓고 하는 질문이 아니기에 아이들의 모든 생각은 인정될 수 있습니다. 실제로 뾰족함이 없다면 일정 부분 안전해지는 것은 당연한 일일 것입니다. 그러나 '안전해지기 위해 뾰족한 것을 없애는 일은 정당한 것인가?'라고 질문을 바꿔 던진다면 어떨까요? 늘 논의 주제가 되는 '사회의 안전 vs. 개인의 자유'에 대한 문제로 생각해볼 수 있습니다. 이 두 가치는 대립하는 가치가 아니라 함께 공존할 수 있는 가치임을 토론, 토의를 통해 생각해보도록 합니다.

## '교양 있는 고슴도치 수칙' 다시 만들기

가시부드럽게비누로 자신의 가시를 부드럽게 만들어야만 했던 규칙이 아니라, 고슴도치가 고슴도치답게 살면서도 서로 안전할 수 있는 수칙을 다시 만들어봅니다. 이 과정을 통해 학생들은 학급의 규칙, 교칙, 헌법 등에 대해 배울 수 있으며, 체험을 통해 입법부가 하는 일에 대해 이해할 수도 있습니다.

"요호! 나는 멋있어!"

고슴도치 X는 시종일관 스스로를 멋있다고 생각합니다. 가시 세 개가 뽀족 나왔을 때도, 청소를 하면서도, 진짜 고슴도치 가시를 가지게 되었을 때도 말이죠. 아이들이 이런 마음을 가졌으면 좋겠습니다. 자신이 가진 것을 사랑하는 '자아존중감' 말입니다. 책을 읽으며 내내 아이들이 고슴도치X처럼 자랐으면 합니다. 고슴도치X는 규율을 지키지 않는 말썽꾸러기가 아닙니다. 정해진 대로 가시부드럽게비누로 샤워도 하고 벌을 주면 벌도 받습니다. 다만 그럼에도 불구하고 자기 자신이 있는 그대로 좋아서 신이 나는 것뿐입니다. 우리 아이들도 그러길 바랍니다. 규율을 지키되 나다움을 잃지 않고, 만약 나다움을 뺏으려는 규율이 있다면 한 번쯤은 고민해볼 수 있으면 좋을 것 같습니다. 나아가 나디움 특성이 좋게 발현되기 위해서는 반드시 때와 장소를 잘 살펴야 한다는 것, 바른 방향으로 성장하게 도와줘야 한다는 것을 이 책을 통해 느끼길 바랍니다.

**유라쌤 TMI. 어른으로서 반성합니다**

'올'은 아주 오랜 시간 고슴도치들이 공을 들여 만든 도시입니다. 안전하기 위해서 최선을 다해 겹겹이 쌓아 올린 도시지요. 우리 아이들이 있는 공간 역시 그렇습니다. 오랜 시간의 경험을 통해 어른들이 아이들을 위해 잘 쌓아 올린 공간이지요. 어른들은 늘 이야기합니다. '너희를 위한 것'이라고요. 아이들을 걱정하는 마음에, 안전했으면 해서 계속 규칙과 규율을 만들어갑니다. 함께 안전하게 살아가기 위해 규칙은 필요합니다. 하지만 그 규칙이 왜 만들어졌는지를 잊지 않았으면 좋겠습니다. '아이들을 위해서'이죠. 때때로 그 이유를 잊고 우리는 규칙을 지키지 않는다는 이유로 아이의 내면과 미래를 송두리째 무시해버리기도 합니다. 규칙을 만들고 끝날 것이 아니라 끊임없이 우리가 만든 이 울타리가 아이들을 위한 것이 맞는지, 잘 작동하고 있는지, 그로 인한 아이들의 마음은 어떤지를 살펴봐줘야 하지 않을까요. 때로는 부드럽고 안전한 '올'을 하나씩 풀어 신선한 공기와 축축한 땅이 있는 자연에서 아이들이 마음껏 달리도록 해줘야 하는 것은 아닌가 생각해봅니다.

**함께 읽는 책 - 『프랭크, 다리가 일곱 개인 거미』**

미카엘 라지 지음,
나린글 편집부 옮김,
나린글, 2018

나를 나답게 만드는 나의 특성에 대해 공부할 때 함께 읽는 그림책입니다. 멋진 8개의 다리가 자랑이던 프랭크가 어느 날 아침에 일어나 보니 다리 하나가 사라졌다는 것을 알게 됩니다. 그리고 이곳저곳을 다니며 사라진 다리를 찾으려 합니다. "이 다리가 내 다리인가?" 하고 찾아다니는 과정은 물론 마지막에 "다리가 일곱 개여도 거미이자 프랭크."라는 결론을 통해 아이들에게 '나를 나답게 만드는 결정적 속성은 무엇인가?' 라는 질문을 던질 수 있습니다.

이 책을 추가로 함께 읽는 이유는 '거미의 다리는 여덟 개'라는 거미다움에 대한 인식 때문입니다. 『고슴도치 엑스』에서는 '나다움을 어떻게 지킬 것인가?'에 초점이 맞춰져 있기에 '고슴도치＝뾰족한 가시'라는 단순 전제를 깔아두고 진행됩니다. 하지만 만약 가시가 없는 고슴도치가 태어 났다면? 그건 고슴도치가 아닐까요? 그 명제를 절대적인 사실이라 생각한다면 자칫 장애인 등 모습이 다른 사람들에 대해 편견을 가지고 차별할 가능성을 열어두게 됩니다. 따라서 이 책을 통해 '나다움'에 대해 좀 더 깊이 있게 공부를 해보고자 합니다. 이 과정을 통해 『고슴도치 엑스』에서 말하고 싶은 것은 '고슴도치는 뾰족한 가시를 가지고 있어야 한다'는 단순한 명제가 아니라 그 속성이 어떤 것이든 나다움을 지키면서 세상 속에서 함께 사는 방법을 탐구하고 있다는 것임을 알 수 있게 합니다.

**결정적 속성 찾기: 이게 진짜 나일까?**

결정적 속성을 찾는 방법은 이렇습니다.(모둠 활동, 전체 활동으로 진행하면 좋습니다.)

**예시: 이게 진짜 거미일까?**

1. 거미의 특성을 찾을 수 있을 만큼 찾습니다.(마인드맵)
2. 하나씩 삭제해가며 '그래도 거미일까?'라는 질문을 던집니다.
3. 모두가 동의하는 부분은 그대로 지나가고, 동의하지 않는 부분이 생기면 토론합니다.
4. 2~3번을 반복한 후 마지막으로 '내가 생각하는 거미의 결정적 속성'이 무엇인지 정리해봅니다.

이제 나의 결정적 속성을 찾아봅니다.

> 예시: 나는 진짜 나일까?
>
> 1. 나의 다양한 특성을 찾습니다.
> 2. 하나씩 쉬운 것부터 삭제해가며 '이게 정말 나일까?' 질문해봅니다.
> 3. 스스로 동의한다면 지나가고, 고민이 된다면 생각해봅니다. 나를 나타내는 고유한 특성이 아니라면 삭제합니다.
> 4. 2~3번을 반복한 후 마지막으로 '내가 생각하는 나의 결정적 속성'이 무엇인지 정리해봅니다.

입고 있는 옷, 쉽게 변할 수 있는 행동이나 버릇 등으로 시작하여 점점 더 결정하기 어려운 내용으로 진행됩니다. '어디까지가 진짜 나일까?' 질문이 계속되면 될수록 아이들의 머릿속은 복잡해집니다.

우리 아이들이 가장 슬퍼했던 질문은 '가족을 잃어도 진짜 나일까?'였습니다. 그리고 가장 격렬하게 토론을 한 질문은 '기억을 잃어도 진짜 나일까?'였지요. 이러한 과정 속에서 자신의 생각을 정리하고 가치관을 정립하게 되며 무엇보다 나다움은 어디까지인가에 대해 끊임없이 고민하게 됩니다.

**양육자 TIP**

『고슴도치 X』는 2014년판과 2020년판이 다릅니다. 그래서 읽어주기 전 미리 언제 만든 책인지 살펴봐요. 그리고 가능하다면 두 권을 함께 구해 아이에게 읽어줍니다. 하나의 책으로 먼저 활동을 진행합니다. 세상이 생각하는 나와 내가 생각하는 나, 그 사이에서 나는 어떤 내가 되고 싶은지 말하는 과정을 통해 아이의 세상 중 하나인 가정이 아이에게 어떻게 비춰지는지를 엿볼 수 있죠. 그런 다음 두 권을 비교해서 읽으며 어떤 부분이 바뀌었는지, 왜 작가님은 이렇게 바꾸었는지 생각해보는 활동을 해봐. 양육자분들께 미리 정답을 이야기해드리자면 2014년 판에서는 고슴도치X가 혼자지만, 2020년 판에서는 친구가 존재합니다. 함께 마음을 나누고 나를 도와주는 친구, 그래서 숲으로 놀러오라고 초대할 수 있는 친구요. 아이들에게 가장 필요한 것은 친구라고 생각하셨던 것 같아요. 작가님이 왜 그렇게 바꿨을지 아이와 이야기 나눠보는 것도 의미 있는 시간이 될 거라 생각합니다.

# IV
# 너

'친구가 되는 방법'을 우리는 언제 어디서 배웠을까요? 처음 친구를 사귈 때를 떠올려봅니다. 놀이터에 놀러 갔다 만난 아이, 엄마가 "친구랑 가서 놀아."라고 하면 그 아이가 친구인가 보다 하고 가서 재미있게 놀며 친구가 되었죠. 친구랑 사이좋게 놀아야 한다고 배우긴 했지만 어떤 사람이 나와 맞는 친구인지, 좋아하는 사람과 친구가 되려면 무엇을 알아야 하고 어떻게 다가가야 하는지를 배운 적은 없습니다. 10대까지는 학교, 학원, 아파트 놀이터 등 같은 공간에 함께하는 이를 친구로 생각했기에 친구 관계에 노력이 얼마나 필요한지 모릅니다. 어른이 되고 '같은 공간'이 사라지고 나서야 우리는 친구를 사귀기 위해서는 큰 노력이 필요하다는 것과 제대로 친구를 사귀는 방법을 배워본 적이 없다는 것을 깨닫습니다. 나에게 맞는 사람이 누구인지도 모르는 채 더듬거리며 관계를 맺어가지요. 그래서 저는 아이들에게 '너'를 인정하는 방법부터 친구가 되기 위한 준비, 실제로 친구 관계를 맺기 위한 중요한 비밀들을 알려주기로 했습니다. 일단 '모른다고 생각하고 알려주기'를 한 후에 잔소리를 하기로 마음먹었죠.

## 너를 알아가는 것만큼 재미있는 건 없어

'너'와 친구가 되기 위한 프로젝트는 다섯 단계로 구성했습니다. 준비운동으로 먼저, 모두가 다른 마음을 가지고 있다는 것을 깨닫도록 합니다. 서로 다르다는 것을 인식하고 나야 나와 다른 너를 공부할 수 있지요. 그 후 3단계에 걸쳐 '너'에 관해 배웁니다. 첫 번째 단계에선 상대를 이해하고 관계를 맺기 위해서는 노력이 필요하다는 것을 배웁니다. 영화와 원작 그림책을 함께 살펴보며 서로의 다름이 육식 동물과 초식 동물의 차이만큼 크고, 그런 우리가 함께 사는 것이기에 큰 노력을 들여야 한다는 것을 배웁니다. 두 번째 단계에서는 친구 관계의 비밀에 관해 배워요. 친구가 되기 위해 알아야 할 여섯 가지를 배우죠. 세 번째로는 그렇게 맺은 관계를 오래도록 이어나가는 비밀을 알려줘요. 상대가 좋아하는 일을 해주는 것도 관계에서는 중요하지만, 그보다 더 중요한 것은 상대가 싫어하는 일을 하지 않으려 노력하는 것이 어쩌면 더 중요하지 않을까, 생각해보는 거죠. 이렇게 관계 맺기를 배우고 나면 마지막으로 다른 사람의 눈에서는 세상이 어떻게 보일까를 고민해보는 연습을 하며 프로젝트를 마무리짓습니다.

'너'를 이해하는 그림책 활용 수업은 여전히 '나'를 이해하는 수업의 연장선 위에 있습니다. 결국, 사람은 모두 자신의 눈으로 이해할 수밖에 없다는 걸 염두에 둘 때 너를 이해한다는 것은 마음으로나마 네가 되어본다는 의미이고, 너의 마음을 알기 위해 나를 솔직하게 보여준다는 의미이기도 합니다. 결과적으로 내가 너를 온전히 이해하지 못한다 할지라도, 이해하기 위해 노력하는 방법을 배우고 실천해나가는 과정에서 너와 조금씩 더 가까워지고 타인의 존재를 인정해나갈 수 있을 거예요. 그렇게 우리는 관계를 맺는 방법을 알아갑니다.

# 준비운동,
# 너희는 모두 달라

『근데 그 얘기 들었어?』

'너'를 이해하게 하기 위해 가장 먼저 할 일은 '나와 다른 존재'를 알려주는 것이었어요. 타인이 나와 다른 존재이고 다른 생각을 할 수도 있다는 것을 받아들이는 건 어른에게도 참 힘든 일이에요. 그러니 자기중심성이 두드러지는 것이 특징인 이 시기의 아이들에게는 얼마나 어려운 일일까요. "사람들은 모두 달라. 생각하는 것도 행동하는 것도 다를 수 있어." 이런 이야기를 아무리 해줘도 아이들은 금세 잊어버립니다. 먼저 서로 얼마나 다른지를 경험할 수 있는 활동을 통해 서로가 다른 존재임을 스스로 깨닫도록 도와주어야 합니다.

밤코 지음
바둑이하우스, 2018

『근데 그 얘기 들었어?』는 제목처럼 소문에 관한 책입니다. 마을에 누군가가 새로 이사를 옵니다. 동물들은 처음

보는 이 동물에 관한 소문을 내기 시작합니다. 한 동물에서 다른 동물로 말이 전해질 때마다 점점 이야기는 부풀려지거나 잘못된 정보를 담게 되고, 마을 전체에 소문이 돌았을 때는 동물들을 잡아먹는 무시무시한 괴물로 변하게 됩니다. 동물들이 왜 이사 온 동물에 관해 잘못된 소문을 퍼트리게 되었는지, 아이들이 직접 체험해볼 수 있게 활동을 준비합니다.

**같은 것을 듣고 다른 생각을 해: 듣고 받아 그리기**

먼저 책을 전혀 보여주지 않고 이야기만 읽어줍니다. 아이들은 이야기를 듣고 내가 그 말을 들은 동물이라면 어떻게 생각할지 그림으로 표현할 거예요. 준비물은 종이와 연필입니다. 예를 들어 첫 번째 이야기를 듣고 다람쥐의 머릿속에 어떤 것이 그려졌을지 그림으로 표현합니다. 미술 시간이 아니니 예쁘게 그릴 필요 없이 머릿속에 떠오른 것을 그대로 표현해요. 총 여섯 번 말이 전해지니 여섯 개의 그림을 그려도 좋고, 하나만 그려도 괜찮아요. 중요한 것은 그림을 비교하는 시간입니다. 서로에게 그린 그림을 보여주라고 합니다. 서로의 그림을 보며 아이들은 깔깔 웃습니다. 웃다가 자연스럽게 묻지요. "너는 왜 여기에 뿔을 그렸어?" "너는 왜 몸에다 가시를 그렸어?" "나는 얼굴 안 그렸는데." 아이들이 하는 이야기를 잘 듣고 정리해줍니다. 가능하다면 아이들의 그림을 모두 한곳에 모아 보도록 해요. 포스트잇에 그린 후 붙여도 좋고, 자석을

《근데 그 얘기 들었어?》 밤코 지음. 바둑이하우스. 2018. 4쪽.

〈아이들이 그린 그림 예시〉

이용해 칠판에 붙여도 좋아요. 모은 것을 사진으로 찍어 바로 TV 화면에 띄우면 함께 볼 수 있겠죠.

"어떤가요? 서로의 그림을 살펴볼까요?"

아이들의 그림을 모아서 보니 비슷비슷하게 그린 그림도 있고 다르게 그린 그림도 있습니다. 그런데 완전히 똑같이 그린 그림은 하나도 없어요.

"서로의 그림이 모두 달라요. 왜 이렇게 다른 걸까요?"

네. 바로 사람들의 생각이 달라서죠. 아이들은 그제야 선생님이 그림을 보여주지 않고 듣고 그림을 그리게 한 이유를 깨닫습니다.

"같은 공간에서 선생님에게 같은 이야기를 듣고 동시에 그렸는데, 모두가 다른 그림을 그렸어요. 누구는 뾰족한 가시를 얼굴에 그렸고, 누군가는 온몸에 가시를 그리기도 하고, 또 누구는 가시 모양을 꽃처럼 그리기도 했어요. 이처럼 사람들은 같은 것을 듣고 다른 생각을 해요."

'사람들은 모두 다르다'는 말을 눈으로 확인하는 순간이에요.

정말 많은 사람들이 가르쳐주었지만 제대로 이해해본 적 없었던 그 말. "사람들은 모두 달라." 아이들은 이제 그 말이 무슨 뜻인지 알 수 있습니다. '감정' 프로젝트, '나' 프로젝트에서도 끊임없이 서로가 다르다는 것을 보여주며 왔기에 아마 더 잘 이해할 수 있겠죠. 결국 배 속에 사는 것들에 따라 다른 이야기가 나오듯(『짖어봐 조지야』) 모두가 다른 사람이기에 다른 생각을 하고 다른 것을 듣고 다른 것을 볼 수도 있다는 것. 이렇게 서로가 다르다는 것을 알아차리고 나면 이제 '너'가 궁금해집니다. 도대체 나와 얼마나 다른지, 다른 너와 함께 지내려면 어떻게 해야 하는지 말이죠.

**양육자 TIP**

『근데 그 얘기 들었어?』를 활용한 '다름 활동'을 위해서는 다양한 사람들의 생각이 필요해요. 양육자와 나 둘 뿐인 경우에는 두 사람의 그림을 먼저 비교해본 후에 그림책 속에 나와 있는 다른 그림의 예시를 아이에게 보여줘요. 그런 후 '이 그림을 그린 사람은 왜 이렇게 그렸을까?' 하고 질문을 던져요. 동시에 그린 그림을 보고 다름을 느껴보는 활동은 할 수 없지만, 다르게 그린 사람의 결과물을 보고 어떤 생각을 했을까 추측해보는 과정에서 사람마다 다르게 생각한다는 것을 느끼도록 할 수 있어요.

더불어 가장 마지막 장에는 '사과하는 곰'이 나옵니다. 미안하다고 사과한 곰만이 다른 동물들과 다르게 더이상 소문을 내는 데 참여하지 않는 모습을 보이죠. 아이들의 '왜 사과를 해야 해요?'라는 질문에 대한 답이 되어줄 수 있어요. 이렇게 자신의 잘못을 마주할 수 있는 사람만이 '미안해'라고 말할 수 있고, 이 말을 할 용기가 있는 사람만이 행동의 변화를 가져와 바른 사람으로 성장할 수 있다는 것을 마지막 장면이 보여줍니다. 아이에게 마지막 장면을 보여주며 '왜 곰은 같이 소문을 안 낼까?' 하고 질문하면 아이 스스로 그 이유를 찾아낼 거예요.

# Step 1. 너희가 얼마나 다르냐면
## : 영화와 그림책 함께 보기

『마당을 나온 암탉』,『폭풍우 치는 밤에』,『고 녀석 맛나겠다』

준비운동『근데 그 얘기 들었어?』를 통해 서로가 다르다는 것을 알았다면 Step 1에서는 얼마나 다른지 또 다르다는 것이 무엇을 의미하는지를 알 수 있는 활동을 준비했습니다. 추천하는 그림책과 영화는 총 세 작품입니다. 표현 방식을 비교해가며 조금 더 깊이 있게 느끼도록 돕기 위해 영화화된 작품들을 골랐습니다. 그림책과 영화 모두 쓰셔도 좋고, 학급에 따라 한 가지를 골라 활용하셔도 좋아요.

**마당을 나온 암탉**

마당을 나온 암탉은 마당 밖의 세상이 궁금했던 암탉 잎싹이가 오리인 초록이를 자기 아들로 키우는 이야기입니다. 애초에 닭과 오리는 다른 종이기에 서로 이해하지 못해 힘들어하는 부분이 이

황선미 글, 김환영 그림
사계절, 2002

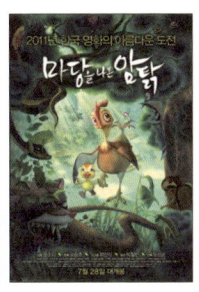
영화 〈마당을 나온 암탉〉
오성윤 감독, 2011

야기 곳곳에서 잘 나타납니다.

### 고 녀석 맛나겠다

눈앞에 초식 공룡이 있습니다. "고 녀석 맛나겠다"며 한입에 집어삼키려는데, 이 초식 공룡이 육식 공룡에게 이야기합니다. "아빠!"라고요. 심지어 자기 이름이 "맛나"라고 착각하게 되지요. 좀 더 길러서 잡아먹어야지, 하며 슬

『고 녀석 맛있겠다』
미야니시 타츠야 지음,
백승인 옮김, 달리, 2004

영화 〈고 녀석 맛나겠다〉
후지모리 마시야 감독,
2010

그머니 잡아먹는 것을 포기해버리는 하트. 육식 공룡 아빠 하트와 초식 공룡 아이 맛나가 가족으로 살아가는 이야기입니다.


### 폭풍우 치는 밤에 (가부와 메이 이야기)

폭풍우 치는 밤, 전혀 보이지 않는 동굴 속에서 가부와 메이가 만났습니다. 서로 단박에 마음이 통해 친구가 되고 다음 날 점심을 함께 먹기로 하는데요. 막상 약속 장소에 나갔더니 글쎄 한 녀석은 늑대, 한 녀석은 염소였습니다. 서로가 늑대와 염소인 줄 몰랐던 거죠.

『폭풍우 치는 밤에』
기무라 유이치 지음,
김정화 옮김,
아이세움 , 2005

영화 〈가부와 메이 이야기〉
스기이 기사브로 감독,
2005

이제 와 잡아먹거나 도망가자니, 이미 둘은 친구였습니다. 결국, 몰래몰래 만나며 우정을 쌓아갑니다.

위 세 작품의 공통점은 무엇일까요? 맞아요. 종이 다른 존재들이 친구로, 가족으로 함께 살아가기 위해 노력하는 내용이라는 것입니다. 책을 먼저 읽어주어도 좋지만, 영화를 보고 책을 읽는 쪽을 추천합니다. 특히 그림책이 원작인 영화는 영화를 먼저 보여주는 것이 좋습니다.

영화로 수업을 할 때면 편안한 감상도 중요하지만 더불어 수업의 목표와 연관된 관점을 선생님이 제시해주면 좋습니다. 위 세 편의 영화를 볼 때는 아이들에게 서로가 다르다는 이유로 겪는 불편함, 어려움, 위험을 어떤 방식으로 극복하는지 그리고 왜 그렇게까지 극복하려 하는지 '과정'과 '이유'를 중심으로 보도록 안내합니다.

## 활동. 이야기 되짚기

"두 주인공은 어떻게 다른가요?"
"서로 다른 두 주인공이 함께 지내는 과정에서 어떤 어려움이 있었나요?"

먼저 각각의 주인공이 서로 어떻게, 얼마나 다른지에 대한 이야기를 해 봅니다. 아이들은 두 주인공의 다른 점을 아주 잘 찾아냅니다. 그리고 그 차이점으로 인해 같이 지낼 때 겪을 수 있는 어려움을 생각해내기 시작합니다. 처음에는 이야기에 드러난 사건을 통해 찾아냅니다. 그 후엔 두 인물의 차이점을 토대로 어려움을 추측해보기도 합니다. 즉 이야기에는 드러나지 않았으나 '이런 어려움이 있었을지도 몰라…' 하고 상상해보는 작업을 추가합니다. 고학년의 경우에는 그 갈등이 내부에서 일어나는 갈등인지 외부와의 갈등인지를 구별해보는 작업을 추가해도 좋아요. 실제로 학급에서 일어나는 갈등도 아이들끼리의 갈등이 있고 외부의 상황이나 인물로 인해 겪는 갈등도 있으니까요. 이를 통해 갈등에 대해 좀더 깊이 생각해볼 수 있어요.

"어려운 상황을 겪으며 주인공은 어떤 마음이 들었을까요?"
　서로가 달라 힘들 때마다 주인공이 어떤 표정을 지었는지, 어떻게 대처하였고 어떤 행동을 하였는지를 생각해보고 그때 마음이 어땠을지를 추측해봅니다. 저학년의 경우 주인공의 표정을 그림으로 그려봐도 좋고 감정 카드에서 감정 단어를 골라서 써봐도 좋습니다. 어떤 마음이었을지 추측해보는 과정을 통해 아이들이 갈등을 마주했을 때 어떤 마음이 드는지를 슬쩍 엿볼 수 있습니다.

"추측한 마음을 토대로 가장 어려운 상황을 뽑아봅시다."
　가장 어려웠던 상황이 언제였을지 뽑아보도록 합니다. 아이들의 성향에 따라 매년 다르게 뽑는 것이 매력적인 활동입니다. 아이마다 어떤 것에 투표하는지를 잘 살펴보시면 이 아이가 어떤 상황을 어렵게 여기는지를 살펴볼 수 있습니다. 더불어 우리 반의 상황과 연결지을 수도 있겠죠.

"어려운 상황을 겪을 때마다 주인공들은 어떻게 그 상황에 대처했나요?"
"왜 그렇게 대처했을까요?"
　주인공의 대처 방법을 생각해보고 왜 그렇게 대처했을지를 생각해봅니다. 분명 다른 선택권이 있었을 거예요. 예를 들면 잎싹이는 초록이를 키우지 않을 수 있었을 테고, 무리에게 가지 못하게 했을 수도 있었겠죠. 하트는 맛나를 잡아먹거나 버렸을 수도 있고 가부와 메이 역시 친구가 되지 않았다면 훨씬 편했을지도 몰라요. 그런데 그때마다 인물들은 어려움을 극복하며 서로 함께하는 쪽을 택합니다. 서로 헤어질 때도 싫어서가 아닌 정말 상대방을 위해 어려운 선택을 하게 됩니다. 그렇게 한 이유가 무엇이었을까요? 아이들은 그것이 '사랑'이고 '우정'이라는 것, 즉 서로를 아끼는 마음이라는 것을 이미 알고 있습니다.

"여러분도 딱 그만큼 서로 달라요."
이야기의 흐름을 파악하고 나면 이제 왜 이 이야기를 아이들과 나누었는지를 설명해주며 이야기를 아이들의 삶으로 끌어오는 작업을 합니다. 아이들은 모든 사람이 다르다는 사실을 잘 체감하지 못합니다. 사람은 모두 다르니 존중해야 하는 거라고 아무리 말해도 아직은 상대의 처지에서 생각하는 것이 어려울 수밖에 없지요. 그래서 이미지로 보여줍니다. '너희가 얼마나 다르냐면 육식 동물과 초식 동물만큼 달라. 오리와 닭만큼 다르기도 하고. 그래서 생각하는 것, 행동하는 것, 좋아하는 것, 싫어하는 것, … 모든 것이 다르지'라고 이야기를 통해 알려주는 것이죠.

"그런데도 함께 지내려는 이유는 무엇일까요?"
함께하면 재미있고 즐겁고 행복합니다. 친구란 그런 존재죠. 다툴 때는 밉기도 하지만 그렇다고 친구 없이 지내고 싶은 마음은 없습니다. 다만 그 마음을 어떤 순간에는 잊어버릴 뿐이죠. 이야기 속의 주인공들에 나와 내 친구들을 겹쳐 보며 우리 사이에 있었던 갈등과 해결의 순간들을 생각해보고, 앞으로 어떻게 갈등을 마주해야 할지 생각해보도록 합니다.

애초에 서로 다른 존재라는 생각을 하고 있기만 하면 갈등이 일어나는 빈도를 줄일 수 있을 테고 화나는 일도 적어지지겠죠. 그리고 갈등이 일어나는 것에 스트레스 받지 않고 조금은 가볍게 받아들일 수 있을 것입니다. 그리고 상대방이 이해가 되지 않을 때에도 내가 지키고 싶은 관계와 우정, 너라는 존재에 대해 잊지 않도록 노력하게끔 이야기해줍니다.

## 활동. 그림책 활동하기

**그림책 만들기 1. 영화에서 본 내용을 떠올리며 그림책을 만들어봅시다.**

이제 그림책을 읽을 시간입니다. 그림책을 읽기 전, 아이들과 그림책 만들기 활동을 먼저 해봅니다. 즉, 영화에서 본 내용을 토대로 그 이야기를 그림책으로 옮긴다면 어떤 내용이 들어갈지 '요약·정리'해보는 활동입니다. 교육과정 시간에 여유가 있다면 직접 그림책을 만들어보는 것이 좋습니다. 그렇지 않을 경우에는 포스트잇을 활용하여 간단하게 페이지마다 어떤 내용과 그림이 들어가면 좋을지를 생각해봅니다. 영화를 볼 때 미리 그림책에 어떤 내용이 들어갈지 생각하며 보도록 안내해주면 더 좋습니다. 이 과정을 통해 아이들은 이야기에 대한 이해도를 확인할 수 있으며 주요 갈등과 사건 중심으로 이야기를 정리할 수 있습니다. 다 정리한 후, 혹은 다 만든 후에는 실제 그림책을 읽어줍니다. 자신들이 생각한 것과 비슷한지 혹은 다른지를 생각하며 책을 함께 읽습니다.

**그림책 만들기 2. 나의 이야기로 그림책을 만들어봅시다.**

누구나 친구와 갈등을 겪은 일이 한 번쯤은 있을 겁니다. 말싸움이었을 수도 있고 혹은 일방적으로 속이 상한 일일 수도 있죠. 학년에 따라 차이는 있겠으나 가장 기본적인 플롯을 제공하여 그에 맞춰 자신만의 '너를 이해하는 그림책'을 만들어봅니다.

기본적인 플롯은 아래와 같습니다.

가급적이면 아이가 경험한 실제 이야기를 녹여내도록 돕습니다. 갈등의 해결 여부는 크게 중요하지 않습니다. 갈등이 해결되지 않고 끝날 수도 있겠죠. 중요한 것은 서로 생각이 달라 갈등이 생겨나는 과정을 차근히 살펴보고 그 과정에서 내 마음이 어땠고 내가 바라보는 네 모습이 어땠는지를 떠올려보도록 하는 것입니다. 물론 제시한 이야기의 흐름은 예시입니다. 아이들 마음대로 바꾸어도 좋고 학급 사정에 따라 수정·변경이 가능합니다.

그림책을 창작하는 것이기에 원래의 이름을 쓰지 않거나 사람으로 나타내지 않아도 좋습니다. 자신과 친구의 특성에 따라 다양한 동식물, 캐릭터를 활용해서 표현해도 좋아요. 그림 그리기가 어렵다면 도형으로 나타내는 것도 한 가지 방법이 될 수 있을 겁니다.

물론 이런 활동 없이 즐겁게 영화와 그림책을 감상만 해도 좋아요. 중요한 것은 너희가 얼마나 다른지를 아이의 눈높이에서 보여주는 거예요. '서로가 육식 동물과 초식 동물만큼 다르다는 것'과 그런 우리가 친구가 되고 같은 교실에서 함께 지내려면 어마어마한 노력이 필요하다는 것. 그리고 그 노력이 사랑과 관심임을 다시 한번 정리해주시면 됩니다.

**양육자 TIP**

가정에서 이 활동을 할 때는 친구에 관해 설명하기 앞서 '가족의 의미'를 먼저 생각해보도록 하면 좋아요. 예를 들어 이런 질문을 던질 수 있어요. "『고녀석 맛나겠다』에 나오는 가족은 누구야? 한번 이야기해볼래?"
'하트, 라이트, 엄마', '하트와 바크', '하트와 맛나' 이렇게 세 가족을 찾을 수 있을 거예요. 그리고 각각의 가족이 어떻게 맺어졌는지 설명하게 해요. '하트와 바크'는 실제로 피가 섞인 혈연관계의 가족, '하트, 라이트, 엄마'는 엄마가 선택하고 사랑으로 기른 가족, 마지막으로 '하트와 맛나'는 같은 입양 가족의 형태지만 하트가 선택한 가족으로 설명할 수 있어요. 그리고 물어봐요. "가족이란 무엇일까요? 왜 우리는 혈연 관계도 아닌 하트와 라이트, 엄마, 맛나도 가족이라고 이야기할 수 있을까요?" 이 질문을 통해 가족이라는 것이 누가 구성원인가, 피가 섞였는가의 문제가 아니라 서로 사랑하고 함께 하려는 마음에 있음을 이해하게 하여 다양한 가족의 형태를 있는 그대로 받아들일 수 있는 바탕을 만들어줘요. 아마 가족의 가장 큰 속성이 '사랑'이라고 하면 형제가 있는 아이들은 아니라고 할지도 몰라요. 학창시절 형제만큼 스트레스는 없거든요. 그렇게 묻는 아이에게는 '만약 형이 물에 빠졌으면 미우니까 그대로 둘 거야?'와 같은 질문을 통해 지금은 상황 때문에 형제에게 스트레스를 받고 있어 미워 보이지만 사실 그 바탕에는 사랑이 있고, 사랑하는 마음 또한 서로 모습이 달라 그게 사랑으로 안 보일 수도 있는 거라고 이야기해줘요. 양육자가 아이를 얼마나 사랑하는지도 꼭 알려주시고요.

# Step 2.
# 친구 관계의 시작
『알사탕』

이제 친구 관계 맺기의 비밀을 알려줄 차례입니다. 좋은 친구 관계에 관해 그린 그림책은 참 많아요. 하지만 친구 관계가 어떤 관계인지, 또 어떻게 해야 좋은 친구가 되는지는 의견이 모두가 다를 거예요. 그러니 어떤 것이 맞다고 가르치기는 힘들죠. 하지만 사람과 사람이 만날 때 기본적으로 알고 있어야 하거나 지켜야 할 부분은 아이들과 공유할 수 있다고 생각했어요. 그래서 예쁜 친구 관계를 직접적으로 보여주는 그림책 대신 친구 관계를 시작하며 마음에 가졌으면 하는 것을 담은 그림책으로『알사탕』을 골랐답니다.

**친구를 만들고 싶을 때 미리 알고 있어야 할 여섯 가지 이야기**

『알사탕』은 아마 국내에서 가장 유명한 그림책 중 하나일 거예요. 그래서 아이들이 많이 알고 있기도 한데 교실에서는 보통 속마음을 표현하는 활동으로 많이 활용하죠. 이번에는 아이들에게 친구를 사귀기 위한 방법을 알려주는 그림책으로 함께하려 합니다. 같은 그림책을 어떻게 보느냐

백희나 지음, 책읽는곰, 2017

에 따라 다르게 이해할 수도 있다는 것도 배울 수 있겠죠.

'혼자 노는 동동이'로 시작하는 이야기입니다. 구슬치기 하며 혼자 노는 것도 재미있다고 말하지만, 실제 동동이의 속마음은 그렇지 않다는 걸 표정을 통해 금방 눈치챌 수 있어요. 이 표정을 짚어주는 것이 굉장히 중요해요. 속마음과 겉으로 드러나는 표현이 다를 수도 있다는 것을 이해하고 비슷한 경험을 나눠봐요. 혼자 놀고 싶지 않은데 혼자 놀고 있는 이유는 무엇일지도 생각해봅니다.

새 구슬을 사러 갔다 만난 알사탕. 익숙한 무늬의 알사탕을 입에 넣자, 혼자 있는 집에서 갑자기 목소리가 들리기 시작합니다. 깜짝 놀라 나가보니 소파가 말을 하고 있었지요. 소파는 무슨 말을 할까요? 상상도 못 했던 소파의 말에 깔깔거리며 웃게 됩니다. 알사탕은 총 여섯 개, 알사탕을 먹으면 무언가 혹은 누군가의 속마음이 들리기 시작하는데, 누구의 목소리가 들리는지는 알사탕의 무늬를 보면 알 수 있습니다.

여섯 개의 알사탕 이야기를 친구 관계의 시작을 위한 준비로 보고 아이들에게 이야기를 들려주었어요. 첫 번째 소파 알사탕의 이야기를 통해 '누구에게나 속마음은 존재한다는 것'을, 두 번째 알사탕을 통해서는 '관계의 시작은 대화, 바르게 말 걸기의 방법을 배우는 것'임을, 세 번째로는 '때때로 보여지는 모습과 속마음이 다를 수 있다는 것'을 배웁니다. 네 번째 풍선껌이 들어 있던 알사탕을 통해서는 '영원히 옆에 있는 사람은 없다는 것'을, 다섯 번째로는 '친구가 되고 싶다면 그 친구가 있는 곳으로

가야 한다는 것'을, 그리고 마지막 알사탕을 통해서 '같이 놀자고 말을 걸 수 있는 용기가 가장 중요하다는 것'을 배웁니다. 여섯 가지의 알사탕 속에 숨겨진, 친구 관계를 시작할 때 알아야 할 사실을 배우는 거죠.

**이렇게도 활용해요: 속마음 표현하기**

『알사탕』은 본디 속마음을 표현하는 방법을 익히는 그림책이에요. 기왕 알사탕을 꺼낸 김에 속마음 이야기도 좀더 해보도록 해요. 친구 관계에서 속마음을 잘 표현하는 것만큼 중요한 것은 없을 테니까요. 아이들을 찬찬히 보고 있으면 속마음을 꺼내어놓지 못하는 경우가 있어요. 선생님이 보기에는 이런 말을 하고 싶어 하는 것 같은데, 애써 그 말을 삼켜버리죠. 상대방이 알아차려 주면 좋을 텐데, 똑같은 나이의 아이들에게 '내심'을 짐작하라고 하는 건 힘든 일일 거예요. 마음에 품은 말을 전하기 어려워하는 아이에게, 상대의 마음이 나와 다를 수 있다는 것을 알아차리지 못하는 아이에게 알사탕 이야기를 해줍니다. 먹으면 마음이 술술 밖으로 흘러나오는 마법의 알사탕이죠.

## 활동. 마음 연결하기

알사탕의 무늬와 함께 누구의 알사탕이었는지, 그 사탕의 주인이 하고 싶었던 말은 무엇이었는지를 정리해봅니다. 그런 다음 동동이의 마음과 생각을 짐작해봅니다. '감정과 나'에서 배운 내용을 복습하는 동시에, 책에는 나타나 있지 않았던 동동이 입장을 생각해보는 활동입니다. 이 책의 주인공은 동동이인데, 동동이의 마음이나 생각은 많이 등장하지 않습니다. 알사탕의 주인들 이야기가 중심이 되고 동동이의 마음은 아주 간단한 말 한마디 혹은 표정으로 전달하며 짐작을 돕기만 합니다. 동동이의 마음을 꼭꼭 곱씹어보며 다양한 상황에서 어떤 생각이 들지를 이야기 해봄으로써 그림책을 더욱 깊이 있게 읽을 수 있습니다. 예를 들어 소파가 그런 이야기를 했을 때 동동이는 소파가 말을 한다는 사실에 놀라기도 했겠지만, 그동안 소파의 마음을 몰라줘서 미안하기도 하고, 리모컨을 찾아서 다행이라는 생각도 들었을 테고, 아빠가 방귀를 뀐다는 사실에 웃기도 했을 겁니다. 그런 마음들을 놓치지 않고 아이들이 짐작해보도록 함으로써 앞으로 하게 될 '상대의 마음 짐작하기' 연습을 해보도록 합니다.

동동이가 알사탕을 통해 마음을 만나는 인물들은 아이들이 만나는 인물들과 비슷하기에 아이들은 어렵지 않게 생각해볼 수 있을 거예요. 이후 진행되는 아이들의 생활과의 연결, 즉 직접 마음을 전달해보는 활동에 좋

은 연습이 될 것입니다.

## 활동. 다른 사람의 마음을 짐작해보기

그림책 속 인물들의 속마음을 듣고 동동이의 이야기도 들어보았어요. 이번에는 아이들의 삶으로 이야기를 가져오는 활동입니다. 알사탕 예시를 보며 혹시 나도 알고 싶은 마음이 있는지 생각해봅니다.

1. 내가 속마음을 알고 싶은 대상을 정합니다. 학급의 상황에 따라 '사람'으로 국한해도 좋고, '사람, 사물, 존재하지 않는 것들'까지 넓게 확장해도 좋습니다.
2. 왼쪽 동그라미에는 그 대상이 주인인 알사탕 무늬를 그려 넣습니다. 이때 저학년의 경우 그 무늬를 그려 넣는 것이 힘들거나 혹은 무늬를 보고 대상을 떠올리는 것이 힘들 수도 있습니다. 그러면 그냥 그 대상 자체를 그려 넣어도 좋다고 해줍니다.
3. 알사탕 아래쪽에는 그 대상이 만약 말을 한다면 어떤 말을 할지 내가 짐작한 속마음을 적어보도록 합니다.
4. 마지막으로 동동이의 얼굴에는 그 이야기를 들었을 때 내 마음이 어떨지 그려보도록 합니다.

이 활동의 경우에는 수행평가로 진행하면 좋아요. 상대방의 마음을 상상하거나 추측해보는 성취기준에서 수행평가로 진행한다면 아이들이 훨

씬 재미있게 그러나 깊이 있게 상대방의 마음을 짐작할 수 있을 거예요.

## 활동. 나의 마음을 전해요

충분히 상대방의 마음을 짐작하는 연습을 하고 나면, 이제 실전입니다. 상대방에게 속마음을 직접 들어보는 활동을 할 거예요. 이때 상대방은 친구, 가족, 선생님 등 이야기를 직접 나눌 수 있는 대상으로 하도록 해요.

상대방에게 속마음을 듣기 위한 첫 번째 단계는 '내 속마음 전하기'입니다. 이상하죠? 왜 다른 사람의 속마음을 들어야 하는데 내 속마음을 이야기해야 할까요? 아이들과 이 부분에 대해서 충분히 이야기 나누어주세요. 상대의 마음을 알고 싶다고 다짜고짜 찾아가 '네 마음을 이야기해!' 라고 한다면 어떻게 될까요? 진짜 마음을 이야기할 수 있을까요? 그렇지 않아요. 그래서 아이들에게 상대의 마음을 알고 싶을 때 내 마음을 먼저 이야기해주는 것, 그것이 '믿음'이라고 말해줘요. 그림책 속에서 동동이가 먼저 친구에게 같이 놀자고 이야기했던 것처럼, 아이들도 투명한 사탕을 먹고 자신의 이야기를 먼저 해야 한다는 이야기를 해주는 거죠. 일단 자신의 속마음을 솔직하게 먼저 이야기하고 나면 상대방의 속마음은 저절로 알 수 있게 될 거예요.

1. 준비물: 사탕 포장 봉투(혹은 지퍼백), 알사탕, 네임펜. *포스트잇으로 써서 붙여도 돼요.
2. 사탕을 주고 싶은 대상을 정합니다. 나의 속마음을 전달하고 싶고, 또 속마음을 알고 싶은 대상으로 정해요.
3. 사탕 포장 봉투 겉면에 네임펜으로 사탕을 전하고 싶은 사람을 씁니다.
4. 간단하게 내 마음을 먼저 써줘도 괜찮아요.
5. 사탕 봉투 안에 주고 싶은 사탕을 넣습니다.
6. 사탕 봉투를 전하고, 서로 속마음을 나누고 오는 숙제를 내어줍니다.
7. 숙제하고 돌아오면 어떤 이야기를 나누었는지, 어떤 마음이 들었는지를 함께 이야기해보도록 해요. 이때 어떤 이야기를 나누었는지는 속마음이기 때문에 원하지 않는다면 말하지 않아도 좋아요.

### 유라쌤의 TMI 실수

저는 2학년 담임을 하며 이 책을 학부모 공개수업에 적용했어요. 통합 교과 〈여름〉의 가족 관련 수업으로 가족에게 자신의 마음을 표현해보자는 목표를 가지고 수업을 진행했지요. 빅북을 이용해 아이들은 물론이고 학부모님들께도 그림책을 읽어드렸고, 그 후에 활동도 함께 해보았어요. 아이들에게 익숙한 사물과 가까운 사람(가족, 선생님, 친구 등)의 속마음을 알아보는 활동을 한 후, 알사탕과 포장 봉투를 주고 직접 자신의 마음을 전하고 싶은 사람의 이름을 쓰는 활동을 진행하였지요. 과제로 포장한 알사탕을 전달하며 상대의 속마음을 듣고 오자고 이야기했습니다.

거의 모든 학부모님께서 공개수업에 오셨고, 수업에서 보여준 예시도 아빠, 동생이었기에 수업이 끝나면 아이들이 바로 부모님께 사탕을 전할

줄 알았어요. 그래서 마지막 마무리도 "여러분, 혹시 사탕을 전할 사람이 이곳에 있다면 지금 전해주어도 좋아요."라고 했지요. 하지만… 이럴 수가! 아이들은 예쁘게 포장한 알사탕을 가방에 척척 넣는 거예요. 아무도 부모님께 혹은 친구 아니 최소한 선생님에게도 전하러 나오지 않았죠. 왜일까? 한참 고민했지만, 답을 알 수가 없었죠.

비밀은 한 아이의 질문으로 풀렸어요. 조용히 손을 든 한 아이가 물었죠. "선생님, 우리 집 앵무새는 사탕을 못 먹는데, 그럼 그 사탕은 누가 먹어요?"

"앵무새는 사탕을 못 먹죠. 못 먹으면 어쩔 수 없으니 말만 전하고 사탕은 ○○이가 먹도록 해요."라고 무심코 대답을 해주다 머리를 스치는 한 가지 생각. 다른 아이들의 사탕 봉지를 살펴보았더니 역시나! 모든 아이가 사탕을 먹을 수 없는 대상을 골랐더라고요. 맞아요. 아홉 살의 아이들에게 사탕 하나를 주며 다른 사람에게 전하라고 하는 건 너무 가혹한 일이었던 거예요. 끊임없이 학습자에 관해 연구하고 고민하며 수업을 만들지만 이렇게 미처 예상도 못 했던 일들이 발생합니다. 다음 날, 수업을 다시 했어요. 이번에는 사탕을 세 개 주었죠. 두 개는 자신이 먹고, 하나는 마음을 전하는 데 쓰라고 했더니, 그제야 가족들에게 마음을 표현하겠다고 썼어요.

이 수업의 경험을 통해 조금 더 세밀한 수업 설계가 필요함을 알게 되었어요. 이런 일이 벌어질 수 있다는 것을 생각하며 수업 설계를 해주시면 좋아요.

이야기는 동동이가 친구와 사이좋게 노는 모습으로 끝이 납니다. 첫 장면에서 동동이 혼자 구슬치기를 하던 모습과 다른 모습이지요. 이때 주의할 것은 혼자 노는 것은 나쁜 것, 함께 노는 것은 좋은 것이라는 이분법적인 사고로 결론 내리면 안 된다는 것입니다. 동동이의 마음은 혼자 놀고 싶지 않은데 같이 놀자는 말을 못하다, 결국 용기를 내어 말을 해서 함께 놀게 되었다는 부분에 초점을 맞춥니다. 더불어 이를 통해 아이들에게 한 번 더 이야기해줘야 할 부분은 첫째, 사람마다 생각이 다 다르다는 것, 둘째, 사람들은 생각하는 것을 모두 온전히 표현하지 않는다는 것, 셋째, 속마음을 있는 그대로 표현하는 것과 다른 사람의 속마음을 짐작하려고 노력하는 것은 둘 다 중요하다는 것입니다. 주제가 '타인의 마음 이해하기'라고 하여 타인의 마음에만 집중하는 것이 아니라 자신의 마음을 솔직하게 먼저 이야기하는 것이 타인의 마음에 들어갈 수 있는 첫 번째 단계라는 점을 강조하는 것이죠. 속마음을 표현하는 것과 타인의 마음을 짐작하는 것은 때론 어렵습니다. 어른인 선생님도 어려운데 아이들은 얼마나 더 어려울까요. 하지만 그렇게 속마음과 속마음이 만나며 믿음, 사랑, 우정 같은 소중한 관계가 쌓일 수 있다는 것을 마지막 장면과 함께 이야기해주며 마무리 지어요.

**함께 읽으면 좋은 책: 『핑』**

『알사탕』에서 동동이는 용기를 내어 "나랑 같이 놀래?" 하며 끝이 납니다. 『알사탕』의 뒷표지를 보면 아마 그 친구도 좋다고 이야기한 것처럼 보여요. 그런데 현실에서는 '나랑 같이 놀래?'라는 말에 '좋아'라는 대답을 할 수도 있고 '싫어'라는 말을 들을 수도 있겠죠. 때론 좋다고 해서 함께 놀았는데 막상 놀아보니 나와 맞지 않는 친구일 수도 있을 거예요. 그래서 『알사탕』

아니 카스티요 지음, 박소연 옮김, 달리, 2020

을 읽고 나면 꼭 내가 할 수 있는 건 용기를 가지고 '나랑 같이 놀래?'라고 먼저 손을 내미는 것까지이고 그 이후에 그 손을 잡을지 말지는 상대방의 마음에 달려 있다고 이야기해줘요. 상대의 마음을 내 마음대로 휘두를 수는 없는 거라고, 내 마음처럼 대답해주지 않는 일도 생긴다고요. 이런 저의 이야기를 꼭 닮은 그림책이 있어요.

만약 아이들에게 관계에 대한 단 하나의 그림책만 읽어줄 수 있다면 『핑』을 읽어주고 싶습니다. 관계를 맺기 위해 내가 던지는 모든 것을 '핑'으로, 그리고 그에 대한 상대의 대답을 '퐁'으로 표현하는 그림책입니다. 이 그림책 속에서 우리는 관계의 비밀, 우리는 '핑'만 할 수 있다는 것과 '퐁'을 할지 여부, 또 어떤 방식으로 할지는 상대에게 달려 있다는 것을 알려줘요. 관계를 맺어가면 갈수록 알게 되잖아요. 마음을 주는 만큼 받는 것이 참 어렵고, 준 만큼 받으려는 계산이 얼마나 나를 괴롭게 만드는지, 또 세상 모든 이의 마음이 내 마음 같지 않다는 것까지도 말이죠. 그런데 무엇보다 중요한 건, 내가 할 수 있고 해야 하는 건 '온 마음으로 상대를 대해야 한다는 것'입니다. 이렇게 아이들은 이 그림책을 통해 관계의 비밀을 직관적으로 이해하게 됩니다.

### 활동. 나의 핑, 퐁 이야기

먼저 아이들의 핑, 퐁 경험 이야기를 해봐요. 아이들에게 물었어요.
"너희들은 너희들의 핑을 멋진 퐁으로 받아준 사람이 있었어?"
만약 그림책을 읽지 못했다면 "너희들은 좋은 친구가 있니?"와 같은 추상적인 질문이 되었을 거예요. 그런데 그림책을 통해 아이들의 눈높이에 맞는 질문을 던질 수 있는 거죠.

아이들은 그동안 '내가 던졌던 핑'과 '내가 보냈던 퐁'을 생각해봐요. 꽤 성공적이었던 핑은 무엇이었나요? 생각지도 못했던 퐁이 있었나요?

## 활동. 핑을 해요

그림책 속 등장하는 탁구공처럼 동그란 점착 메모지를 준비합니다. 만약 가능하다면 진짜 탁구공을 준비해도 좋을 것 같아요. 그리고 각자의 이름을 쓰고 내가 상대에게 보내고 싶은 핑을 쓰는 거예요. 그리고 내가 쓴 핑을 정해진 공간에 붙여 둡니다. 게시판이나 교실의 벽을 이용해도 좋아요. 저는 뒷문과 뒷문 옆 복도 공간이 제일 좋더라고요. 오며 가며 친구의 핑을 보고 마음에 든다면 그 친구에게 퐁을 보내보는 거예요. 나의 핑으로 말이죠.

**양육자 TIP**

아이에게 친구는 오랫동안 세상입니다. 가족의 품을 떠나 아이들은 점점 친구의 세계로 가지요. 그래서 아이들 친구 관계가 어른들의 가장 큰 걱정거리입니다. 『알사탕』과 함께하는 활동을 가정에서 아이를 무릎에 앉히고 꼭 해보셨으면 합니다. 아이들 모두에게 필요한 내용을 담아 그림책 활동을 진행하지만 사실 친구 관계만큼 사적인 부분도 없습니다. 그래서 아이 개개인의 생각과 고민을 교실에서는 모두 담아내기 힘들지요. 아이 한 명을 가까이에 두고 첫 장부터 읽어가며 아이가 생각하는 친구 관계는 어떤지, 아이는 어떤 방식으로 친구와 친해지고 싶은지를 가정에서 충분히 이야기 나눠주면 좋겠습니다. 교실에서의 수업이 공통적인 부분을 알려준다면 가정에서는 아이에 대한 개별적인 처방도 가능하지요. 예를 들어 아빠 사탕 이야기에서 '혹시 너도 이런 생각한 적 있어? 아빠가 잔소리할 때 너 싫어한다고 생각했었어?'라고 물어보면 아이에 따라 '아니야, 아빠가 날 사랑해서 그렇다는 걸 알고 있어'라고 대답할 수도 있어요. 그럼 그 대답에 맞춰 '맞아. 그런데 아빠가 너를 사랑해서 그런다는 건 어떻게 알았어?'라고 질문을 한다든가, 친구 관계에 대해서도 이렇게 이야기해줄 수 있죠. "친구 관계에서도 이렇게 눈에 보이는 것과 진짜 속마음이 다를 때가 있어.. 가끔 친구가 왜 저러는 걸까? 나를 싫어하는 걸까? 좋아하는 걸까? 이런 고민이 생길 때 말이야. 그럴 때는 아빠 사탕을 기억하면서 꼭 친구에게 왜 그러는 건지 물어봐줘."

# Step 3.
## 상대에 맞춰 바르게 행동하기
### 『엄마를 화나게 하는 10가지 방법』

우리는 서로가 다르다는 것을 이해하고 노력해야 한다는 것을 알았어요. 그리고 그 노력의 전제 조건으로 친구 관계의 시작과 비밀을 알게 되었죠. 아는 것보다 더 중요한 것은 행동하는 것! 이번에는 나의 '행동'은 어떻게 달라져야 하는가에 초점을 맞춰 연습을 해보려 합니다. 특히 이때 함께 하는 그림책 『엄마를 화나게 하는 10가지 방법』은 아빠, 동생, 선생님 등 총 네 권의 시리즈 책으로 구성되어 있어 학급 상황에 맞춰 적절하게 바꾸어서 진행할 수 있고, 실제로 아이들이 가장 가깝게 오랜 시간을 만나는 관계에 대해 연습해볼 수 있으니 생활과 연결하기가 쉬울 거예요.

실비 드 마튀이시윅스 글,
세바스티앙 디올로장 그림,
이정주 옮김, 어린이작가정신, 2004

아이들이 가장 재미있어하고 즐거워

하는 활동의 대상은 '선생님'입니다. 『엄마를 화나게 하는 10가지 방법』을 사용하기 어려울 때는 '선생님을 화나게 하는 10가지 방법'으로 활용하길 추천합니다. 제가 굳이 『엄마를 화나게 하는 10가지 방법』으로 진행한 이유는 '가정과의 연계'를 교육과정 운영의 주요 목표로 두기 때문입니다. 아이-교사-학부모가 연결된 관계를 『엄마를 화나게 하는 10가지 방법』을 중심으로 진행했습니다. '선생님을 화나게 하는 10가지 방법'으로 할 때도 활동은 똑같이 진행하면 됩니다.

## [활동] 우리 가족을 화나게 하는 24가지 방법

『엄마를 화나게 하는 10가지 방법』은 굳이 읽어주지 않아요. 제목을 함께 읽고 10가지 장면 그림만 보여주어도 아이들은 단박에 그게 어떤 상황인지 깨닫고 깔깔 웃습니다. '우리 엄마도 그러는데' 하고 공감하고 혼날 일을 마음껏 하는 주인공에 몰입합니다. 책에서 딱 10가지 방법만 읽어줍니다. 마지막 장이 남아 있지만 그건 일단 넘어가기로 해요.
이제 우리는 우리의 이야기를 써야겠죠? 아이들에게 숙제를 냅니다.

### 숙제: '가족을 가장 화나게 하는 방법'을 찾아오세요!

우리는 이 방법을 모아 '가족을 화나게 하는 24가지 방법'을 만들 거라고 알려줍니다. 이때 중요한 것은 이 방법을 어떻게 찾을 것인가입니다. 우리는 3월부터 '감정'에 대해 배웠습니다. 그래서 표정, 행동, 말투를 통해 '화'에 대해서 추측할 수 있지요. step 1과 step 2의 연습을 통해 타인의 입장과 시선도 배웠습니다. 배운 것을 이용해서 가장 과학적으로(!) 화나게 하는 방법을 찾아오자고 이야기합니다.

1. 가족 중 내가 화나게 할 대상을 정하세요. 되도록 매일 만나 관찰할 수 있는 대상으로 정하는 것이 좋습니다.
2. 상대의 입장, 시선을 생각해서 내가 했을 때 가장 화를 낼 것 같은 행동 5가지를 추측하세요.
3. 지금부터 일주일 동안 실험을 진행합니다. 하루에 한 가지씩 5가지의 행동을 직접 실행에 옮겨보고 우리가 배운 것처럼 표정, 몸짓, 말투를 관찰하여 얼마나 화가 났는지를 0~10까지의 숫자로 나타냅니다.
4. 가장 높은 숫자를 나타내는 방법이 '가장 화나게 하는 방법'이 될 것입니다.

아이들이 가장 좋아하는 숙제가 시작됩니다. 설레하며 가족 중 누구를 대상으로 할 것인지, 또 어떤 방법을 실험해볼 것인지 계획을 짭니다. 특히 여기서 중요한 것은 만약 엄청나게 화를 냈을 때 이를 어떻게 대처할 것인가, 하는 부분입니다. 아이들은 서로의 대처 방법을 마치 엄청나게 중요한 비밀인 듯 알려주며 서로의 성공을 기원합니다. 이 계획을 짜는 부분이 바로 step 1과 step 2에서 배웠던 상대의 입장, 상대의 시선에서 바라보는 연습입니다. 가만 생각해봤을 때 언제 가장 많이 화가 났더라, 하며 가장 화났던 순간 5가지를 생각해내는 거지요.

일주일 뒤 아이들과 숙제를 확인합니다(신기하게도 이 숙제는 안 해오는 학생

이 없습니다). 잠깐 각자의 무용담을 친구들과 나눌 시간을 줍니다. 어마어마한 무용담은 반 전체와 공유하기도 하지요. 이제 각자가 찾아온 '가족을 가장 화나게 하는 방법'으로 우리 반 책 페이지를 만듭니다.

만든 페이지는 함께 읽고 '가장 열받을 것 같은 방법 Top 3'를 투표로 뽑아보기도 합니다. 아이들은 상상만 해도 신나는가 봅니다. 실제로 이 활동을 하는 것만으로도 아이들은 잠깐 '하지 마!'라는 잔소리의 굴레에서 벗어나 행복해합니다. 그동안은 금기시되어 오던 일들을 해보았기 때문에 스트레스가 사라지는 효과도 있는 듯 보입니다. 하지만 우리는 한 걸음 더 나아가봅시다.

사실 이 책에는 10가지 방법 뒤에 한 장이 더 남아있습니다. 바로 '결론' 페이지입니다. 결론 페이지를 보여주기 전 아이들에게 질문합니다.

"여러분은 가족들이 행복했으면 좋겠어요?"

"혹시 여기 적힌 방법을 매일 일부러 실행에 옮기려는 사람이 있을까요?"

아이들은 신나서 화나게 하는 방법들을 쓰긴 했지만, 진심으로 가족들이 화나는 걸 바라지는 않습니다. 물론 이것은 단지 아이들이 착하기 때문만은 아닙니다. 화가 났을 때 자신에게 닥치는 현실을 알고 있기 때문이기도 하죠(혹시 모른다면 알려주세요). 아이들과 충분히 '가족들을 화나게 하는 것보다는 하지 않는 쪽이 낫다'는 공감대를 얻게 한 후에 이제 마지막 페이지를 읽어줍니다.

《엄마를 화나게 하는 10가지 방법》 실비 드 마튀이시윅스 지음,
세바스티앙 디올로장 그림, 어린이작가정신, 2004, 22~23쪽.

"사실은 마지막 페이지가 남아 있었어요."

마지막 페이지는 이렇습니다. 상상으로 화나게 했을 때야 행복하겠지만 실제로 화나게 하면 어떤 일이 벌어질지 모른다는 경고, 그리고 '기쁘게 해주고 싶다면 여기에 있는 걸 정반대로 해봐!'라는 제안이 들어 있습니다. 그렇습니다. 아이들에게 가르쳐주고 싶었던 것은 바로 '상대방을 기쁘게, 행복하게 하는 방법'입니다. 상대를 기쁘게 하는 방법은 우리가 생각하듯 무언가 거창한 것을 더 해주는 것이 아니라 상대방을 화나게 하는 방법을 하지 않는 것, 그것만으로도 좋은 시작이라는 것을 이야기해주고 있지요.

가족, 친구, 가까운 사람들에게 예의를 다 할 것, 제발 싸우지 말고 싫어하는 행동을 하지 말라고 아무리 잔소리를 해도 듣지 않고 멍하던 아이들이 이번에는 웃으면서 고개를 끄덕끄덕합니다. 왜 다를까요? 아마도 충분히 들을 마음의 여유가 생겼기 때문일 거예요. 그 마음의 여유는 먼저 아이들의 마음을 알아주고 하고 싶은 대로 하도록 해주었기 때문 아닐까 생각해봅니다.

"소중하고 사랑하는 가족을 화나게 하는 일을 하지 않도록 노력해볼까요?"
숙제: 가족을 화나게 하는 방법 하지 않기!
2주 동안 실천하고 가족에게 한마디 받아오기.

바른 생활, 도덕 수행평가를 함께 진행해도 좋습니다.

아이들이 직접 만든 책의 페이지를 스캔하여 넣은 활동지를 인쇄하여 알림장에 부착합니다. 그 후 2주 동안 실천하고 부모님께 한마디 혹은 가족에게 한마디를 받아오도록 합니다. 이제야 아이들은 선생님의 의도를 눈치채고 웃습니다. 타인의 입장에서 생각해낸 마음을 바탕으로 바르게 행동하는 연습을 이를 통해 할 수 있습니다.

아이들에게 한 가지 더 고백할 것이 있습니다.

"애들아, 가족들도 이미 우리가 이 활동 하는 거 다 알고 있어."

맞아요. 사실은 학부모님을 통해 가족들도 모두 아이들이 '가족을 화나게 하는 방법' 활동을 진행한다는 것을 알고 있었습니다. 처음 아이들에게 숙제를 내어줄 때 저학년은 알림장을 통해, 고학년은 학부모님에게 보내는 문자를 통해 이 활동에 대해 알려드렸습니다.

"아이들과 이러이러한 활동을 할 예정입니다. 아이들이 일부러 가족들을 화나게 할 예정이니 우리 아이가 왜 저러나 이상하다고 생각하지 말아주세요. 더불어 부탁 말씀 드립니다. 아이가 일주일 동안 다섯 개의 화나는 행동을 실험할 텐데, 부모님 보시기에 우리 아이가 1년 동안 꼭 고쳤으면 좋겠다 싶은 행동이 있다면 그 행동에만 크게 화를 내주세요. 아이가 이게 가장 화나게 하는 방법이구나! 느낄 수 있을 정도로만 차이를 주시면 됩니다."

아이들에게 부모님께 보낸 문자, 혹은 알림장을 보여줍니다. 이제 도망갈 곳은 없습니다. 꼼짝없이 가장 화나게 하는 방법을 하지 않으려 실천해야 합니다. 누나와 싸우는 것을 꼽았던 아이는 최소한 2주 동안은 누나와 싸우지 않기 위해 노력할 것입니다. 엄마 말 안 듣고 휴대폰만 하던 아

> **4. 숙제: 관찰.**
> - 아이들에게 비밀 숙제를 하나 내주었습니다.^^
> - 오늘 읽은 '엄마를 화나게 하는 10가지 방법'이라는 책을 읽고 가족들을 화나게 만드는 방법을 관찰해 오라고 하였으니,
> 혹시 평소 아이들이 조금 고쳐야 할 행동이 있거나, 화나게 만드는 부분이 있으면 모른척하시고 과감없이 화난다고 말해주시면 아이들이 숙제하는데 도움이 될 것 같습니다.^^
> (대신 너무 많이 화내진 말아주세요.)
> 아이들은 가족에게 비밀로 하고 싶다고 해서 알림장에는 그냥 관찰이라고 썼습니다. (비밀입니다!)

실제 알림장에 남겼던 글입니다. 저학년은 알림장을,
고학년은 문자를 이용해서 학부모님께 전달합니다.

이라면 이제 엄마와의 약속에 맞춰 휴대폰을 사용하겠지요.

단순히 '엄마를 화나게 하는 방법' 찾기 활동을 하는 대신 복잡한 과정을 거쳐 진행하는 데에는 이유가 있습니다. 첫째, 아이가 가장 많이 만나고 아이에게 가장 큰 영향을 미치는 사람은 가족입니다. 그래서 타인의 마음을 이해하고 바르게 행동하는 연습이 가장 필요한 대상은 가족이라고 생각했습니다. 둘째, 가정 연계 교육을 위해서입니다. 이 활동을 통해 가정에서는 아이들이 어떤 것을 배우고 어떤 연습을 하고 있는지를 조금 더 흥미로운 방식으로 알 수 있으며 학교를 도와 아이를 위한 교육을 진행하는 경험을 하게 됩니다. 가정과 연계한 교육으로 인해 아이는 학교에서만 가르칠 때보다 훨씬 더 효과적으로 배우고 성장할 수 있습니다. 마지막으로 학부모 교육을 위해서입니다. 이전에는 아이가 가족들을 화나게 하면 아마 바로 잔소리를 하시거나 그냥 무시해버리는 경우가 많았을 것입니다. 가족 안에서 그런 상황은 자주 일어났을 테니까요. 하지만 이 활동을 진행하는 동안에 학부모님께서는 이것이 실험인 것을 알고 있기에 함부로 화내거나 잔소리하는 대신 잠시 멈추고 주의 깊게 아이를 관찰하고 생각하게 됩니다. '아이가 지금 무슨 행동을 하는 걸까? 이게 다섯

가지 행동 중 제일 고쳤으면 하는 그 행동일까?' 생각하며 관심을 가지게 되면 아이에게 좋은 영향을 미치게 되겠죠?

## 활동. 친구/선생님을 화나게 하는 5가지 방법: 우리 반 학급 규칙 세우기

그림책 『엄마를 화나게 하는 10가지 방법』을 통해 아이들은 상대방의 마음을 생각해본 후 그에 맞춰 바르게 행동하는 연습을 해보았습니다. 이제 가족들을 넘어 아이들의 사회 공간인 학교로 와 교실 속 관계에 대해 연습을 해보도록 합니다. 이전 활동을 통해 어떻게 진행하는지 방법은 이미 이해하고 있습니다.

상대의 입장에서 생각하기:
화나게 하는 방법 고민하기 → 정반대로 혹은 하지 않음으로써 관계 쌓기

먼저 '친구를 화나게 하는 5가지 방법'을 만들어봅시다. 모둠 활동으로

  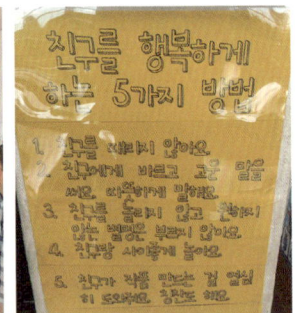

진행하면 좋습니다. 그럼 친구들이 어떤 생각을 가졌는지 서로 나눌 수 있습니다. 이때는 자신이 직접 당한(!) 일을 중심으로 생각하기에 쾌감을 느끼기보다는 억울했던 일, 슬펐던 일 등 속상했던 기억을 꺼내어 놓는 시간이 됩니다. 공감하고 공유하며 자신의 행동도 돌아보고 친구들의 행동에 대해서도 생각해봅니다.

그렇게 모둠이 생각한 '친구를 화나게 하는 5가지 방법'을 함께 공유합니다. 대부분의 아이가 비슷한 내용을 씁니다. 폭력, 욕설, 비난하는 말, 왕따시키기, 방해하기 등등. "그럼 우리 친구를 행복하게 만들기 위해 그 반대로 행동해볼까?" 그림책의 흐름처럼 바꾸어서 행동해보기로 합니다. 친구를 화나게 만드는 방법에서 출발했기에 이 행동을 하는 아이들은 '알면서도 친구를 화나게 한다'라는 인식이 생기기에 행동이 더 조심스러워지고 배려를 하게 되는 분위기가 만들어진다는 장점도 있습니다.

학기 초에 친구를 화나게 하는 방법을 만들어 학급 규칙을 세우는 것도 좋습니다. 학급 규칙은 매년 만듭니다. 어떨 때는 선생님이 정해주는 규칙을 받아들이는 때도 있고, 어떨 때는 늘 그래왔던 규칙들로 정하는 경우도 있습니다. 하지만 실제로 잘 지키기 어려운 이유는 그냥 배운 대로 규칙을 만들었기 때문입니다. 받아들이는 규칙보다는 친구의 마음을 생각하며 상대의 입장, 나의 마음을 모두 고려하여 만들어내는 규칙은 마음에 한 뼘은 더 와닿을 테고 그럼 조금 더 지키고자 노력할 겁니다.

3월 학기 초 학급 세우기를 할 때 진행해보니 좋았던 점은 또 있었습니다. 바로 아이들의 과거를 알 수 있다는 점인데요. 아이들을 데리고 학년을 올라가는 게 아니라면 이전 학년의 분위기를 알 수 없습니다. 이전 담임들에게 듣기야 하겠지만 아이들끼리의 이야기까지는 알 수가 없죠. 이때 이 활동을 하면 아이들에게 어떤 일이 있었구나, 짐작할 수 있습니다.

아이들도 새로운 학년이 되어 새로운 교실을 꿈꿀 때 이전 학년에서 가장 힘들고 싫었던 점을 없애고 싶다는 생각 때문에 관련한 방법들을 써내기 마련입니다.

예를 들어 아래 사진은 6학년 아이들이 모둠별로 토의하여 정한 '친구를 화나게 하는 3가지 방법'입니다. 살펴보면 '타인의 물건을 함부로 쓰는 것 혹은 망가뜨리는 것'에 대한 이야기가 대부분의 모둠에 포함되어

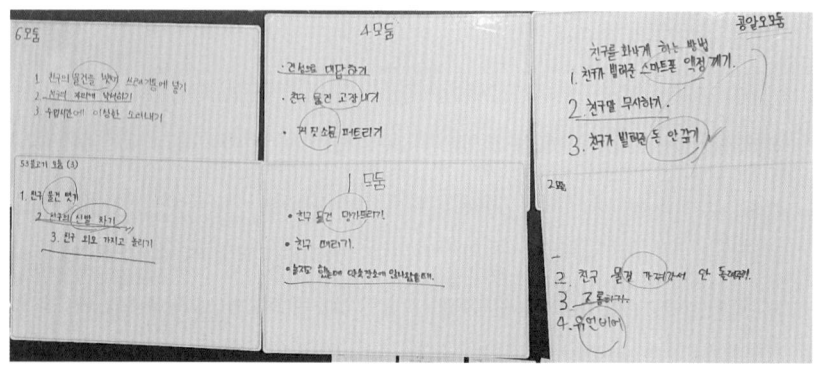

있습니다. 이는 이전 학년에서 남의 물건을 함부로 쓰거나 휴대폰 액정을 깨는 등의 사건이 있었다는 것을 의미합니다. 이러한 과정을 통해 아이들에게 지금 꼭 필요한 학급의 규칙을 만들 수 있고 동시에 교사는 학급 운영의 방향을 우리 아이들에 맞게 설정할 수 있는 자료가 됩니다.

선생님을 열받게 만드는 방법도 이야기해봅니다. 아이들이 사실 제일 좋아하는 활동은 이것입니다. 이 활동을 진행하면 실제로 일어나는 일도 아닌데 계속 선생님을 보며 방긋방긋 웃습니다. 심지어 쉬는 시간이 되어도 멈추지 않고 계속 상상하며 방법들을 찾아내지요. 선생님을 화나게 하는 방법은 친구를 화나게 하는 방법과 더불어 학교/옆 반/보건 선생님/영

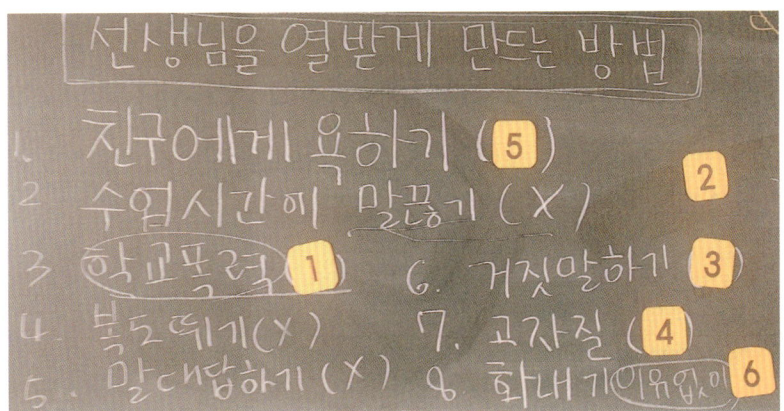

양 선생님을 화나게 하는 방법 등을 모두 합친 후 우리 반의 전체 학급 규칙으로 만들면 좋습니다.

조금 다르게 활용할 수도 있습니다. 아마도 선생님을 열받게 만드는 방법으로 적은 다양한 방법들은 아이들이 선생님에 대해 가지는 생각, 때론 편견을 드러내기도 합니다. 저는 그 편견을 바로 잡고 아이들에게 확실한 기준을 제시하기 위해 활용하기도 합니다. 아이들이 제시한 방법 중 선생님이 싫어하는 것의 순위를 매겨주었습니다. 예를 들어 제가 가장 싫어하는 방법 1위는 '학교폭력'입니다. 이는 실제로 가장 싫어하는 감정이나 화나는 감정이 드는 순위이기보다는 교실에서 아이들이 가장 하면 안 되는 행동을 기준으로 정했습니다. 아이들은 선생님이 고른 진짜 열받는 방법, 매겨진 순위를 보며 우리 교실에서 해도 되는 행동과 하면 안 되는 행동에 대한 지침을 정할 수 있습니다. 어떤 방식으로든 친구에게 폭력을 가하면 선생님께 굉장히 혼날 것이라는 예상을 할 수 있습니다. 반면 '수업 시간에 말 끊기', '말대답하기' 등은 선생님은 싫어하지 않는 행동이며 필요한 행동이라고 말해줌으로써 아이들은 선생님의 교육관을 재미있고 빠르게 이해할 수 있습니다.

"사랑하고 소중한 사람을 위해 화나게 하는 방법을 반대로 해봅시다. 상대방과 소중한 관계를 만들고 싶을 때는 상대가 싫어하는 행동은 무엇일까 상대의 입장에서 생각해보고 그 행동을 하지 않기 위해 노력하는 우리 반이면 좋겠습니다."이렇게 이야기하며 활동을 마무리합니다.

**유라쌤 TMI.** 잔소리의 목적

  잔소리의 목적은 아이들의 행동 변화에 있습니다. 그렇다면 가끔은 긴 잔소리보다 아이들의 마음을 알아주고 스스로 바꾸게 하는 다른 활동들은 어떨까요. 잔소리 대신 자주 그림책을 찾아 읽어준다든지요.

  혹시 아이들에게 실컷 잔소리했는데 아이들은 전혀 듣지 않는다는 느낌 드신 적이 있나요? "하지 마!" "네!" 이런 대화가 오가는 순간에도 몸은 자기도 모르게 하지 말라는 행동을 하는 아이들을 보신 적은요? 온 에너지를 쏟아 진심 어린 잔소리를 했는데 이 아이는 그저 '선생님이 화가 나셨구나' 정도로 생각하는 아이의 모습에 맥이 풀리는 순간은? 그런 순간과 경험들로부터 알게 된 아이들의 특성 덕분에 이런 수업을 생각하게 되었어요. 아이들은 바른 행동을 위한 잔소리는 참 안 듣습니다. 그런데 이상하게 하지 말라는 행동은 안 시켜도 잘합니다. 예를 들어 '복도에서 뛰지 마!'라는 말은 아무리 시켜도 듣지 않으면서, 시키는 이도 없고 쫓아오는 이도 없는데 갑자기 복도를 질주하곤 합니다. 사실 우리 어른이라고 뭐가 다를까요. 아침에 출근해야 하는 걸 알지만 일어나는 일은 참으로 힘듭니다. 매번 다양한 계획을 세우고 해야 하는 일이 무엇인지는 알지만 어쩐지 하기가 싫습니다. 그리고 하면 안 되는데 싶은 행동은 어찌 그리 하고 싶은지! 예를 들어 새벽 1시에 무언가를 먹는 것은 - 그것도 치킨과 맥주 같은 것을 먹는 건 더더욱 - 내 몸에도 나쁜 일이고 당장 30분 후면 후회할 일이라는 것을 잘 알면서도 참는 것이 어렵습니다. 그래서 생각했습니다. 나도 힘들고 아이들도 힘든 잔소리를 하느라 에너지는 에너지대로 빼앗기고 정작 얻는 것은 없는 것보다 차라리 아이들에게 실컷 하면 안 되는 일을 상상이라도 하게 해주면 어떨까? 크게 위험한 일이 아니라면 어른들의 안전한 보호 속에서 한번쯤 해보게 하는 게 뭐 어때서! 그날부터 잔소리할 시간에 그림책을 찾아 읽어주었습니다. 이 책도 그중 하나입니다. 아이들은 그동안은 '하지 마!'라는 잔소리만 듣던 것을 실컷 상상하고 심지어 해보았습니다. 부모님과 미리 약속했기에 누구도 상처받는 이는 없습니다. 제가 진짜 하고 싶었던 이야기인 '상대방을 행복하게 하고 싶다면 그 반대로 하라.'라는 말이 그제야 아이들의 귀에 들립니다.

**양육자 TIP**

'엄마를 화나게 하는 10가지 방법'은 가정에서 재미있게 할 수 있는 그림책 활동입니다. 각자 자신만의 종이를 가지고 '엄마/아빠/누나/동생'을 화나게 하는 방법을 만들어 보는 거죠. 편을 나누어 진행해도 좋아요. 어른끼리 편, 아이끼리 편을 나누어서 서로를 화나게 하는 방법을 찾아서 서로 보여주는 거죠. 교실에서와는 다른 진짜 가족을 화나게 하는 방법을 이야기하게 될 겁니다. 이후에 그림책 내용처럼 서로 행복하게 만들기 위해 이런 일을 하지 말자고 약속한 후, 이를 그대로 가정 밖에서의 관계로 옮겨 이야기해줘요. '친구를 화나게 하는 방법은 뭘까?' '선생님을 화나게 하는 방법은?' 이렇게 써보고 '이렇게 한 적이 있어? 기분이 어땠어?'라고 물어보고 좋은 관계를 위해 이런 행동을 하지 않기로 합니다. 그리고 한마디 덧붙여주세요. 어떤 행동을 하기 전에 이 행동이 상대를 화나게 만드는 행동은 아닐지 생각해보라고. 그 행동을 하지 않는 것만으로도 상대를 행복하게 만들 수 있다고요.

# 상대의 마음을
# 이해하는 연습을 해봐요

우리는 상대가 얼마나 다른지, 친구가 되기 위해 무엇을 유념해야 하는지, 그리고 그 관계를 이어나가기 위해 어떤 노력을 해야 하는지까지 배웠어요. 이제 배운 것을 연습해볼까요?

## 연습 1. 상대의 입장에서 이야기 듣기:
## 『늑대가 들려주는 아기 돼지 삼형제 이야기』

아기 돼지 삼형제 이야기를 모르는 사람은 없을 거예요. 아기 돼지 삼형제가 각각 집을 짓고 살아가다 늑대를 만나는 이야기죠. 첫째는 볏짚으로 집을 짓고, 둘째는 나무로 집을 짓고, 셋째는 벽돌로 집을 짓는데, 이 중 부지런히 튼튼한 집을 지은 셋째만이 늑대에게 잡아 먹히지 않는 이야기입니다.

그림책을 읽어주기 전에 먼저 아이들에게 아기 돼지 삼 형제 이야기를 요약해보고 느낀 점을 간단하게 정리하라고 이야기해줘요. 어떤 그림책으로 어떤 내용의 수업을 할지는 이야기해주지 않고 이야기에 대한 인상을 남겨두는 거예요.

아이들과 읽어볼 그림책은 『늑대가 들려주는 아기 돼지 삼형제 이야기』입니다. 먼저 이야기를 읽기 전 아이들과

존 셰스카 지음,
레인 스미스 그림, 보림, 1996

어떤 이야기일지 상상을 해봐요. 물론 이 책은 유명해서 이미 읽은 아이들도 많겠지만, 읽어서 아는 내용은 잠깐 내려놓고 늑대라면 무슨 이야기를 할까, '늑대의 변명'을 생각해보게 합니다. 그림책은 언제나 그렇듯 하나의 예시입니다. 아이들은 그 예시를 통해 머릿속으로 더 많은 이야기를 상상하게 되고 자신만의 이야기를 만들어냅니다.

"아기 돼지 삼형제 이야기를 떠올려봐요. 늑대는 왜 돼지 삼형제의 집에 찾아간 걸까요? '후'하고 불자 볏짚으로 지은 집이 사라졌어요. 늑대의 마음은 어떨까요? '후'하고 불자 나무로 지은 집이 사라졌어요. 이번에는요?"

"'후'하고 아무리 열심히 불어도 벽돌집은 꿈쩍도 안 할 텐데, 늑대는 어떤 생각이 들었을까요? 지금부터는 돼지가 아닌 늑대가 되어 이야기를 다시 되짚어봐요."

돼지의 처지에서 늑대는 무서운 존재입니다. 늑대에게 잡아먹히지 않기 위해 튼튼한 집을 지어야만 하는 운명이죠. 하지만 늑대의 입장에서는요? 돼지를 잡아먹는 게 나쁜 일인가요? 오히려 늑대로서는 너무 튼튼하게 집을 지어 자신이 들어가지 못하게 막는 돼지가 오히려 얄미울 수도 있겠죠? 그동안 수많은 책이 돼지의 입장 이야기를 들려주었으니 이번에는 아이들과 즐겁게 늑대의 변명을 해줍니다.

이제 그림책을 읽어줘요. 그림책은 늑대의 이름을 알려주며 시작합니다. 늑대 '알'은 감기에 걸렸고, 곧 할머니의 생신이라 케이크를 만들고 있습니다. 늑대의 이름을 알려주는 것과 할머니의 생신을 위해 케이크를 만드는 것, 이 두 가지는 참으로 매력적인 장치입니다. 배가 고파 돼지를 마구 잡아먹던 나쁜 악당에서 이름을 알고 가족 사정을 알고 있는 친근한 존재로 변신하는 순간입니다.

책을 몇 장 넘기는 순간 아이들은 늑대의 마음에 공감하며 순식간에 늑대의 편이 됩니다. 그리고 이야기하죠. 돼지가 참 나쁜 것 같다고. 아이들은 이제 시키지 않아도 늑대의 편이 되어 변명을 대신해주기 시작합니다. 이야기를 읽어주면 읽어줄수록 아마 이런 생각이 들 거예요. '뭔가 잘못되고 있다…'

아이들에게 짚어주어야 할 것은 바로 그 '잘못되고 있는 지점'입니다. 우리는 오랫동안 '아기 돼지 삼형제' 이야기에서 늑대가 나쁜 쪽이라고 알아왔습니다. 돼지를 주인공에 두고 그들의 처지에서 이야기를 전개했기 때문이지요. 그런데 늑대의 처지에서 이야기를 시작하는 순간 이번에는 늑대의 이야기에 공감하게 됩니다. 이미 내가 알고 있는 돼지의 이야기는 중요하지 않게 되고, 오직 늑대의 편만 들게 되는 것은 활동의 목표를 벗어나는 결과입니다. 여기에서 해야 할 것은 '둘 다 맞을 경우'라는 가능성을 깨닫게 해주는 것! 하나의 사물을 보고도 다른 생각을 하듯 누구의 입에서 이야기가 나오느냐에 따라 같은 사실을 다르게 이야기할 수도 있다는 그 지점을 아이들이 이해하도록 교사가 도와주어야 합니다.

### 활동. 아기 돼지 삼형제 vs. 늑대 재판

지금부터 아기 돼지 삼형제 이야기 속 사건에 대한 재판을 시작해봅니다. 그림책의 마지막 장면이 경찰에 잡히는 것이었으니 자연스럽게 재판으로 연결할 수 있어요. 고학년이라면 사회-법과 연결하여 실제로 형사사건, 민사사건, 각각의 역할 등을 정해 절차에 맞게 진행하면 훨씬 의미 있는 체험을 구성할 수 있습니다.

이때 재판은 양쪽의 입장을 모두 들어보는 것이 목적이므로, 아이들이 양쪽의 주장을 모두 체험해보도록 활동을 구성합니다.

『아기 돼지 삼형제』와 『늑대가 들려주는 아기 돼지 삼형제 이야기』를 참고하여 돼지와 늑대 양쪽의 입장을 이야기해봅시다. 이때 진행은 '생각 쓰기 — 돼지(늑대) 입장 되기 — 늑대(돼지) 입장되기 — 내 생각 정리하기'로 진행합니다. 먼저 늑대와 돼지의 입장에 대한 생각을 간단히 정리한 다음 주장을 시작합니다. 먼저 돼지의 입장에서 주장을 하고 나면, 늑대는 그 입장을 반박하며 자신의 주장을 합니다. 돼지는 다시 반박하며 자신의 주장을 정리하고, 늑대도 자신의 주장을 정리합니다. 이번에는 서로의 입장을 바꾸어 주장합니다. 이미 한번 상대의 이야기를 들은 후이기에 두 번째는 더 쉽습니다. 만약 자신의 생각이 없다면 상대의 이야기를 그대로 따라 해도 됩니다. 대신 이미 자신이 한번 반박해보았기에 어떤 반박을 받을지 예상이 가능합니다. 그런 과정에서 양쪽 입장의 주장을 다 생각해볼 수 있으며 근거는 풍성해집니다. 그 후 내 생각을 다시 정리해 봅니다. 이때는 어느 쪽 말이 맞는 것 같다고 판단할 필요는 없습니다. 말 그대로 양쪽 말을 다 들었을 때 드는 결론을 정리하면 됩니다.

이 과정이 부족했다고 느껴지면 — 예를 들어 제대로 주장을 말하지 못해서 충분히 입장을 생각하지 못하는 경우가 생기면 — 짝과 했던 것을 모둠끼리 진행하도록 합니다. 돌아가면서 서로 입장을 바꿔보며 이야기를 하고 근거를 공유하고 그 근거의 반박에 또 재반박을 하며 점점 더 깊이 있게 입장을 이해하도록 돕습니다. 이때는 모둠에서 나왔던 의견 중 좋았던 의견을 발표하도록 하거나 결과를 정리하여 공유함으로써 인물에 대한 다양한 생각을 듣도록 해주면 좋습니다.

저학년의 경우 이 정도로 각 인물의 주장을 정리한 후에 간단히 어느 쪽의 말에 더 설득력이 있는지 판단하며 재판을 마무리합니다. 더불어 재판의 결과가 한쪽의 손을 들어줬다고 하여 각자의 생각이 틀린 것은 아니라는 사실을 한 번 더 강조합니다.

고학년의 경우에는 실제 재판처럼 형사재판(늑대가 돼지를 잡아먹은 죄 혹은 집에 무단으로 침입한 죄), 민사재판(정신적 물질적 피해보상)으로 나누어 진행합니다. 재판의 진행 과정에서 늑대의 이야기와 돼지의 이야기 중 어느 쪽을 더 참작할지에 대해 고민하며 진행합니다. 탄원서에 대해 배우고 직접 누군가를 위한 탄원서를 써보아도 좋습니다.

## 활동. 이야기 재구성하기

늑대가 들려주는 아기 돼지 삼형제 이야기를 통해서 우리가 잘 아는 이야기가 말하는 사람이 바뀜으로 인해 전혀 다른 이야기가 될 수 있다는 것, 그리고 서로 다른 이야기를 한다고 하여 둘 중 한 사람이 틀린 것은 아니라는 사실에 대해 배울 수 있었어요. 이번에는 우리가 잘 아는 이야기를 다양한 인물의 관점에서 다시 해석해보는 연습을 해봅시다.

아래는 예시입니다. 아이들에게 익숙한 다른 이야기가 있거나, 실제 교실에서 일어난 아이들의 이야기로 진행하면 훨씬 좋아요.

> 『심청전』 다시 읽기
>
> 심청전에 등장하는 인물에는 누가 있나요?
> - 심청이, 심봉사, 뺑덕어멈, 용왕, …
>   심청이는 아버지 심봉사의 눈을 뜨게 해주기 위해 인당수에 몸을 던집니다. 이때 심청이는 10대였습니다. 내가 만약 심청이라면 어떤 마음이었을까요?
> - 함께 읽을 그림책 『비단 치마』: 심청이의 마음에 초점을 둬서 심청전 다시 읽기.
>   심청전에 나오는 다양한 인물을 주인공으로 하여 이야기를 다시 만들어봅시다.
> - 예) 용왕의 입장에서 심청전 다시 만들기: 용궁에서 평온한 삶을 보내던 용왕. 그런데 특정 날짜만 되면 계속 육지의 사람들이 여인을 빠트리기 시작한다. 이를 멈추라고 하기 위해 수면 근처로 갔다가 아름다운 여인을 구해오게 된다. 그 여인의 이름은 심청이로 아버지의 눈을 뜨게 해주기 위해 인당수에 빠지기를 자처했다고 하는데….

교실에서 일어나는 일도 이와 비슷합니다. 일상적으로 일어나는 다툼의 경우 한 사람의 일방적인 잘못이기보다는 서로의 생각 차이에서 오는 오해인 경우가 많습니다. 각자는 옳다고 생각해서 한 일이 다툼으로 번지는 일이 많지요. 예를 들면 '선생님, 유라가 계속 저한테 장난치고 놀려요.'라고 친구의 잘못을 이야기합니다. 유라를 불러 물어보면 나름 이유가 있습니다. "차명이랑 3월부터 지금까지 계속 이렇게 놀았어요. 차명이도 저한테 그렇게 똑같이 행동했고요. 그래서 저는 당연히 싫은지도 몰랐고, 만약 제가 잘못한 거라면 차명이도 저한테 그랬으니까 똑같이 잘못했다고 생각해요." 타인이 싫어하는 행동을 한 유라는 잘못을 한 것이지만, 유라의 입장에서는 억울할 수도 있지요. 유라가 잘못을 하지 않았다는 것이 아니라, 서로가 생각을 다르게 할 수 있다는 가능성을 늘 염두에 두고 관계를 맺어나가야 한다는 이야기를 아이들에게 해주고 싶었습니다. 차명이는 그동안의 경험으로 유라가 자신이 싫어한다고 생각하지 못할 수도 있다는 것을 알고 자신의 의사를 표현할 수 있어야 하고, 유라는 그동안의 경험과 별개로 차명이가 그날의 컨디션, 상황에 따라 자신과 몸장난을 하며 놀고 싶어하지 않는다는 것을 염두에 두고 지낼 수 있어야 한다고 생각해요. 내가 즐겁게 장난친다고 해서 상대방도 늘 즐거운 것은 아니라는 것을 깨달았으면 했습니다.

아기 돼지 삼형제 이야기 또한 그렇습니다. 결과만 놓고 보면 아기 돼지 삼형제는 피해자가 맞습니다. 이야기에 따라 다르지만 목숨을 잃거나 혹은 집을 잃게 되기 때문이지요. 그래서 자칫 늑대의 눈으로 이야기를 본다는 새로움으로 아이들이 모두 늑대의 편을 들고 돼지를 나쁘다고 생각하게 내버려두어서는 안 됩니다. 포인트는 '각자의 이야기를 들어보는 것'에 있습니다. 늑대의 입장에서는 억울함을 가질 수는 있겠다, 늑대의 시선으로 생각할 때는 이야기가 조금 다를 수도 있겠다는 생각을 가지고 사실을 입체적으로 바라볼 수 있어야 하며, 타인의 입장에서 생각하는 연습을 계속 해보는 것, 그것이 아이들이 세상을 살아가기 위해 배워야 할 점입니다.

## 연습 2. 상대의 눈으로 세상 보기: 『빨간 안경』

두 번째 연습은 '상대의 눈으로 세상 보기'입니다. 『빨간 안경』은 어느 날 빨간 안경을 쓰는 꿈을 꾼 파란 늑대에게 세상 모든 것이 그 전과 다르게 보이는 이야기입니다. 분명 있어야 하는 음식이 안 보이고, 친구인 주황 늑대도 사라져버렸지요. 책은 빨간 안경을 함께 동봉하여 아이들이 파란 늑대와 같은 시선을 공유할 수 있도록 돕고 있습니다. 아마도 이 책의 원래 의도는 '색안경을 끼다'는 문장으로 표현되는 편견을 아이들이 직접 경험해보는 것일 겁니다. 그래서 실제로 존재하지만, 색안경을 낌으로 인해 미처 보지 못하는 것들이 많다는 것을 깨닫게 해주는 그림책입니다. 이번 수업에서는 편견에 대한 수업보다는 사람마다 안경은 다르고 어떤 안경을 끼느냐에 따라 세상을 보는 눈 또한 달라진다는 것을 말해주고 싶었어요.

먼저 아이들과 함께 책을 읽어요. 색안경을 끼지 않은 채로 읽습니다.

"늑대는 왜 하늘이 빨갛게 보였을까요?"

"키우던 물고기와 식탁 위에 둔 음식은 어디로 사라졌나요?"

"가장 친한 친구인 주황 늑대는 어디로 간 걸까요?"

"파란 늑대에게 무슨 일이 일어난 걸까요?"

아이들의 눈에는 주인공 파란 늑대에게는 보이지 않는 것들이 모두 보입니다. 그러니 아이들은 쉽게 이야기할 수 있지요. 파란 늑대가 빨간 안경을 끼고 있어 못 본다는 것을요.

오소리 지음,
길벗어린이, 2019

"그럼 파란 늑대가 지금 거짓말을 하는 건가요?"

## 활동. 색안경 상자 만들기[*]

파란 늑대가 거짓말을 하는 것인지 아닌지는 직접 색안경을 만들어보면 되겠지요? 아이들과 함께 색안경을 만들어봅니다. 그림책에 동봉된 색안경을 이용해 도안을 만들어도 좋으나 더 안전하고 편하게 만들기 위해 택배 상자를 이용하여 색안경 상자를 만들어보려 합니다.

**준비물: 내 머리에 쓸 수 있을 만한 종이 상자, 셀로판지, 가위, 색칠 도구**

저학년의 경우 미리 가정에서 아이의 눈높이에 맞게 구멍을 뚫어오도록 하면 좋습니다. 종이 상자에 구멍을 만들고 셀로판테이프를 붙입니다. 그리고 예쁘게 종이 상자를 꾸며줍니다.

---

[*] 호암초등학교 송가람 선생님의 수업 아이디어 입니다.

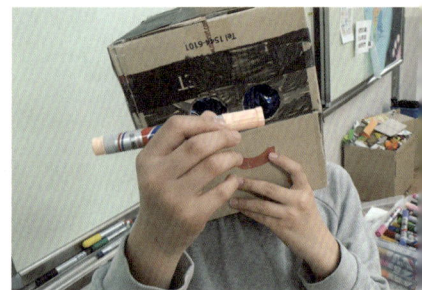

이때 눈 부분에 붙일 셀로판지는 반드시 빨간색일 필요는 없어요. 다양한 색의 셀로판지를 이용해 색안경을 만듭니다. 만약 원하는 색의 셀로판지가 없으면 OHP 필름을 이용하고 그 위에 네임펜, 매직으로 색을 칠하여 완성합니다.

완성하고 나면 상자를 쓰고 세상을 봅니다. 평소 보던 세상과 색안경 상자를 끼고 본 세상이 어떻게 다른지 비교해봅니다. 교실에만 있지 말고 복도로 나가 늘 보던 풍경들을 살펴봅니다. 화장실도 기웃거려보고 운동장으로 나가 달리기도 해봅니다. 그리고 돌아와 기록합니다. 어떤 것이 보이고 어떤 것이 보이지 않는지, 어떤 것이 다르게 보이는지, 그래서 나는 세상이 어떻게 보이는지 말이죠.

색안경 상자를 쓴 채 종이에 그림을 그리고 색칠해봅시다. 그 후 색안경 상자를 벗고 내가 그린 그림을 살펴보세요. 내가 생각했던 색으로 칠했나요? 색안경 상자를 쓰고 색을 보는 것과 벗고 보는 것의 차이가 느껴지나요?

이제 다시 이야기로 돌아가볼게요. 아이들에게 다시 질문합니다.

"파란 늑대가 지금 거짓말을 하는 건가요?"

체험하기 전에도 파란 늑대가 거짓말을 하지 않는다는 것은 당연히 알고 있었겠죠. 하지만 직접 체험을 해보기 전과 후는 분명 다릅니다. 안경의 색이 바뀌면 보이는 세상이 달라진다는 것을 충분히 경험했어요. 이제 늑대의 답답하고 이상한 마음에 충분히 공감하게 되었습니다. 이 미묘한 차이를 아이들이 스스로 느낄 수 있게 질문을 해주면 좋아요. 색안경 상자를 쓰기 전과 낀 후에 파란 늑대를 보는 내 마음이 어떻게 바뀌었는지 마음을 살펴볼 시간을 주는 거죠. 아이들에 따라 어려울 수는 있지만 조금 더 공감할 수 있었다는 것, 그 답답함이 어떤 것인지 선명해졌다는 것 등의 감정을 느끼고 표현할 수 있게 도와줘요.

이 부분은 중요합니다. 상대방을 머리로 이해하는 것과 실제로 체험해 봄으로써 이해하는 것은 분명히 다르니까요. 그러니 상대를 이해하고자 할 때 '노력'이라는 에너지와 품을 들여야 한다는 것을 알게 도와줍니다. '네가 경험하기 전에 함부로 판단하지 마!'라고 말로 알려주는 것이 아니라 스스로 조금씩 느끼도록 돕는 것이지요. 이 책과 활동에서 놓치지 말아야 할 포인트입니다.

### 활동. 색안경 상자 바꿔 쓰기

다시 한번 색안경 상자를 써봅니다. 이번에는 내가 만든 것이 아니라, 나와 다른 색의 안경 상자를 만든 친구와 바꾸어 써봅시다. 색이 달라짐에 따라 세상은 또 어떻게 바뀌는지 마음껏 체험하도록 합니다. 조금 전 내가 만든 색의 안경 상자를 썼을 때와 다른 색의 안경 상자를 썼을 때 어떤 차이가 있는지에 집중하며 체험합니다. 시간이 넉넉하다면 여러 개의 색을 체험해보는 것이 좋겠죠? 색의 변화에 따라 어떤 것이 잘 보이고 어떤 것이 잘 보이지 않는지. 어떤 것은 걷기에 편하고 어떤 것은 걷기 불편한지, 어떤 것은 무섭고 어떤 것은 기분이 좋은지 등을 체험해봅니다.

다양한 색을 체험해보고 나면 반 전체가 그 경험을 공유합니다. 교실 곳곳에 색깔 푯말을 붙여두고, 그 색안경 상자를 썼을 때 어땠는지 포스트잇에 써서 부착합니다. 공통적인 부분과 아닌 부분을 분류하고 반 전체가 공유함으로써 자신이 체험하지 못한 색안경의 경험은 어떤지 살펴보고 같은 경험을 하고도 다른 이야기를 한다는 점도 확인할 수 있지요.

사람마다 다른 안경을 가지고 있어요

"우리가 세상을 볼 때도 마찬가지입니다. 어떤 색안경을 끼느냐에 따라 전혀 다른 세상이 보이죠."

이 색안경은 우리가 세상을 바라보는 '시각'을 의미하기도 합니다. 어떤 필터, 어떤 색의 안경을 끼고 보느냐에 따라 사람마다 다 다른 세상을 보게 됩니다. 사람 수만큼의 색안경이 있고, 한 사람에게도 한 가지 색의 안경만 있는 것은 아닙니다. 감정에 따라 다른 색안경을 끼기도 하고 관계에 따라, 혹은 무엇을 배우는가에 따라 계속 다른 색안경을 끼게 됩니다. 색만 달라지는 것은 아닙니다. 안경의 도수가 오르고 내리기도 하지요. 어떤 날은 눈에 맞지 않는 안경을 껴서 앞이 잘 보이지 않기도 합니다. 아이들에게 '색안경'이라는 매개를 통해 사람마다 다른 시선과 시각을 가졌다는 것을 이해하도록 돕습니다.

내가 이해하고 싶은 사람이 있다면, 먼저 그 사람의 안경을 이해할 수 있어야 합니다. 예를 들어 BTS를 좋아하는 사람은 BTS 안경을 끼고 세상을 봅니다. 그래서 저 멀리서 희미하게 들리는 음악 소리가 어떤 노래인지 바로 알기도 하고, 책을 읽다가 BTS 멤버와 같은 이름을 발견하면 좋아하기도 합니다. 그래서 먼저 상대방이 어떤 안경을 끼고 있는지 생각해보고, 그 안경으로 세상을 보면 어떤 모습일지를 상상해봄으로써 상대를 조금씩 이해할 수 있다는 것을 알려줍니다.

이제 마무리할 시간입니다. 아이들은 색안경 상자를 쓰고 세상을 보는 체험을 통해 파란 늑대가 보는 세상을 이해하였고, 다른 색의 안경 상자를 바꿔 쓰며 어떤 색으로 보느냐에 따라 세상이 달라 보일 수 있다는 것을 알게 되었습니다. 이 과정은 구체적인 대상, 상황에 생각의 근거를 두는 구체적 조작기의 아이들이 '역지사지'라는 말을 이해할 수 있게 도와줍니다. 아이들에게는 모호하게만 다가오는 잔소리인 '친구의 처지에서 생각해봐야지.' 혹은 '입장을 바꿔 생각해봐.'의 의미를 이해할 수 있게 히는 경험이었을 기예요. 사람은 다른 색의 안경을 썼을 때만큼이나 서마다 다른 생각을 가지고 세상을 바라본다는 것, 그러니 당연히 나와 다르게 표현할 수도 있고 이해할 수도 있다는 것을 알아갑니다.

"파란 늑대의 눈에 주황 늑대는 보이지 않습니다. 그럼 주황 늑대는 세상에 없는 것인가요?"

아닙니다. 주황 늑대는 여전히 그곳에 있습니다. 다만 빨간 안경을 쓴 파란 늑대의 눈에만 보이지 않을 뿐이지요. 마찬가지입니다. 우리가 우리만의 안경을 끼고 세상을 보느라 미처 보지 못하는 것들이 너무나 많습니다. 예를 들면 주황 늑대처럼 늘 곁을 지켜주는 친구나 가족의 사랑, 선생님의 걱정, 혹은 소외된 이웃들이 될 수도 있겠지요. 세상을 살아가는 데 자신만의 안경을 가지는 것은 중요합니다. 그 안경을 가지기 위해 매일 배우는 것이기도 하고요. 그러나 내가 놓치고 있는 것, 그런데도 언제나 내 앞에 있는 존재들이 있다는 것을 잊지 않아야 함을 이야기하며 활동을 마무리합니다.

### 같이 읽을 책. 『새로운 가족』 그 사람의 입장이 되어보기

전이수 지음, 엘리, 2017

사자 떼에 쫓기고 있던 어린 코끼리가 가족이 되고부터 주인공 코끼리는 답답하고 속상하기만 합니다. 하지만 엄마 코끼리는 함께 살아가는 것이 중요하다고만 이야기하고, 자신의 마음을 알아주지 않자 결국 밖으로 뛰쳐나온 주인공은 사람들에게 잡히게 됩니다. 힘들고 고통스러운 시간을 보내며 그제야 동생이 된 어린 코끼리의 마음을 이해하게 되는 주인공. '사자 떼에게 쫓기며 무서웠겠구나, 그 아이도 나처럼 슬펐겠구나, 가족이 아주 많이 필요했겠구나…'. 작가가 아홉 살 때 어린 동생을 입양하던 날, 그리고 그 동생을 가족으로 받아들이는 그 시간을 그린 『새로운 가족』을 읽고 있노라면 상대방의 입장이 되어보기 전에는 '이해한다'라는 말을 쉽게 할 수 없다는 생각이 듭니다. 이해하고 받아들이는 대신 솔직하게 미워하고 답답해하고, 진심으로 이해하고 난 후에야 마음 깊이 가족으로 생각하고 사랑하게 되는 작가님의 마음은 타인의 입장이 되어보기 전과 후의 마음의 변화를 아이들의 눈높이에서 설명하고 있습니다. 이 그림책을 통해 상대의 처지를 이해하는 것이 아직은 어려운 아이들의 마음을 다독이고, 상대방의 입장이 되어보면 이해할 수 있게 될지도 모른다는 점을 살펴볼 수 있습니다. 이 과정에서 아이들은 '타인의 입장 되어보기 혹은 생각해보기'에 대해 진지하게 고민해볼 수 있을 것입니다. 앞서 배운 색안경 바꿔 쓰기 활동과 연결해서 설명해주세요.

어른이 된 지금도 '너'를 이해한다는 것이 얼마나 힘든 일인지 매일 절감합니다. 그럴 때마다 어른인 나도 어려운 것을 우리 아이들은 어떻게 해야 하나 고민은 점점 더 커집니다. 결국 이해하지 못할지도 모른다고, 솔직하게 고백하는 쪽을 택했습니다. 상대의 마음을 온전히 이해하는 것은 어려운 일이라는 것을 고백하면서 시작합니다. 어떻게 하면 조금 더 세밀하게 상대의 마음을 관찰하고 추측할 수 있는가를 알려주고, 그것을 재미있게 연습합니다. 그리고 그 과정에서 그렇게 마음을 써가며, 품을 들여가며 상대를 이해해야 하는 이유가 무엇인지를 잊지 않도록 도와줍니다. 완전하지 않지만 상대를 위해 노력하는 시간이 관계를 더 단단하게 만들어간다는 것을 아이들이 알아가기를 바랍니다.

**양육자 TIP**

이 활동의 공통점은 모두 다른 사람의 입장, 시각을 직접 체험해보는 것입니다. 혹시 아이가 좋아하는 그림책이나 애니메이션이 있다면 그것을 활용해도 좋습니다. 보통 주인공의 입장에서 흘러가는 내용을 이야기 속 다른 인물의 입장에서 다시 생각해보게 하는 거지요. 주인공의 입장에서는 꼭 해야만 했던 일이 다른 사람에게는 영향을 끼칠 수도 있습니다. 가정에서 일어난 일에 관해 가족 구성원의 입장에서 생각해보게 해도 좋아요. 아이의 삶과 가장 가까운 이야기를 가지고 다양한 입장이 되어보도록 합니다. 단, 아이들은 자기중심적이라 상대의 입장이 되어보기 힘들기에 계속 예시를 들어주고, 상대의 입장을 생각할 수 있는 근거를 제공해주어야 합니다. '만약 네가 이런 상황이면 어떨 것 같아?' '그런데 ○○이는 어떻게 행동했어?'와 같이 비교할 수 있는 질문을 계속 던져주어 사람에 따라 다름을 반복하여 짚어줍니다.

# V
# 우리

진짜 내 안의 나를 살펴보고 그를 바탕으로 너에 대해 인정하는 법을 배워보았어요. 드디어 함께 살기 위한 준비를 마쳤습니다. 이제 온전히 다른 너와 내가 만나 우리로 함께 지내기 위해 어떤 것들을 고민해야 할지, 어떤 방식으로 함께 살아야 할지에 대해 배워보려고 해요. '우리'가 '함께' 살아간다는 것, 즉 관계에 관한 이야기입니다. 하지만 너무나도 많은 '우리'와 '함께'가 존재하죠. 수없이 많은 관계를 모두 다룰 수는 없어요. 그래서 여기에서는 많고 많은 '우리' 중 아이들이 가장 먼저 만나는 사회인 교실 속에서 함께 살아가는 법에 관해 이야기해보려고 해요.

교사는 두 가지 역할을 합니다. 첫째, 아이들을 안전하게 지켜주는 역할입니다. 처음 맺는 사회관계에서 서툰 아이들이 서로에게 상처를 주지 않도록, 지나치게 잘못된 방향으로 가지 않도록 지켜봐주고 필요할 경우 도와주는 역할을 해야 합니다. 둘째, 교실의 한 구성원으로 좋은 관계를 맺는 모델이 되어주어야 합니다. 교사가 맺는 관계는 물론 학생과 학생의 관계와는 다른 모습일 겁니다. 그러니 '친구 같은 교사'가 되라는 의미는 아닙니다. 다만 아이들의 생각이 다양하게 뻗어가고 다양한 각도에서 관계를 인식할 수 있도록 좋은 예시가 되어주어야 합니다. 그리하여 관계 속에서 모르는 것은 배우고, 잘못 알고 있는 것은 고쳐가며 아이들이 조금씩 성장하도록 돕습니다..

# 교실 속에서
# 함께 살아가기

**그림책 큐레이션: 나에게 친구란? 그림책 찾아오기**

아이들과 친구에 관한 프로젝트를 진행하고 나면 이제 아이들에게 물을 차례입니다. '나에게 친구란 어떤 사람을 의미하는 것일까?' 사람마다 친구의 의미는 다를 겁니다. 초등학생에게 친구의 의미와 어른에게 친구의 의미는 당연히 다르겠지요. 그래서 아이들 스스로 내가 생각하는 좋은 친구란 어떤 친구인지 생각해보는 질문을 던집니다. 단, 추상적인 개념을 설명하는 것은 어렵기에 그림책을 활용합니다.

이때 도서관 활용 수업으로 진행하면 좋습니다. 도서관에 가서 '내가 생각하는 친구 관계가 잘 나타난 책' 을 골라오라고 이야기해줍니다. 평소 책을 많이 읽는 친구들은 빨리 찾을 테고, 책을 안 읽는 아이는 한참 걸릴지도 모릅니다. 우리 반의 특성에 따라 미리 안내하고 찾아볼 시간을 준 후 도서관에 가도 좋고, 과제로 내어주고 빌려오게 해도 좋습니다. 그렇게 우리 반 학생 수만큼 책이 모입니다. 책은 포스트잇으로 이름을 표지에 적어 제출합니다. 아이들이 직접 한 친구 큐레이션을 교실에 전시해둡니다.

무슨 일이 벌어질까요? 아이들은 자연스럽게 내가 좋아하는 친구들이 어떤 책을 골랐는지 찾아봅니다. 책을 찬찬히 읽으며 생각합니다. 내 친구가 생각한 좋은 친구는 어떤 모습일지 말이죠. 선생님은 한 마디만 더해주면 됩니다. "책 속에서 내 친구가 원하는 친구의 모습을 찾았나요? 내가 아끼는 친구와 또 친해지고 싶은 친구에게 그 친구가 원하는 모습을 보여주면 더 빨리 더 깊이 좋은 친구가 될 수 있을 거예요." 이미 앞에서 서로 많이 다르고, 그래서 노력이 필요하다고 이야기해주었기에 아이들은 노력의 일환으로 열심히 책을 읽습니다. 책을 읽으며 어떤 장면이 내 친구가 생각한 좋은 친구 모습일까 생각해보게 하고요. 아이들이 충분히 책을 읽었다고 생각하면 책을 반납하기 전 서로의 이야기를 듣습니다. 내가 생각했던 친구 관계는 이런 모습이었다고 발표를 해도 좋고, 포스트잇에 써서 붙여놓아도 좋아요. 그렇게 자신이 원하는 친구의 모습을 이야기하고 내 친구가 원하는 모습을 듣기도 하며 서로 좋은 친구가 되는 방법을 익힙니다.

이 활동에서 가장 중요한 것은 선생님의 참여입니다. 아이들은 선생님의 생각을 가장 궁금해합니다. 선생님이 '아이들이 이런 관계였으면 좋겠다'고 생각하는 내용이 담긴 책이나 그림책을 골라 전시해주면, 모든 아이가 읽을 거예요.

이 주제에서 제시하는 다섯 권의 책은 선생님의 선택을 위한 추천이라고 할 수 있습니다. 교실 속에서도 아이들 저마다의 다양한 관계가 존재합니다. 그 과정에서 그동안은 본능적으로 친구 관계를 맺어왔던 아이들에게 친구 관계에 대해 깊이 있게 생각해볼 기회를 제공하려고 합니다. 아무도 가르치지 않았음에도 자연스럽게 친구를 만드는 아이들. 이 아이들이 친구 관계를 맺는 과정에서 생각해보았으면 하는 '태도'에 관한 다섯 가지 그림책이에요. '친구란 반드시 함께해야 하는가? 친구란 언제 함께해야 하는가?'라는 질문을 두고 친구 사이에 꼭 필요한 '따로 또 같이', '친구가 꼭 필요한 순간'에 대한 우리들의 가이드라인을 생각해봅니다. 친구 사이 관계를 단단하게 만들기 위해 가져야 할 태도로, 따뜻하게 바라봐주는 것과 신뢰를 쌓는 것을 골라 봤어요. 그 후 이 모든 것을 종합하여 친구 관계에 대한 내 생각을 책으로 만들어보면 어떨까요. 꼭 이 책이 아니더라도 우리 아이들에게 어떤 말을 하고 싶은지 고민하여 골라보세요.

# 친구 사이 관계 맺기 (1)
# 무조건 함께하는 게 아니야
『똑, 딱』

아이들에게 '친구'의 의미는 거대해 보입니다. 어른이 되어서도 친구는 중요한 존재겠지만, 이 시기의 아이들에게는 일반적인 친구의 의미를 넘어설 것입니다. 그도 그럴 것이 아이들은 친구들과 가족보다 더 많은 시간을 보냅니다. 학교도 같이, 학원도 같이, 마치고 노는 것도 같이 말이죠. 학교 안에서도 그렇습니다. 수업 시간에는 짝이나 모둠과 함께 활동하고, 쉬는 시간은 매시간 돌아옵니다. 체험학습을 갈 때도 누군가와 자리를 함께 앉아야 하며, 혼자 돌아다닐 수는 없습니다. 학교 안과 밖, 아이들의 모든 생활 장면에 친구가 깊숙이 존재하고 있습니다. 그러다 보니 아이들에게 친구 관계는 어쩌면 사회생활에서의 '생존 수단' 같은 것일지도 모른다는 느낌마저 듭니다.

새 학년이 시작될 때면 친한 친구가 같은 반이 되었는지, 만약 친한 친구가 없다면 누구와 친구가 되어 혼자 다니지 않을 수 있을지 머릿속에 고민이 많습니다. 학기 초, 빠르게 친구 관계를 만들거나 그룹이 생기면 아이들은 안심합니다. 그러나 시간이 조금 흘러 보면 섣부르게 만든 단짝

에스텔 비용 스파뇰 지음,
최혜진 옮김, 여유당, 2018

과 그룹은 나와 맞지 않은 면이 보이고 그러다 보면 삐걱대기 마련이지요. 하지만 쉽게 그것을 깰 수는 없습니다. 그곳을 나가면 '혼자'가 될까 두려울 테니까요. 아이들만 이런 걱정을 하는 것은 아닙니다. 선생님의 고민과 걱정도 만만찮습니다. '어떻게 하면 우리 반 아이들이 골고루 관계를 만들 수 있을까, 어떻게 하면 누군가는 소외되지 않는 학급을 운영할까, 선생님은 어디까지 개입하고 어디까지 모른 척해줘야 할까, 그룹을 만드는 것은 어디까지 허용해줘야 하나.' 어쩌면 교과 지식보다 더 중요할지도 모르는 '관계 속에서 함께 살아가는 법'에 대한 고민은 끝이 나지 않습니다.

아이들과 선생님의 고민을 함께 나누기 위해 그림책 『똑, 딱』을 꺼내봅니다.

그림책의 표지를 보면 두 마리의 파란 새가 나옵니다. 아마도 이 그림책의 주인공이겠지요? 책 제목은 무슨 의미일까요?

**"똑, 딱 하니까 떠오르는 생각을 자유롭게 이야기해봐요."**
**"똑, 딱'이라는 제목, 그리고 책 표지의 그림을 통해 어떤 이야기가 펼쳐질지 연결해봐요."**

책 표지에 나오는 제목과 그림을 통해 이야기를 상상하는 것은 매우 중요합니다. 아이들이 평소 어떤 생각을 하고 있는지, 어떤 기본 개념을 가졌는지를 확인할 수 있는 좋은 활동입니다. 물론 책 표지만으로 '친구 관계'라는 내용을 바로 유추하긴 어려울 거예요. 그럼 힌트를 더 줘도 괜찮아요.

"사실 이 책은 친구에 관한 이야기를 하는 그림책이에요. '똑, 딱'이라는 제목과 친구라는 주제는 어떻게 연결될까요?"

이 그림책은 제목을 참 잘 지었습니다. 똑, 딱 하면 떠오르는 것은 아마도 시계 소리가 아닐까 싶어요. 의성어인 '똑딱'과 친구 관계는 어떻게 연결될까요? 이 질문을 통해 아이들은 상상력을 키우게 됩니다. 언뜻 보기에는 전혀 연관이 없어 보이는 두 단어입니다. 작가와 번역가도 아마 이 부분을 생각했으리라 생각합니다. 정답은 물론 있지만, 정답과 상관없이 아이들이 충분히 생각을 펼칠 수 있도록 이야기를 나눠보세요.

책의 제목인 '똑, 딱'은 표지에 나오는 두 마리 새의 이름입니다. 한 마리는 똑이, 한 마리는 딱이입니다. 똑이와 딱이는 세상에 둘도 없는 친구랍니다. 언제나 서로의 곁에 있어주는 친구였죠.

"이렇게 항상 모든 것을 함께 하는 마음 맞는 친구가 있으면 어떨 것 같나요?"

똑이와 딱이의 관계에 관한 생각을 이야기해봐요. 물론 모든 것을 같이 하다 보면 불편한 점들도 있겠지만 저런 친구가 있으면 참 좋겠다 싶은 마음도 있을 거예요. 이미 그런 친구를 가지고 있는 아이도 있겠죠.

그런데 어느 날 딱이가 사라져요. 항상 붙어 다니던 딱이가 사라지자 똑이는 초조해하며 딱이를 찾아 나서죠. 그런데 어머나. 사라진 딱이가 다른 새들과 놀고 있어요. 딱이를 찾느라 고생한 똑이는 그 장면을 보자

슬픔에 잠겨요. '나 없이도 행복하다니…' 똑이는 딱이를 부르지 못하고 얼른 숨어버린답니다.

## 활동. 똑이의 마음과 생각

이 장면에서 똑이가 딱이를 부르지 않고 숨은 이유를 찾아보는 질문을 통해 이제 똑이의 마음, 생각을 표현해보는 활동을 진행합니다.

똑이의 마음을 살펴보는 과정은 좀더 깊이 들어가 그 너머에 어떤 마음들이 깔려 있었을지를 생각해봅니다. 이 과정을 쉽게 하기 위해 먼저 생각을 한 단어로부터 확장시킵니다. 시작은 아마 '배신감' 혹은 '슬픔'이라는 감정이겠지요. '원망', '외로움' 같은 감정일지도 모릅니다. 그 후 그 감정에서부터 생각을 확장시켜 나갑니다. 그 감정은 어떤 종류의 것인지, 어떤 생각으로부터 왔는지 이유를 물어가는 활동을 통해 똑이의 마음을 재구성해보는 겁니다. 시작하는 감정은 비슷했겠지만 확장되어가면 갈수록 아이들마다 조금씩 다름을 느낄 수 있습니다. 확장의 과정에서 아이들이 가지고 있는 '친구 관계'에 대한 생각, 그동안 겪어온 일들이 자연스럽게 반영되게 될 테니까요.

감정의 이유를 충분히 알고 나면, 다음으로는 생각을 알아봅니다. 이러한 감정을 가지고 똑이는 어떤 생각을 할까요? 딱이를 다시 보고 싶을까요? 이제 무엇을 해야 할까요? 어떤 생각들이 머릿속에 떠오를지도 함께 정리해봅니다. 이때 주의할 것은 최대한 솔직하게 감정과 생각을 적도록 분위기를 만들어주세요. 어차피 '똑이'의 마음이고 생각이니까, 마음껏 생각하고 표현할 수 있게 도와주세요. 나쁜 말을 쓰고 싶은 아이가 있을 수도 있어요. 그런 경우에 적절하게 표현할 수 있게 도와주세요(사실 나쁜 말을 타인이 듣도록 쓰는 것이 문제지 우리도 가끔 속으로는 나쁜 말을 하곤 하잖아요? 적절하게 예를 들면 'Q$%#@%$' 이런 식으로 표현하게 해주세요). 똑이라는 좋은 방패를 가지고 자신의 속마음을 마음껏 드러내보도록 합니다. 아마 그 생각이 우리 아이들이 친구 관계에서 느낄 수 있는 부정적인 생각, 감정들일 거예요.

똑이의 슬픔은 딱이가 없는 데에서 비롯됩니다. 더 정확하게는 똑이가 없이도 행복한 딱이의 모습에서 오는 슬픔이지요. 똑딱이라는 단어가 각각 따로 떨어져 생각할 수 없는 것처럼, 똑이라는 말 다음 딱이 자연스럽게 오듯, 똑이가 있는 곳에는 늘 딱이가, 딱이가 있는 곳에는 늘 똑이가 있어야만 한다고 생각했던 그 세계가 무너진 거예요. '어떻게 나 없이도 행복할 수 있어?' 사람과의 관계에서 처음 상처를 받은 똑이입니다. 아이들은 이런 똑이의 마음을 절실히 이해합니다.

"똑이 없이도 딱이가 어떻게 행복할 수 있냐는 똑이의 말, 어떻게 생각해요?"

실제 경험에서야 똑이처럼 똑같이 좌절하고 슬퍼하겠지만, 아이들은 이미 알고 있습니다. 똑이 없이도 딱이가, 그리고 딱이 없이도 똑이가 행복할 수 있다는 사실을요.

"똑이를 어떤 말로 위로하면 좋을까요?"
"똑이가 괜찮아지려면 무엇을 하면 좋을까요?"

이 두 질문은 아이들에게 자기 자신을 위한 해결방법을 찾도록 도와줍니다. 아이들이 똑이와 같은 상황에 놓였을 때, 그러니까 교실 속에서 친구 관계에서 문제가 생겼을 때 어떻게 대처해야 할지를 생각해보도록 돕는 활동입니다. 지금 당장은 똑이를 위해 이런 생각을 한다고 할 테지만, 사실 아이들이 생각해낸 말과 행동은 자신이 가장 받고 싶은 위로일 겁니다. 혹시 위로의 말이나 방법을 못 찾더라도 괜찮아요. 다른 친구들의 방법을 보며 세상에는 이렇게 위로할 수 있는 말과 방법이 많다는 것을 알게 될 테고, 그중에 나의 마음에 와닿는 방법도 있을 테니까요. 아이들이 잘하지 못하면 선생님이 먼저 예시를 들어주는 것도 좋아요. 아이들은 그렇게 사람 관계에서 상처받았을 때 자신을 위로하고, 더 나아가 친구를 다독여 줄 보석들을 마음속에 차곡차곡 쌓아갑니다.

이제 뒷이야기가 이어집니다. 딱이가 어떤 상황, 어떤 마음이었는지를 알게 되지요. 똑이의 마음이 아이들 입장에서는 훨씬 더 잘 이해됩니다. 하지만 딱이의 마음도 놓칠 수는 없지요. 딱이와 같은 상황을 경험했을 아이들도 있습니다. 앞으로 할 활동이 모두가 딱이의 입장이 되는것입니다.

### 활동. 딱이의 마음 이해하기

"똑이를 두고 딱이가 놀러 갔을 때 어떤 마음이었을까요?"
"똑이가 숨었다는 것을 알고 딱이는 어떤 마음이 들었을까요?"

친구 관계에서 이런 문제가 생기면 어떻게 해야 할까요? 배신감과 슬픔에 빠진 똑이의 마음도 이해가 가고, 오해를 받아 속상한 딱이의 마음도 공감이 갑니다. 그리고 우리는 언제든 양쪽 모두의 상황이 될 수 있습니다. 양쪽의 마음을 모두 이해하게 된 지금, 어떻게 행동해야 할까요? 이전처럼 그냥 내 마음대로 생각하고 상처받고 오해하고 멀어져야 하는 걸까요? 아이들과 방법을 찾습니다.

"똑이가 딱이를 발견했을 때처럼 가장 친한 친구가 나 말고 다른 친구랑 재미있게 놀고 있는 것을 발견했어요. 그렇다면 어떻게 행동해야 할까요?"

가장 쉬운 방법은 속단하여 오해하지 말고 직접 물어보는 것입니다. 자칫 나를 버리고 다른 친구랑 재미있게 놀고 있구나, 상처 받고 말도 없이 사라지기보다는, 먼저 친구에게 물어봐야겠다고 마음먹는 거죠. 최소한 친구가 직접 이야기를 해주기 전에 설불리 오해하지 않는 것이 가장 쉽게 생각할 수 있는 방법일 것입니다. 반대의 입장에서는요? 혹시 이런 상황이 생기진 않을까 조심해야 합니다. 친구가 이런 상황을 봤다는 것을 알게 되면 설명을 해주려고 노력해야겠지요. 서로에 대한 '조심'을 기르게 되는 것입니다. 그것이 바로 관계에서 가장 중요한 '거리'가 될 것이고요. 물론 이것은 제가 생각하는 방법입니다. 아이들에서 또 얼마나 좋은 방법이 나올지, 자신들에게 얼마든지 생길 수 있는 혹은 생겨왔던 일들에 대해 최선의 방법을 찾아낼 수 있도록 질문하고 생각할 기회를 줍니다.

이제 이야기를 끝까지 읽습니다. 그리고 이야기가 끝나면 친구 사이 관계 맺기의 첫 번째 키워드 '따로 또 같이'를 이해하게 됩니다. 친구라고 항상 같이 있어야 하는 것은 아니고, 같은 것을 좋아해야 하는 것은 아니라는 사실을요. 서로 정말 소중한 친구지만 한쪽은 축구가, 다른 쪽은 독서가 좋을 수 있겠죠. 그런데 서로 친구라는 이유로 무조건 축구를 혹은 무조건 독서를 할 수는 없습니다. 하지만 아이들은 어떤가요. 어느 한쪽이 꾹 참고 하고 싶지 않은 일을 하거나, '우리는 안 맞아!'라며 관계를 깨고 나오곤 하지요. 하지만 반드시 그래야 할까요? 이 책은 바로 그 중간,

서로 좋아하는 것이 달라도, 서로 같은 것을 생각하지 않아도 함께 지낼 수 있는 방법을 아이들에게 이야기해줍니다. '따로 또 같이'를 통해 얼마든지 풍요로운 친구 관계를 만들 수 있다는 걸요.

## 활동. 따로 또 같이 경험해보기

그림책을 다 읽고 난 후 직접 '따로 또 같이'를 체험해보기로 해요. 마치 똑이와 딱이처럼 말이에요.

- **미션: 내일 아침 등교할 때까지 친구와 이야기 나누지 않기**
  - 학교 수업 시간부터 시작해도 좋고, 하교 후부터 시작해도 좋아요.
  - 각종 메신저, SNS, 전화통화, 만나는 약속, 대화하지 않고 하루를 보내봅니다. 이때 친구와 이야기 나누지 않기란 꼭 우리 반 친구뿐 아니라 다른 반, 혹은 우리 학교가 아닌 친구여도 모두 포함이 됩니다. 그런 경우 그 친구들에게 미션을 알려주고 미리 양해를 구하도록 함께 안내해줘요.
  - 다음 날 아침 등교 후 일정 시간은 아이들이 서로 자유롭게 대화할 수 있도록 시간을 줍니다. 혹시 말할 친구가 없다면 선생님에게 와서 이야기를 나누도록 해요. 동학년이 함께 했다면 다른 반 친구와 이야기를 나누거나, 고학년이라면 잠깐 휴대폰을 꺼내 폰을 쓰게 해주는 것도 좋아요. 각 반의 상황에 맞게 '누구와 어떤 방법으로 어디까지 이야기할 것인가'를 정해주세요.

대화의 시간이 끝나면 서로 어떤 느낌이 들었는지 나누어봅니다.

서로 느꼈던 감정, 어떤 생각이 들었는지 나누다 보면 똑이와 딱이의 마음을 이해하게 됩니다. 똑이와 딱이가 각자가 좋아하는 것을 하고 돌아와 서로에게 할 이야기가 더 많아졌듯, 등교한 아이들이 더 많은 이야기를 나누게 되는 것을 보게 될 거예요. 특히 스마트폰으로 인해 항상 연결된 느낌이 드는 지금의 아이들에게 '스마트폰 중독 예방 교육'과 연계하여 진행해보면 어떨까요? '스마트폰 없는 하루를 보낸 후 직접 얼굴 보고 이야기하기' 경험을 주기적으로 하도록 돕는 것이지요. 이 활동을 통해 아이들은 꼭 모든 것을 함께해야만 친구인 것이 아니라 따로 해도 괜찮다고 생각하게 됩니다. 더불어 각자 자기만의 시간을 보내다 다시 만나 이야기 나누는 것의 소중함까지 느끼게 된다면 더 깊고 안정적인 친구 관계를 만들어갈 수 있지 않을까요?

## 활동. 따로 또 같이 규칙 만들기

그림책을 다 읽고 나면 이제 우리도 연습해봅시다. 주어진 상황에서 짝과 어떻게 하면 좋은지 토의해봅니다. 이때 상황은 학급에서 실제로 일어났던 일과 비슷한 상황을 제시하도록 합니다. 그래야 아이들이 피부로 느낄 수 있기 때문입니다. 다만 이때 유의할 점은 누군가를 비난하거나 상처를 주고받는 상황이 생기지 않도록 조심히 다뤄줘야 한다는 것입니다. 따라서 완전히 같은 상황보다는 그것과 비슷한 상황을 주고 규칙을 만들어본 후에 필요하다면 우리 반에도 이런 일이 있었는데, 그럼 이런 식으로 하면 좋겠더라는 이야기로 마무리 해주면 좋습니다.

> **예시 상황**
> '학급보상으로 자유시간을 획득! 친구들과 함께 무엇을 할지 결정하는 상황.
> 나는 더워서 나가고 싶지 않은데 친구는 계속 나가자고 할 때'

똑이와 딱이가 겪은 일은 우리 교실에서 수도 없이 일어나는 일입니다. 나와 가장 친한 줄 알았던 친구가 다른 친구와 노는 것을 볼 때와 같이 똑이와 비슷한 경험에서부터, 일부러 그런 건 아니지만 편을 나눌 때 나만 혼자 남았던 경험까지…. 그림책에서 보여주는 장면은 '가장 친했던 친구에 대한 배신'이지만 조금 더 깊이 살펴보면 이건 '친구가 없어서 나는 혼자'라는 외로움을 표현하는 장면이기도 할 테니까요. 이런 경우 어른의 위로는 크게 도움이 되지 않습니다. 왜냐하면, 어른들은 이 책의 장면들을 친구 관계로 이해하기 힘들기 때문입니다. 어른들에게는 오래된 연인이나 부부 관계로 이해하는 편이 빠를 거예요. 어른이 되며 자신의 길을 가면서 자연스럽게 친구는 친구의 삶을 살고, 그 두 삶 사이에는 적절한 거리가 생깁니다. 그런 경험을 이미 한 어른들은 똑이가 얼마나 좌절했을지 공감할 수 없습니다. '어차피 시간 지나면 다 멀어지게 돼 있어. 원래 삶은 혼자 사는 거야.' 이런 위로 같지 않은 위로를 건넬지도 몰라요. 그러니 이건 그림책을 매개로 아이들이 아이들을 위로하고 방법을 찾아나가야 하는 부분입니다.

친구와 함께 살아가는 법을 이야기하기 위해 가장 먼저 친구와 함께 있지 않아도 괜찮다는 것을 가르치는 것은 참 아이러니합니다. 하지만 아이들이 느끼는 '혼자 있으면 어떡하지?'라는 불안을 먼저 안심시켜줄 필요가 있었습니다. 혼자 있으면 절대 안 될 것 같은 세상에서 혼자인 것과 혼자 있어도 괜찮은 세상에서 혼자인 것은 천지 차이일 테니까요.

### 유라쌤 Tip. 혼자라도 괜찮은 교실 만들기

저는 교실에서 혼자가 됩니다. 그리고 혼자인 것이 괜찮다는 것을 보여주려 노력합니다. 사실 혼자 있든 같이 있든 상관없는 분위기를 만들어야 하는데, 애초에 교실은 '무조건 같이'의 방향이 강하기에 '혼자가 괜찮다'를 보여주어 상관없는 분위기를 만들고자 노력하는 것입니다. 사실 그림책만큼 중요한 것은 선생님이 아이들과 교실 생활을 하면서 보여주는 말과 행동들일 겁니다.

실제로 저는 학창 시절 혼자 있는 것이 더 편하던 시간이 있었습니다. 물론 대부분은 친구가 없으면 어쩌나 하는 불안을 품고 살았고 때론 친한 친구가 없어서 학교에 가고 싶지 않았던 날도 있었어요. 그때 세게 위로가 되어 주었던 것은 '글'이었습니다. 저는 솔직하게 아이들에게 이야기합니다.

"선생님이 원해서 혹은 원하지 않는데도 혼자였던 시간이 있었는데, 그때 선생님에게 친구가 되어주었던 것은 책과 글이었어. 때론 책이, 때론 드라마가, 가끔은 맛있는 것들이 친구가 되어주기도 한단다. 사람의 성향에 따라, 혼자 있는 것을 좋아하는 사람도 있어. 지금의 선생님이 그래. 그런 사람들은 혼자 있고 싶을 때 혼자 있게 두는 것도 참 중요해."

그리고 생활 속에서 계속 보여줍니다. 예를 들어, 해야 할 일이 있는데 쉬는 시간에 아이들이 앞에 모여들면 이렇게 이야기합니다. "얘들아, 선생님이 지금 당장 급하게 처리해야 하는 일이 있어서 쉬는 시간에 일해야 할 것 같아. 혹시 선생님이 일 다 끝나면 부를 테니 그때 와줄 수 있을까?" 현장체험학습 갈 때 버스 좌석을 뽑기 전에 먼저 선언합니다. "나는 무조건 혼자 앉을 거야! 옆에 아무도 없는 게 편해." 버스에서 혼자 앉는 것쯤은 아무 일도 아니라는 것을 보여주는 거죠. 이를 통해 아이들은 혼자 있는 사실 자체를 이상하게 여기지 않게 됩니다. 그림책 『똑, 딱』을 통해 배웠듯 각자 자신의 시간을 가졌다 다시 만날 수 있는 환경이 마련되는 거지요. 혹시 혼자 있고 싶지 않은데도 혼자 있게 된 친구들이 최소한 안심할 수 있는 분위기가 됩니다. 덜 불안하게 되는 거지요. 그리고 이 두 상황을 구별할 수 있는 마법의 말도 알려줍니다.

"혼자 있고 싶지 않은데도 혼자 있는 친구가 있는데 우리가 그걸 눈치채지 못할지도 몰라. 예를 들어 용기가 없어서 같이 놀자고 말을 못 하거나 진짜 우리도 모르게 누군가에게 왕따를 당하는 친구가 있을 수도 있겠지? 그래서 선생님이 제안하는 건 이런 거야. 혼자 있는 친구가 혹시 눈에 계속 들어온다면 가서 물어봐주자. '혹시 같이 놀 사람이 없어? 그럼 나랑 같이 놀래?'라고 말이야."

『알사탕』에서 이미 배웠던 것이기에 아이들은 쉽게 이해할 수 있을 겁니다.

더불어 교실 환경을 바꾸기를 바랍니다. 아이들이 혼자라 가장 두려울 때는 쉬는 시간과 점심시간입니다. 무엇이든 해도 괜찮을 때 옆에 친구가 없다는 것이 가장 잘 드러날 테니까요. 그래서 친한 친구끼리 놀기보다는 원하는 것에 따라 흩어졌다 모이기를 바라며 쉬는 시간용 구역을 나누어 놓았습니다. 예를 들어 교실 앞쪽 창가 자리는 TV 영상을 보는 자리입니다. 때에 따라 음악이 나오기도 하고, 애니메이션이 상영되기도 합니다. 어떤 곳은 카드형 보드게임, 어떤 곳은 블록형 게임, 또 어떤 곳은 체스나

장기를 두는 자리 등으로 구역을 나눕니다. 사물함 위에는 색칠공부, 스도쿠, 수학 문제지 등을 잔뜩 복사해두어 혼자 책상에 앉아 있어도 할 일을 만들어 주었습니다. 더불어 수업의 활동자료는 교실 곳곳에 붙여둡니다. 쉬는 시간에 심심한 사람은 언제든 그것을 읽을 수 있도록요. 이렇게 함으로써 아이들이 불안을 최소화할 수 있는 물리적·심리적 교실 환경을 만들어줍니다.

**양육자 TIP**

이 이야기가 가정으로 가면 교실과는 조금 다른 이야기가 됩니다. 교실에서는 똑이와 딱이 같은 아이가 있기 마련이지만, 아이 개인적인 성향으로 보면 똑이와 딱이가 왜 이렇게 행동하는지 전혀 이해를 못할 수도 있거든요. 그럴 때는 친구 관계를 넘어 아이와 애착관계가 형성된 다른 관계를 예시로 들어도 좋아요. 가족 구성원이나 물건 등이요. 휴대폰을 손에서 못 놓거나 컴퓨터 게임에 푹 빠져 생활 규칙이 무너진다면 이것에 빗대어 이야기해도 좋겠지요. 중요한 것은 거리가 필요하다는 것, 그리고 따로 시간을 보내는 것, 떨어져 있는 거리가 바른 관계를 만든다는 것을 알게 해주는 겁니다. 아이가 똑이와 딱이 같은 친구가 있는지 없는지에 따라 친구 관계 이야기 또는 바른 생활 습관 이야기로 진행해주세요.

# 친구 사이 관계 맺기 (2)
# 친구가 필요한 순간
### 『나는 개다』

아이들과 친구 관계에서의 태도 중 '따로 또 같이'에 대해 이야기 나눠 봤어요. 친구가 없으면 불안해하는 아이들에게, 모든 것을 함께 하려다 보니 서로 힘들어지는 아이들에게 반드시 모든 것을 함께할 필요는 없다고 말이죠. 그럼 이제 '언제 함께 있어야 할까'를 생각해볼 차례입니다.

백희나 지음, 책읽는곰, 2019

『똑, 딱』을 활용한 첫 번째 수업이 '따로 또 같이' 중에서도 '따로' 부분에 좀 더 집중한 수업이다 보니 자칫 아이들은 친구와 함께 지내지 않아도 된다고 생각하거나, 자신이 불편하고 힘들 때마다 친구를 멀리해도 괜찮다고 합리화 할지도 몰라요. 하지만 우리가 지금 이야기하고 싶은 것은 '관계'이기에 '나', '너'와 다른 '우리'의 의미를 알도록 도와야 합니다. 그래서 친구 사이 관계 맺기의 두 번째 키워드는 '친구가 필요한 순간'입니다. 반드시 언제나 붙어 있지 않아도 된다는 이야기이지 항상 떨어져 있으라는 이야기는 아니라는 것, 우리에게는 친구가 필요한 순간들이 있다는 이야기를 나누며 지난 시간에 배웠던 마음 위에 그다음 이야기들을 차곡차곡 쌓아줍니다.

친구가 필요한 순간, 언제일까요? 물론 친구는 항상 있으면 참 좋을 것 같아요. 재미있고 심심하지도 않고 외롭지도 않겠죠. 그런데 이번 시간에는 정말 꼭 없으면 너무 속상할 것 같은 그런 순간에 관해 이야기하려고 해요. 그림책은 아이들의 삶에서 친구가 필요한 장면을 보여주고 있어요. 누구나 공감할 수 있는 장면이기에 자칫 이럴 때는 꼭 친구가 있어줘야 한다고 가르치고 싶을지도 몰라요. 하지만 그것이 반드시 모든 사람에게 정답은 아니라는 것도 우리는 알고 있죠.

이 부분을 빠뜨리지 않고 수업해야 해요. 공감하는 아이도 있을 거고 아닌 아이도 있을 거예요. '이래야만 해!'라고 가르치는 게 아니라 하나의 예시로 '이런 순간들에는 친구가 함께 있으면 좋지 않을까? 너는 언제 친구가 있어줬으면 좋겠어?'라고 물어가며 자신의 마음을 꺼내 보이는 거죠. 그 과정에서 내가 관계 맺고 있는 소중한 친구를 위해 저 친구가 원하는 때만큼은 꼭 함께 있어줘야겠다는 다짐을 할 수도 있을 테고, 함께 지내는 친구끼리 약속을 정할 수도 있을 거예요.

함께 할 그림책 『나는 개다』는 앞에서 함께 보았던 백희나 작가님의 그림책 『알사탕』의 프리퀄입니다. 『알사탕』의 주인공 동동이가 어렸을 때, 그러니 아직 할머니도 살아 계시고 구슬이가 처음 동동이네 집으로 왔을 때의 이야기지요. 『알사탕』을 읽은 뒤에 이 책을 읽으면 감동이 배가 됩니다. 다른 수업을 활용하실 때도 꼭 두 권을 다 읽어주세요. 세계관이 이어지는 경험은 언제나 신비롭고 재밌습니다. 특히 동동이와 구슬이가 언제부터 어떻게 우정을 쌓아왔는지, 또 할머니는 동동이에게 어떤 존재였는지 등을 보면서 『알사탕』의 감동이 훨씬 더 진하게 밀려올 것입니다.

『나는 개다』, 백희나 지음, 책읽는곰, 2019, 4~5쪽.

『알사탕』의 주인공이 동동이였다면, 이 책의 주인공은 '구슬이'입니다. 구슬이의 눈으로 보는 집, 동네, 사람들을 이야기하고 있습니다. 이번에도 작가님은 가족에 관한 이야기를 풀어놓습니다. 구슬이의 엄마와 형제 강아지로 구성된 원가족과 동동이네 가족, 이 두 가족을 적절하게 배치하여 보여줍니다. 특히 개의 시선으로 이야기하다 보니 아이들은 잘 모르는 개의 하루, 개의 생각을 슬며시 살펴볼 수도 있죠. 그러니 이 그림책은 '가족'이나 '반려동물'이라는 주제로 활용해도 참 좋습니다.

아이들과 구슬이의 마음이 어떨지 상상하며 재미있게 그림책을 읽습니다. 구슬이는 동동이의 보호자이자 친구로 즐겁게 매일매일을 보냅니다. 동동이도 구슬이와 노는 게 참 재미있습니다. 그런데 그만 구슬이가 사고를 치고 말죠. 구슬이에게 슬픈 밤이 찾아오고, 동동이가 친구로서 구슬이에게 해주는 일은 눈물이 왈칵 날만큼 따뜻합니다.

## 활동. 친구가 필요한 순간

**1. 나의 친구가 슬퍼할 때 나는 어떻게 해야 할까요?**

　활동은 1) 내 마음을 살펴보고 2) 내 마음을 공유하여 서로의 마음을 이야기한 뒤에 3) 이를 바탕으로 우리 관계의 규칙을 만들어보는 순서로 진행됩니다.

　모두가 슬프거나 서럽거나 외로운 순간이 있을 거예요. 슬퍼하는 쪽이었을 수도 있고 반대로 위로하는 쪽이었을 수도 있지요. 먼저 친구가 슬퍼하거나 힘들어하는 순간에 나는 친구에게 무엇을 해주었는지 경험을 나누어봅니다. 경험을 나누다 보면 자연스럽게 '나는 저렇게 해주면 좋을 것 같아', '저러면 안 좋을 것 같아'처럼 나의 호불호를 알게 됩니다.

　반대로 질문합니다. 내가 슬플 때 친구가 어떻게 해주면 좋겠나요? 아이마다 이야기가 다 다를 겁니다. 누군가는 그럴 때 그냥 혼자 있고 싶기도 할 테고, 또 누군가는 누군가가 옆에서 달래주길 바랄 것이고 혹은 따끔한 조언을 원하는 사람도 있겠죠. 만약 상황에 따라 다르다면 그것을 구체적으로 적도록 안내해줍니다. 예를 들어 이럴 때는 혼자 있고 싶고, 이럴 때는 같이 있고 싶다는 식으로요. 이러한 이야기를 통해 친구들이 '관계'에 대해 공부할 수 있다는 것을 이야기하며 최대한 솔직하고 자세하게 쓰도록 안내합니다.

　내가 슬플 때 친구들이 어떻게 하면 좋을까에 관해 쓴 내용을 공유하고 친구의 이야기를 읽어보고 궁금한 것을 질문합니다. 충분히 이야기를 나누고 나면 아이들이 한 답을 적절히 분류하여 모아봅니다. 슬픈 상황에서 친구가 어떻게 해주면 좋을까 하는 것은 몇 가지 범주로 나뉩니다.

『나는 개다』, 백희나 지음, 책읽는곰, 2019, 5~6쪽.

    크게는 옆에 있어주는 것과 혼자 있게 두는 것이 있을 테지요. 옆에 있어주길 바랄 때도 조용히 옆에서 기다려주는 것, 그 일에 관해 이야기 나누는 것, 전혀 상관없는 이야기를 나누는 것 등 세세하게 나뉠 수 있을 것입니다. 혼자 있게 해주는 것에도 아예 내버려두는 것, 몇 번씩 연락하며 건드려주는 것 등등이 있겠죠.

    범주를 나누며 내가 느끼는 감정과 생각 외에도 다양한 생각이 존재할 수 있다는 사실과 함께 나와 비슷한 사람은 누구인지, 또 나와 다른 사람은 누구인지 조금씩 알아갑니다. 이러한 과정을 통해 자연스럽게 나와 친한 친구들과 어떻게 해야 할지 찾아갈 수 있을 테고, 우리 반에 있는 아직 덜 친한 친구들에 관해서도 자연스레 알 수 있죠.

    사람은 결국 각자의 처지에서 생각할 수밖에 없기에 내가 슬플 때 나에게 해줬으면 하는 방식으로 타인을 위로합니다. 그리고 그것이 효과적이라면 좋겠지만 때때로 그것을 거부당하고 그것에 상처받아 슬퍼하기도 하죠. 그러한 일이 일어나기 전에 우리의 소중한 친구 관계를 지키기 위해 이렇게 이야기를 나누어보자는 것, 그것이 이 활동의 핵심입니다.

**2. 『나는 개다』 속 친구가 필요한 순간**

구슬이와 동동이의 이야기를 통해 친구가 필요한 순간의 예시를 살펴보았어요. 혼자가 되고 싶지 않은 슬픈 순간에 동동이가 옆에 있어주었지요. 그런데 앞에서 알아보았듯 슬플 때 친구가 필요한 사람도 있고 아닌 사람도 있어요. 이제 어떨 때 친구가 필요할지 사고를 확장해봅시다.

구슬이에게 동동이가 필요했던 순간이 그때뿐이었을까요? 혼자서 집을 지키는 구슬이는 같이 있을 친구가 필요하지 않았을까요? 동동이는 언제 구슬이가 필요할까요? 화가 머리끝까지 난 아빠는 그 화를 누구에게 말할 수 있었을까요? 그림책을 다시 읽으며 '친구가 필요한 순간'에 대해 다양하게 이야기해봅니다.

**3. 우리에게 친구가 필요한 순간**

모든 사람은 친구가 필요한 순간이 있습니다. 그래서 함께 살아가는 것이겠지요. 아빠에게도 할머니에게도 동동이, 구슬이에게도 각자 친구가 필요한 순간이 있을 것입니다. 이제 나의 이야기를 해봅시다. 나에게 친구가 필요한 순간은 언제인지 이야기해봅시다. 선생님은 아이들의 이야기를 들으며 비슷한 상황끼리 묶어 분류해줍니다. 친구가 필요한 순간에 친구가 해줬으면 하는 행동이나 말은 무엇인지도 이야기 나눕니다.

만약 학급의 상황이 가능하다면 진짜 친한 친구에게, 혹은 함께 지내는 무리 속 아이들에게 자신이 이럴 때 친구가 필요하니 꼭 이렇게 해주

**〈나는 개다〉 친구가 필요한 순간**
- 나에게 친구가 필요한 순간을 생각해서 써 봅시다.
- 그 순간 친구가 어떻게 해줬으면 좋겠는지 친구에게 말하듯이 말풍선에 넣어 봅시다.
- 내가 친구가 필요한 순간은 보통 어떤 표정인지, 어떤 마음이 드는지 그리고 그 때 내 친구는 어떤 표정으로 어떤 말을 했으면 좋겠는지 생각해본 후 그림, 글로 표현해 봅시다.

친구가 필요한 순간
-
-
-

었으면 좋겠다는 편지를 보내봐도 좋습니다. 이때 서로를 비난하는 투로 편지를 쓰지 않도록 'I-message'를 활용하도록 안내합니다.

저의 경우에는 『나는 개다』에 나오는 동동이와 구슬이가 '친구' 관계라고 생각해서 그림책 큐레이션 활동을 할 때 이 책을 골랐어요. 아이들은 '친구'를 어떻게 생각하는지, 또 '친구가 필요한 순간' 혹은 '친구를 위해 해줘야 하는 일'에 대해 어떤 생각을 하는지 이야기를 나누었죠.

사람의 마음은 참 이상합니다. 사람으로만, 사람의 온기로만 위로가 되는 순간이 존재합니다. 그 순간에 옆에 있어 주었던 친구와 함께 있어 위로받은 순간들이 모여 매일을 살아갈 힘이 되지요. 『나는 개다』에서처럼 동동이가 구슬이 옆에 있어준 순간들이 모여 『알사탕』에서 동동이와 구슬이가 진심을 이야기할 수 있는 그 시간까지 우정을 이어갈 수 있었으리라 생각합니다. 오래도록 옆에서 힘을 주고 위로가 되는 친구, 그런 친구가 우리 아이들의 시간에도 존재할 수 있기를 간절히 바랍니다.

**양육자 TIP**

『나는 개다』는 그냥 읽어도 재미있어요. 만약 가정에서 반려동물을 기르고 있다면 더더욱 아이에게 와닿는 책이 되겠죠. 반려동물을 기르는 가정에서는 아이가 반려동물의 처지를 이해하고 더 소중히 대할 수 있게 강아지의 입장을 그린 『나는 개다』를 읽은 후 우리 집의 반려동물은 어떤 생각을 할까 이야기 나누고 그 상상을 바탕으로 그림책을 만들어주세요. 『나는 개다』가 구슬이가 태어나 동동이와 지낸 시간, 사건들을 다루고 있으니 반려동물이 우리 집에 처음 오던 날부터 지금까지 있었던 일을 떠올리며 그림책을 만들어요. 아이와 반려동물이 찍은 사진이 있다면 그림 대신 사진을 오리고 붙여 만들 수 있겠죠. 그럼 멋진 그림책이자 아이와 반려동물의 추억앨범이 될 수 있을 겁니다.

# 친구 사이 관계 맺기 (3)
## 따뜻하게 바라봐주는 것
### 『탄 빵』

함께 있지 않아도 되는 순간, 함께 있어야 하는 순간에 관해 아이들 스스로 지침을 만들게 함으로써 관계에 대해 안심할 수 있게 도와주었습니다. 이제 안정된 관계를 단단하게 만들 수 있는 것은 무엇일까 생각해봅니다. 친구 사이 관계 맺기의 세 번째 키워드이자, 친구 사이에 가져야 할 태도는 '따뜻하게 바라봐주는 것'입니다. 서로가 각자의 일을 하더라도, 언제나 시선을 친구에게 두고 있는 것. 친구의 마음은 어떨까 가만히 바라봐주는 것. 기다려주고 걱정해주는 마음 말이죠. 그 따뜻한 시선이 친구 사이에 꼭 필요한 태도가 아닐까 생각해보았습니다. 바라본다는 것은 자칫 소극적인 태도로 별 영향을 못 끼치는 것처럼 느껴질 수 있지만, 어떨 때는 따뜻하게 바라

이나래 지음, 반달, 2015

봐주는 것만으로도 온기가 전해지기도 합니다. 또 힘을 낼 수 있는 용기가 되고 지쳤을 때 혼자가 아니라는 생각을 하게 돕죠. 더불어 꼭 필요한 순간을 눈치채는 데에도 도움이 되고요.

친구를 바라보는 따뜻한 시선을 소개하기 위해 『탄 빵』을 골라보았습니다. 글이 많지 않은 책입니다. 책 표지는 마치 포장인 듯 크라프트지를 두른 새까만 탄 빵이 그려져 있습니다. 도대체 무슨 이야기를 품고 있을까요? 아이들과 마음껏 상상하며 책을 읽기 시작합니다.

"어떤 이야기가 펼쳐질까요?"
"어떨 때 탄 빵이 만들어지나요?"
"탄 빵을 먹어본 적이 있나요? 탄 빵을 먹으면 어떤 기분이 들까요?"

탄 빵은 책 표지만으로는 쉽게 책 내용을 상상하기 힘들기에 마음껏 상상해봅니다.

### 탄 빵 탄생 스토리 만들어보기

1. 먼저 탄 빵과 관련된 다양한 생각, 상상, 경험을 마음껏 이야기하도록 합니다. 아이들의 이야기는 마인드맵을 활용하여 정리합니다.
2. 정리한 마인드맵을 보며 『탄 빵』의 이야기를 상상하여 만들어봅시다. 이때 미리 이 그림책의 주제 키워드가 '친구 사이 관계 맺기', '따뜻하게 바라봐주기'라는 것을 밝히고 상상해보도록 합니다.(※만약 상상하기에 초점을 둔다면 굳이 키워드를 밝히지 않고 상상을 해보아도 좋습니다.) "첫 장면은 아침에 늦잠을 자면서 시작하는 거야. 급하게 토스트기에 빵을 넣고 씻고 준비하는 장면이야. 주인공은 부모님이 맞벌이를 하셔서 이미 출근을 하고 혼자 준비하고 나가는 아이면 어떨까? 내가 그랬었거든."

3. 친구의 상상에 덧붙여 이야기를 계속 이어가봅시다.
  "아, 그런데 토스트기에 식빵을 넣은 것을 깜빡한 거지. 그리고 부랴부랴 학교로 가고, 탄 빵은 그대로 토스트기에 남아 있는데…."
4. 우리 반이 함께 『탄 빵』이라는 주제로 이야기를 만들어봅시다.

즐겁게 이야기를 상상해보았다면 이제 책을 펼쳐봅니다. 책을 펼치면 가장 먼저 거북이가 나옵니다. 그리고 책장을 한 번 더 넘기면 너구리, 기린, 박쥐, 얼룩말, 토끼가 어딘가를 가고 있습니다. 이 책의 등장인물들입니다. 다들 바쁘게 어디를 가는 것일까요? 그리고 그 와중에 거북이는 왜 또 혼자 따로 오는 것일까요? 궁금증을 불러일으키는 시작입니다. 동물들의 아침 식사 시간. 모두 둘러앉아 빵을 자르는데 한 자리가 비었습니다. 세 번째로 빵을 구우러 간 거북이는 한참 늦게 새까맣게 탄 빵을 가지고 돌아옵니다. 여기서 잠깐 책을 멈추고 아이들과 이야기를 나눕니다.

아침 식사 시간에도 늦고, 빵을 구우러 갔다가도 늦고, 심지어 빵도 태운 거북이. 아마도 토스트기에서 빵을 꺼내는 타이밍도 늦지 않았을까요?

"이렇게 느릿느릿한 거북이를 보면 무슨 생각이 드나요?"
아이들과 이야기를 나누어봅니다. 이런 거북이가 불쌍하거나 답답해 보일지도 모릅니다. 거북이를 보며 자신의 이야기 같다는 생각을 할 수도 있겠죠.

## 활동. 동물의 생각 표현하기

이 책에는 글이 많지 않습니다. 그래서 상상력을 불러일으키죠. 아이들과 비어 있는 공간을 동물들의 생각으로 채워보는 활동을 진행합니다. 기회가 된다면 모든 장면을 다 해봐도 좋습니다. 그러나 시간이 부족하다면 아래의 두 장면만 해보아도 괜찮습니다.

《탄빵》 이나래 지음, 반달, 2015, 34~35쪽.

장면 1. 모두 식탁에 둘러앉아 빵을 자르는데 아직 거북이는 오지 않은 장면
장면 2. 거북이가 탄 빵을 들고 돌아온 장면

동물마다 성격을 부여하고 그 성격에 맞춰 머릿속이 어떨지 그림 또는 글로 표현합니다. 아이들이 상상한 머릿속 이야기를 들어보며 공통된 이야기들을 키워드 형식으로 정리해봅니다.

활동하다 보면 어느 순간에 다른 동물과는 다른 '토끼'의 모습이 보일 거예요. 토끼는 시종일관 어딘가를 바라보고 있습니다. 다른 동물들이 앞을 보며 바쁘게 식사 장소로 가는 동안에도, 빵을 쓱싹쓱싹 자르는 동안에도 손과 발은 움직이면서도 내내 시선은 다른 곳에 가 있습니다.

**오지 않는 거북이를 기다리는 따뜻한 시선**

　토끼는 무엇을 하는 것일까요?

　이 책에서 첫 번째로 아이들과 나누고 싶었던 부분이 바로 거북이를 대하는 토끼의 시선과 태도입니다. 이야기가 진행되는 내내 장면 속에 등장하지 않는 거북이를 기다리는 토끼. 거북이가 탄 빵을 들고 돌아오자 탄빵과는 상관없이 반가워하는 토끼. 토끼는 내내 거북이를 생각하고 있었습니다.

　따로 또 같이, 꼭 함께하지 않아도 괜찮다는 이야기와 그런데도 친구가 필요한 순간에는 옆에 있어줬으면 좋겠다는 이야기의 사이를 메워주는 것은 바로 '토끼의 시선'입니다. 각자의 자리에서 열심히 자신의 것을 하면서도 종종 나의 친구는 무엇을 하고 있을까 생각해보는 마음. 와야 하는 순간에 오지 않았을 때 어디에 갔을까 걱정하는 마음. 혹시 표정이 좋지 않으면 잠깐 하던 것을 멈추고 가서 괜찮냐고 물을 수 있는, 같이 있지 않아도 늘 생각하며 바라보게 되는 마음 말이죠.

　쉬는 시간, 각자가 하고 싶은 일을 하며 놀다가 종이 쳐서 내 자리에 앉았을 때. 친구의 자리가 비어 있다면? 규칙에 따라 수업 준비를 하면서도 시선은 계속 교실 문을 향할 겁니다. '어디 갔을까? 화장실 갔나? 언제 오려나? 그러다 혼나면 어쩌지?' 걱정은 계속되겠죠. 그러다 선생님께서 친구 없이 바로 수업을 시작하려 하면 조용히 손을 들고 '선생님, ○○이가 아직 오지 않았어요.'라고 알리는 것. 뒷문이 열리고 '도서관 갔다 오느라 늦었어요, 죄송합니다.' 하고 친구가 들어오면 그제야 안심하는 것. 친구와 눈이 마주치고 활짝 웃어주는 것.

　우리 아이들이 친구를 바라보는 시선이 꼭 토끼의 그것과 같았으면 좋겠습니다.

## 활동. 아침 식사 시간

자, 이제 이 책에서 중요한 질문이 남았습니다. 다른 다섯 마리의 동물들은 예쁘고 먹음직스러운 자신만의 빵을 구워 왔어요. 그런데 거북이가 가져온 건 탄 빵입니다. 이제 어떻게 해야 할까요?

어떤 아이는 탄 빵을 제외하고 나누어 먹자고 할 것이고, 모두가 똑같이 빵을 한 조각씩 받았고 자신이 태웠다면 탄 빵을 먹거나 혹은 아무것도 먹지 못하는 것이 공정하다고 생각할 수 있습니다. 각각 동물의 입장이 되어 나라면 어떻게 아침 식사를 진행했을지 생각해봅시다. 그리고 각 동물 처지에서 선택할 방법이 다 같을지, 마음이 같을지도 비교해봅시다.

아마 가장 많이 나오는 대답은 '탄 빵은 버리고 나머지 빵을 함께 나누어 먹는다'일 것입니다. 그런데 동물들은 쓱싹쓱싹 여섯 등분한 빵을 서로의 접시에 나누어 담습니다. 거북이의 탄 빵도 여섯 조각 나누어 담지요. 그리고 함께 맛있게 먹습니다. 이 장면의 의미는 무엇일까요? 왜 탄 빵까지도 여섯 조각으로 나누어 먹었을까요? 아이들이 그 이유를 충분히 생각하고 음미하도록 돕습니다.

우리도 한번 아침 식사를 만들어봅시다.

1. 학습지에 자신만의 식빵을 꾸며 만들어봅시다.
2. 자신에게 필요한 준비물을 챙겨옵니다.
   (준비물: 식빵, 자신이 원하는 잼과 토핑, 빵칼, 접시. 토스트기는 있다면 준비)
3. 토스트기를 이용해 굽기를 다르게 하거나, 잼과 토핑을 이용해 자신만의 빵을 만듭니다.

4. 빵칼을 이용해 모둠원 수만큼 나눕니다.
5. 서로 자신의 빵을 하나씩 나누어 맛있게 먹습니다.
6. 함께 나누어 먹으니 어떤 기분이 드는지 생각해봅시다.

식빵을 준비하기 힘들다면 학습지의 식빵을 꾸민 후 오려서 서로 나누어 가지도록 합니다. 혹은 각자 집에서 과자 등의 간식을 가져와 함께 나누어 먹습니다. 혼자 먹을 때와 나누어 먹을 때를 비교하면서요.

"함께 나누어 먹으니 기분이 어떤가요?"
"거북이의 탄 빵처럼 맛이 없다고 모습이 이상하다고 나누어 먹지 않으면 기분이 어떨까요?"

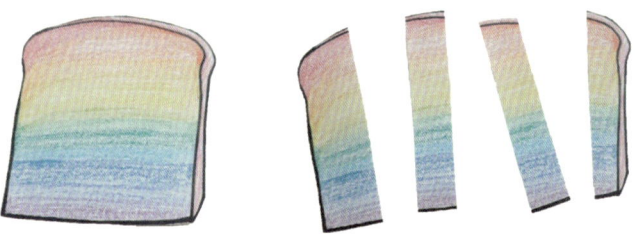

**탄 빵을 여섯 조각으로 나누어 먹는 마음**

이 책에서 두 번째로 나누고 싶은 것은 바로 '탄 빵을 여섯 조각으로 나누어 먹는 마음'입니다. 맛도 없고 모양도 이상할 그 빵을 거북이의 마음을 생각해서 맛있게 나누어 먹는 나머지 동물들의 마음을 우리 아이들이 느꼈으면 했습니다. 만약 빵이 탔다고 함께 먹지 않았다면 거북이의 마음이 어땠을까요? 안 그래도 아침 식사 시간에 늦어버렸는데 빵까지 타버리고 아무도 자신의 빵은 먹지 않는다면 굉장히 속상할 겁니다. 자신에게 실망할 수도 있고 식사 시간에 오는 것이 부끄러울 수도 있겠죠. 하지만 동물들은 전혀 신경 쓰지 않고 자신의 것을 나누어 주고 거북이의 빵을 맛있게 먹습니다. 거북이를 위해 언제든 식탁의 의자를 남겨두죠.

　좋은 친구 관계는 그냥 만나서 재미있게 놀기만 한다고 만들어지지 않습니다. 오지 않는 거북이가 신경 쓰여 계속 바라보던 '토끼의 시선'과 거북이의 탄 빵을 맛있게 나누어 먹는 '동물들의 마음'. 친구를 따뜻하게 바라보는 그 마음이 있어야 친구 관계를 단단하게 맺을 수 있을 거예요. 선생님이 '친구를 사랑해야 해', '예쁘게 말해야지', '친구니까 참아야 해', '기다려줘야 해'를 반복한다고 아이들이 친구 관계를 잘 맺지는 않을 것입니다. 그림책의 등장인물의 마음을 추측해보는 과정을 통해 다양한 입장에서 관계와 행동을 바라보게 하고, 그중 내가 받고 싶은, 나라면 이렇게 했을 때 기쁘고 좋을 것 같다고 느끼는 행동을 친구에게 해주며 서로 간의 관계를 따뜻하게 맺어가는 방법을 배웁니다.

## 유라쌤네 교실 이야기

　이 책은 그림책 큐레이션을 할 때 우리 반의 가장 조용한 친구가 자신의 책으로 골랐던 그림책이었어요. 처음에는 별다른 관심이 없었던 이 책이 우리 반에서 가장 인기 있는 책이 되었던 것은 바로 미스테리였기 때문이에요. 글자도 몇 자 없는 이 책을 아무리 살펴봐도 명확한 답을 얻기 어려웠기 때문이에요. 어떤 게 친구의 의미일까, 아이들은 저마다 추측을 했고, 나름의 결론은 '빵을 함께 나누어 먹는 것이 친구'라는 거였어요. 그리고 드디어 이유를 이야기하는 날, 이 책을 고른 아이는 발표 대신 포스트잇에 자신의 이유를 적어주었답니다.

**"제가 생각하는 친구는 조금 느린 거북이를 기다려주고 관심을 가져주는 거예요.'"**

그 순간 눈물이 왈칵 났습니다. 친구 관계의 이야기지만, 이 아이가 어른인 부모님과 선생님에게 바라는 것 또한 바로 조금은 느리고 조용한 자신을 기다려주고, 있는지 없는지 살펴봐주며 관심을 가져주는 것이라는 생각이 들었거든요. 답답해하지 않고, 조용하다고 해서 잊어버리지 않고 그 아이의 존재를 늘 궁금해하고 기다려주는 것. 그림책 큐레이션 수업 덕에 아이들은 이렇게 또 친구의 마음을 알았고 저도 한 아이의 마음을 알게 되었습니다. 그리고 다음 해부터는 아이들과 함께 읽기 시작했고요. 어떤 이야기를 들려줘야 할지 모르겠다면 아이들에게 한번 물어보세요. 아이들만큼의 세상을 들려줄 거예요.

**양육자 TIP**

우리 아이는 『탄 빵』 속 인물 중 누구를 닮았나요. 먼저 생각해봐요. 느릿느릿 거북이를 닮았을 수도 있고 거북이를 기다리는 토끼를 닮았을지도 몰라요. 혹은 나머지 다른 동물과 비슷할 수도 있죠. 어떤 동물을 닮았는지 먼저 생각해본 후에 『탄 빵』을 읽어주세요. 읽으며 '너는 누구와 닮았어?', '너라면 어떻게 했을까?' 아이의 생활과 연결짓는 질문을 해주세요. 그 후 함께 음식을 나누어 먹는 관계에 관해 이야기 나눠요. 만약 아이가 토끼나 거북이와 닮았다면 이 둘의 관계에 관해 이야기 나눕니다. 우리 아이가 거북이를 닮았다면 토끼와 같은 친구의 소중함을 알려주고, 만약 토끼를 닮았다면 다른 사람을 기다리고 눈에 담을 줄 아는 세심함을 칭찬해줘요. 『탄 빵』에서는 동물 친구들이 모여 아침을 나누어 먹었어요. 그런데 보통은 가족이 함께 음식을 나누어 먹죠. 이렇게 아침마다 모여서 빵을 나누어 먹는 이유는 무엇인지 생각해본 후에 가족이 함께 식사하는 것과 연걸시어 이야기해요. 함께 요리하고 나누어 먹으며 이 책을 읽으면 더 즐거울 거예요.

# 친구 사이 관계 맺기 (4)
# 신뢰에 대하여
『여우』

  그 어떤 것보다 단단하고 오랫동안 관계를 지속할 수 있게 해줄 수도 있고, 아무리 단단한 관계라도 한순간에 깨트려버릴 수도 있는 것이 있습니다. 바로 친구 사이 관계 맺기의 네 번째 키워드인 '신뢰'입니다. 신뢰를 잃으면 관계는 무너집니다. 반면 신뢰로 쌓은 관계는 그 어떤 고난이 닥쳐도 뿌리 깊은 나무처럼 단단히 서 있습니다. '따로 또 같이'의 틈을 채워주는 '따뜻한 시선'까지 이해한 후에 아이들에게 알려주고 싶은 사실은 친구 사이의 관계가 그저 '좋아서', '재밌어서' 유지되는 것만은 아니라는 것입니다. 관계는 신뢰가 바탕이 되지 않으면 마치 진흙 위에 쌓은 건물처럼 무너지고 맙니다.

  물론 사람 사이의 관계에 '신뢰'가 필요하다는 것은 아이들도 느끼고 있습니다. 예를 들어 아무리 친한 친구라도 나를 속이고 거짓말하면 그 아이와 다시는 친구하고 싶지 않아 합니다. 하지만 그럼 또 다른 친구를 만나면 그뿐, 애초에 관계에서는 신뢰가 생기도록 서로 애를 쓰고 품을 들여야 함까지 인식하기는 그리 쉽지 않죠. 어른들도 몇 번이나 관계가 깨지고 상처를 겪으며 터득하는 종류의 것이니 그것을 모른다고 왜 친구 관계에서 신뢰를 지키지 않냐고 따져 물을 수는 없습니다.

경험하며 깨달아야 하는 것을 억지로 알려줄 수는 없습니다. 그래도 아이들의 경험 속에서 조금씩 느끼고 있는 것을 지각할 수 있도록 돕는다면 어떨까요? 지금의, 또 앞으로의 아이들이 맺는 관계가 좀더 따뜻하고 단단해지지 않을까요? 그런 마음으로 그림책을 꺼내 들어봅니다.

함께할 책은 마거릿 와일드의 『여우』라는 그림책입니다. 그림책의 표지에서 느껴지듯, 따뜻하고 아름다운 그림책으로 보이지는 않습니다. 여우라는 제목처럼 표지에는 여우가 알 수 없는 표정으로 앞을 응시하고 있고, 그 옆에는 새가 여우를 바라보고 있습니다.

"여우는 마치 우리를 바라보고 있는 것 같습니다. 여우의 표정이 어때 보이나요? 어떤 이야기를 할 것 같나요?"

"옆에 있는 새와 여우의 관계는 어떤 관계일까요? 표지만 보면 어때 보이나요?"

마거릿 와일드 글, 론 브룩스 그림
강도은 옮김, 파랑새, 2012

두 가지의 질문을 통해 그림책의 내용을 생각해봅니다. 여우라는 제목처럼 여우가 주인공일지, 표지에 나오는 여우와 새는 어떤 관계를 맺고 있을지, 새와 여우 표정의 의미는 무엇일지 아이들과 이야기해봅니다.

이 책은 내용은 어쩐지 무섭습니다. 특별히 무서운 내용이 나오지는 않지만, 현실적인 이야기의 흐름이 서늘하게 느껴집니다. 예쁘고 아름다운 주인공과 이야기를 가진 그림책은 아니니까요. 그래서 저학년 반이시라면 선생님께서 먼저 보고 활용해주시면 좋을 것 같아요. 대신 고학년 학생들과 이야기 나누기에 좋은 그림책이니 참고해주세요.

나오는 등장인물은 까치, 개, 여우입니다. 이야기는 대강 관계의 변화를 기준으로 세 부분으로 나뉩니다. 먼저 까치와 개가 만나 친구가 되는 부분, 두 번째로 여우가 등장하여 긴장이 형성되는 부분, 마지막으로 여우와 까치의 이야기 부분입니다.

## Part 1. 까치와 개: 우리가 친구가 된 이유
## - 시작과 결정적 순간

날개를 다쳐 날지 못해 낙담한 까치가 등장하며 이야기는 시작됩니다. 그런 까치를 위로하기 위해 나타난 개를 까치는 처음에는 받아들이지 못합니다. 그런 까치의 마음을 연 것은 개의 진심 어린 위로와 행동이었습니다. 날지 못하는 까치와 보이지 않는 개는 서로의 날개와 눈이 되어주며 친구가 됩니다. 까치는 개가 있어 하늘을 나는 기분을 느끼고, 개는 까치를 통해 세상을 보게 되지요. 이 장면은 친구 관계가 맺어지는 과정을 잘 보여줍니다. 서로 위로하고 도와주며 삶의 '동행자'가 되는 모습을 보여줍니다.

먼저 까치와 개의 마음을 들여다봅니다. 혹시 이런 경험을 한 적이 있는지 기억을 조금씩 더듬어봅니다. 이 과정에서 아이들과 그동안 맺어왔던 친구 관계의 '시작'과 '결정적 이유'에 대한 이야기를 나누어봅니다. 그냥 짝이 되어서, 같은 학원에 다니거나 같은 아파트에 살아서 등의 이유로 우연히 친구가 되기도 하고, 같은 것을 좋아하거나 관심사가 비슷해서 친구가 되기도 합니다. 정말 친한 친구와는 어떻게 '가장 친한 친구, 좋은 친구'가 되었는지, 결정적 순간이 있었는지 생각해봅니다.

시작은 우연이었을지라도 가장 친해지기까지는 특별한 이유가 존재할 것입니다. 성격이 잘 맞아서, 이야기를 잘 들어주어서, 힘들 때 도와주어서 등 말이죠. 만약 아이들이 대답하기 어려워하거나 '그냥요', '재밌어서요'처럼 두루뭉술한 답을 한다면 선생님의 이야기를 들려주셔도 좋아요. 선생님의 친구 관계를 이야기해주어도 좋고, 아이들이 앞으로 맞이할 관계는 어떤 모습인지 이야기해주어도 좋습니다.

혹시 까치와 개처럼 친구가 된 아이들이 있다면 그 경험을 공유하도록 합니다. 대신 개인적인 영역이므로 발표를 강요하지는 않습니다. 필요하면 누군지 밝히지 않고 이야기해도 좋습니다.

## Part 2. 까치와 개와 여우 - 긴장과 갈등

없어서는 안 될 친구가 된 까치와 개 사이에 어느 날 여우가 등장합니다. 그리고 두터워 보이는 개와 까치 사이를 파고들지요. 여우는 끊임없이 까치에게 "내가 날 수 있는 기분을 느끼게 해줄게"라고 속삭입니다. 까치가 원하는 것, 즉 '나는 것 같은 기분'을 느끼게 해줄 테니 자신과 함께 가자는 제안을 끊임없이 합니다. 여우와 함께 간다는 것은 개를 버린다는 뜻입니다. 이 상황은 교실의 모습과 닮았습니다. 짝수였던 그룹, 혹은 단짝이던 친구 사이에 한 명이 더 들어와 홀수가 되는 상황이나 평소에는 그럭저럭 잘 지내는 듯 보이지만 짝을 이뤄야 할 때 눈치를 보게 되는 상황. 그래서 그 그룹 내에서도 내 단짝을 만들기 위해 노력하는 모습등이 있을 겁니다. 이럴 때면 교실에는 미묘한 긴장감이 흐릅니다.

## 활동. 핫시팅: 인물 인터뷰하기

인물의 생각을 파악해봅시다. 여기서는 인물의 마음을 깊이 있게 파악하는 것이 목적이므로 먼저 함께 질문을 만들어봅니다.

### 질문 예시

• 여우

"처음 개와 까치를 만난 여우의 기분은 어땠을까요?"
"왜 개가 아니라 까치였을까요?"
"여우가 이런 이야기를 하는 목적이 무엇일까요?"
"여우가 까치를 설득하려면 어떻게 설득해야 할까요?"
"여우가 만약 까치가 아닌 개에게 같은 목적으로 이야기한다면 무엇을 제안할 수 있을까요?"

• 개

"여우가 등장하기 전과 등장한 후 마음이 어떻게 변화했을까요?"
"여우가 까치에게 이런 이야기를 하는 동안 개는 알았을까요, 몰랐을까요?"
"알았다면 기분은 어땠을까요? 혹은 몰랐다면요?"

"개는 어떻게 행동해야 할까요?"

• 까치

"여우가 등장하기 전과 후에 까치의 마음은 어떻게 변했을까요?"
"까치는 여우의 이야기를 듣고 무슨 생각이 들었을까요?"
"까치는 여우의 이야기를 듣고 왜 거절했을까요?"
"까치가 개를 위해 해야 할 행동은 무엇일까요?"

이렇게 등장 인물에게 물어보고 싶은 질문을 충분히 만든 후 스스로 답을 생각해봅니다.

> **핫시팅 방법**
>
> 1. 교실 앞에 의자를 마련합니다.
> 2. 각 인물의 역할을 해보고 싶은 사람이 나와 의자에 앉습니다.
> 3. 아이들은 질문합니다.
> 4. 의자에 앉은 학생은 그 역할의 입장에서 대답합니다.
> 5. 꼭 예시 질문이나 아이들이 생각한 질문이 아니어도 대답에 따라 다양한 질문을 할 수 있습니다.
> 6. 혹시 다른 생각을 한 친구가 있다면 나와 의자에 앉고 다시 인터뷰를 진행할 수 있습니다.

이 과정을 통해 우리는 까치, 개, 여우 각자의 처지와 마음을 깊이 있게 이해하게 됩니다. 자연스럽게 마음속에서는 자신이 겪어왔던 친구 관계의 에피소드들이 떠오르겠지요. 충분히 이야기를 나누었으면 아이들에게 질문합니다.

**"내가 까치라면 어떤 선택을 할까요? 그리고 이유는 무엇인가요?"**

선택하기 전 유의사항이 있습니다. 아이들의 경우 솔직한 선택보다는 '착한 선택'을 할 가능성이 큽니다. 아무래도 원래 친구인 개를 배신하는 행위이기에 그 선택을 하고 싶더라도 하기 힘들 수도 있지요. 반드시 '착한 선택'이 솔직한 마음이 아니라고 단정 지을 수는 없으니 그저 진짜 까치가 되어 원하는 선택을 하라고 이야기해줍니다. 익명으로 의견을 표현해도 좋습니다. 더불어 반드시 개를 버리고 여우를, 혹은 여우를 버리고 개를 선택할 필요 없이 제3의 선택도 열어둡니다.

**"나의 선택, 그 뒷이야기를 상상해봅시다."**

나의 선택에 따른 뒷이야기도 상상하여 써봅니다. 이때는 '친구 관계의 변화'에 초점을 두어 간단하게 생각합니다. 한순간의 선택이 관계를 어떻게 변화시키는지 느끼도록 해줍니다. 만약 아이들이 개별적으로 뒷이야기를 상상하기 힘들어하면 아이들의 선택 중 몇 가지를 뽑아 모둠이 혹은 반 전체가 함께 뒷이야기를 상상해보아도 좋습니다.

## Part 3. 여우와 까치

까치는 여우의 유혹에 넘어갑니다. 개를 버리고 여우의 등에 올라타지요. 그런 까치에게는 어떤 결말이 다가올까요? 이야기를 다 읽고 나면 뒷맛이 씁쓸합니다. 아이들도 침묵이 흐릅니다. 그리고 그 침묵의 시간 동안 아이들은 이 이야기의 뒤 내용을 상상합니다. 잠에서 깨어 상황을 알게 된 개는 어떤 마음일까요? 이 이야기 이후 까치, 개, 여우는 어떻게 되었을까요? 그리고 도대체 여우는 왜 그랬을까요?

책이 끝나고 나면 이제 우리가 해야 할 진짜 이야기, '신뢰'에 관한 이야기를 시작합니다. 까치와 개의 부족한 점 그리고 그것을 서로 메워주는 모습은 신뢰를 상징합니다. 그 신뢰를 쌓기 위해 무엇을 해야 하는지는 개가 까치에게 다가가는 모습에서 알 수 있습니다. 날지 못하는 까치에게 자신은 눈이 보이지 않는다며 먼저 나의 상처와 아픔을 이야기하는 모습, 즉 열린 마음과 진심을 보일 때 신뢰를 쌓을 수 있습니다.

그렇다면 여우가 나타내는 것은 무엇일까요? 관계에서 나타나는 유혹, 갈등, 긴장감 등일 것입니다. 그것은 새롭게 등장한 친구일 때도 있지만 어떤 사건이나 변화일 수도 있습니다. 안정적인 관계를 뒤흔드는 것이 나타났을 때의 선택이 친구 사이의 관계를 더 깊게 만드느냐 아니면 완전히 무너뜨리느냐를 결정하게 됩니다.

"까치가 개와의 관계에서 신뢰를 지키기 위해서는 어떤 선택을 해야 했을까요?"

자신이 생각하는 방법을 이야기하고 공유합니다. 아마 아이들은 대체로 '여우의 말을 듣지 않고 개와 계속 함께 지낸다' 혹은 '여우를 쫓아낸다' 같은 책의 이야기와 반대되는 선택을 이야기할 것입니다. 그런 경우 아이들이 조금 더 생각해볼 수 있도록 새로운 질문을 합니다.

"친구 관계에서 두 사람 외의 것은 받아들이면 안 되는 것일까요?"

"새로운 사람이나 변화가 들어올 수 없게 꽁꽁 막는 것이 가장 좋은 관계인 것일까요?"

이 질문을 통해 아이들은 무조건 내 친구의 편을 들고 외부의 것들을 받아들이지 않는 것이 '신뢰'를 만드는 방법이 아니라는 것을 깨닫게 됩니다.

교실에서 친구와의 의리를 지키기 위해 다른 친구와 놀지 않거나, 좋든 싫든 친구가 원하는 것을 들어주는 모습을 보곤 합니다. 과연 그것이 진정한 친구 관계고 신뢰를 쌓는 과정일까요? 팔이 안으로 굽을 때 팔꿈치는 밖으로 날카롭게 향합니다. 이 관계를 지키기 위해 다른 관계를 밀쳐내는 것은 바른 관계라고 볼 수 없지 않을까요? 솔직한 마음을 말할 수 있는 용기와 그것을 들어줄 수 있는 열린 마음, 그 사이를 가득 채운 진심이 신뢰를 만들어요. 그리고 그 신뢰는 친구 사이의 관계가 무너지지 않게 단단하게 지탱해줄 것입니다.

**양육자 TIP**

교실에서는 친구 관계의 신뢰에 관해 이야기하였지만 어떤 아이의 경우에는 이런 관계를 이해하지 못하거나 경험해본 적이 없을 수도 있습니다. 그런 경우 문제 해결의 측면에서 그림책을 읽어주고 이야기 나눠봅니다. 이런 상황에서 어떻게 행동하는 것이 가장 현명한 행동일까 생각하며 그림책을 읽어보는 것이지요. 각 인물이 왜 그렇게 행동했는지, 만약 나라면 어떻게 행동했을지 생각해봅니다. 『여우』 속 인물의 관계는 지금 당장은 아니어도 아이가 충분히 경험할 수 있을 관계문제입니다. 따라서 『여우』를 통해 먼저 어떻게 문제를 해결하는 것이 현명한지에 관해 이야기나눈 후 아이의 입장에서 언제 이런 일을 겪을 수 있을지 생각해보고 만약 이런 일이 있다면 어떻게 행동해야 하는지에 대한 질문으로 연결합니다. 그 후 친구 관계의 신뢰를 넘어 아이가 중요하게 여기는 관계에서의 신뢰와 관련하여 이야기를 나눕니다. '신뢰'의 의미를 설명하고 신뢰를 깨트리는 일을 구체적인 예를 들어 이야기해주면 아이가 관계에서 신뢰를 지키는 것이 중요함을 느낄 수 있습니다. 가정에서 양육자가 읽어줄 때의 장점이자 유의점은 아이에게 맞는 예시를 들어주는 것입니다. 그림책을 양육자가 먼저 읽고 우리 아이의 생활이나 지난 경험을 떠올린 후 거기에 맞게 바꾸어 읽어줍니다. 친구 관계에 관한 책이라고 꼭 친구 관계로 읽어줄 필요 없이 아이에게 더 중요한 예를 들면 형제와의 관계 등과 관련하여 예시를 들며 읽어주셔도 좋습니다. 아이가 충분히 공감하고 자신의 생활을 바르게 변화시킬 수 있게 꼭 먼저 읽은 후에 아이에게 읽어주시기를 권장합니다.

# 친구 사이 관계 맺기 (5)
# 내가 생각하는 친구

『친구에게』, 『엄마의 선물』

김윤정 지음, 국민서관, 2016

김윤정 지음, 윤에디션, 2018

교실에서 아이들에게 가장 많이 하는 잔소리는 무엇일까요? 횟수로만 따지면 기초생활 습관에 관한 것이 가장 많겠지만 시간으로 따지면 친구 관계에 관한 잔소리를 가장 길게 하는 것 같아요. 아이들이 잘 모르는 부분은 알려주고 싶기도 하고 자칫 학교폭력이 될까 두렵기도 하고 친구 관계는 소중한 것을 잘 알고 있기에 더 많이 잔소리하게 됩니다. 그러나 앞서 말했듯 아이들에게 잔소리는 그저 '잔소리 폭탄'일 뿐입니다. 돌아가는 길에 아이들이 떠올리는 것은 '잔소리하는 선생님'이라는 이미지일 뿐, 친구 사이에 사이좋게 지내라는 이야기는 세 살쯤부터 계속 들어와 별로 새롭게 다가가지도 않을 것입니다. 그래서 친구 관계에서 일이 생길 때도 가급적이면 그림책으로 먼저 아이들의 마음에 다가간 후 잔소리를 하게 되는데, 그때 도움을 주는 그림책이 『친구에게』와 『엄마의 선물』입니다.

이 책은 OHP 필름을 이용하여 아이들에게 하고 싶은 잔소리를 이미지로 효과적으로 전달합니다. 이미지의 힘을 가장 잘 활용하는 그림책 중 하나라 교실에서 보여줄 때마다 감탄하기도 해요. 예를 들어 아이들이 서로를 고자질하고 손가락질하는 상황이 생기면, 하고 싶은 잔소리가 한 보따리일지라도 한번 꾹 참습니다. 지금 아무리 내가 좋은 이야기를 해도 아이들의 귀에는 잔소리한다고밖에 생각을 못 하겠지, 마음에 들어가지 않겠지, 하면서요. 꾹 참고는 대신 아래의 장면을 보여줍니다.

《엄마의 선물》 김윤정 지음, 윤에디션, 2018, 4~5쪽.

《엄마의 선물》 김윤정 지음, 윤에디션, 2018, 6~7쪽.

　백문이 불여일견. 백 개의 잔소리보다 하나의 이미지가 아이들의 마음을 더 깊이 파고듭니다. 잔소리 대신 책장을 넘기면, 잔소리를 들을까 걱정했던 아이들은 조용히 그림책에 집중합니다. 그리고 아무 말을 하지 않았음에도 아이들은 그 어느 때보다 선생님이 하고 싶은 말을 더 잘 이해하게 됩니다. 잘못을 지적하지 않았지만, 잘못한 아이는 자신의 잘못을 스스로 생각해보게 되고요. 그렇게 마음이 열리고 난 뒤 선생님의 이야기를 덧붙이면 그제야 '잔소리하는 선생님'이라고 넘기는 대신 선생님이 하고 싶은 말을 기억할 수 있게 되더라고요. 더불어 소중한 선생님의 에너지와 목소리를 아낄 수도 있습니다.

## 활동. 『친구에게』 제작하기

　네 권의 그림책을 함께 읽으며 그 속에 담긴 키워드에 관해 이야기하고 나만의 혹은 우리들의 친구 관계 지침을 만들어보았습니다. 이제 그렇게 머릿속에 떠오른 것을 정리해보려 합니다. 아이들의 친구 관계를 가장 잘 아는 것은 아이들 자신일 것입니다. 네 권의 그림책에 담긴 이야기보다 훨씬 더 많고도 현실적인 이야기들이 아이들 사이에 있겠지요. 나의 혹은 우리의 이야기를 그림책에 담아 필요할 때마다 꺼내보려고 합니다.

그림책을 읽으며 또 친구들과 이야기하며 떠올랐던 것들을 정리하여 한 권의 그림책으로 만들어보는 거죠. 이때 그 아이디어를 김윤정 작가의 『친구에게』 그림책에서 가져옵니다. 아이들의 마음을 파고들었던 그림책의 장면처럼 내가 나에게 계속 보여줄 수 있는 그림책을 만들어봐요. 물론 아이들이 실제 생활에서 필요한 친구 사이 관계 맺기 지침을 이 책처럼 만들기는 어렵습니다. 그래도 한두 가지는 만들기 위해 노력해봅니다. 그마저도 어렵거나 시간이 부족하다면 모둠끼리 혹은 학급에서 한 권의 그림책으로 만들어도 좋습니다.

「우리반의 친구에게」 만들기

준비물: 두꺼운 A4 1장(표지), A4 2장(속지), OHP 필름 1/2장, 가위, 자, 양면 테이프, 필기구, 색칠 도구

1. 수업을 진행하며 썼던 친구 사이 관계의 규칙을 정리합니다.
2. 내가 생각할 때 필요한 규칙, 생각해봐야 할 상황들을 덧붙입니다.
3. 그림책 페이지를 구상합니다.
4. 구상한 내용으로 그림책을 만듭니다.

그림책의 결과물보다는 만드는 과정이 더 중요합니다. 만드는 과정에

## 『친구에게』 OHP 필름 활용하여 만들기 예시

1. A4 2장을 반을 접었다 편 후 한쪽 면에 직사각형을 그립니다.(OHP 필름을 넣을 부분)

2. 종이를 살짝 접어 가위로 틈을 만든 후, 직사각형을 따라 가위로 잘라냅니다.

3. 자른 면 2장 사이에 OHP필름 1/2 장을 양면테이프를 이용해 부착해 줍니다.

4. 두꺼운 A4(표지)와 속지를 위 모습처럼 양면 테이프를 이용하여 부착하면 완성.

서 그동안 배워 온 '나', '너' 그리고 '관계'에 관한 것을 모두 생각해보도록 도와주세요. 생각하는 것처럼 표현이 안 될지도 몰라요. 만드는 과정에서 친구 사이에 어떤 일들이 있고 어떨 때 갈등이 생기는지, 내가 조심해야 할 것과 친구들이 조심해야 할 것은 무엇인지 등 상황을 상상하며 방법을 찾아보는 것이 중요합니다. 그림책을 읽으며 다른 입장에서 인물의 마음을 살펴보고 어떻게 하는 것이 관계를 위해 가장 좋은 것인가를 탐구했던 과정을 예시 삼아 머릿속에서 사고실험을 계속 진행해보는 거죠. 가장 좋은 방법을 찾기는 물론 어렵겠지만 문제를 깊이 있게 생각해보고 마주하는 것과 그렇지 않은 것은 차이가 클 테니까요.

**유라쌤 tip. 언제든 수정 가능한 책, 교사의 모델링**

우리반 책은 언제든지 수정, 삭제, 첨가가 가능하도록 링으로 만드는 게 좋습니다. 그리고 실제 그 상황이 일어나면 생각해보고 실제로는 어떠했는지 다른 친구들은 어떻게 반응했는지 등을 첨가하며 관계에 대해 계속 고민해보도록 아이들에게 안내해줍니다. 책인데 계속 만들어가는 미완성의 책, 책이자 일기가 되는 거죠.

아이들에게 선생님이 좋은 모델이 되어주면 좋다는 이야기는 계속 강조하였습니다. 그리고 이 책 만들기는 선생님도 함께 해보시길 권합니다. 혹은 이 수업 전에 미리 만들어서 아이들에게 이런 식으로 만들라는 예시를 보여주어도 좋겠지요. 아이들과의 관계에서 이렇게 대처해야지 하는 설명서를 만들고 실제로 해보았더니 이렇더라는 식의 첨가를 해보세요. 좋은 상담 기록이자 교실 기록이 될 겁니다.

저는 한때 아이들이 잘못했을 때 좋은 이야기를 해주고 싶어 열심히 이야기를 해주었는데 막상 해보니 아이들이 하나도 듣지 않아 좌절했었어요. 왜 그럴까 생각해본 끝에 이야기보다는 이미지가 더 효과적이라는 것, 아무리 좋은 이야기라도 이야기를 들을 준비가 되어야 들을 수 있다는 것을 알고 그림책을 보여주기로 했죠. 다양한 그림책을 시도한 끝에 『엄마의 선물』, 『친구에게』가 효과가 좋다는 것도 알게 되었고요. 하지만 언제든 아이들이 혹은 상황이 바뀌면 전혀 효과가 없을지도 모른다는 생각을 가지고 있어요. 그래서 언제든 수정이 가능하다는 것을 염두에 두어야 하고요. 선생님 또한 시행착오를 겪으며 가장 나은 방법을 찾아간다는 것을 이야기해준다면 아이들이 안심하고 다양한 방법들을 시도해볼 수 있을 거예요. 그러니 이 글을 읽는 선생님도 한번 시도해보세요. 그리고 때론 실패하고 고민하는 그 과정을 아이들에게 나누어주세요. 그것 또한 아직은 많은 것이 두렵고 서툰 아이들에게 큰 배움을 줄 수 있을 거예요.

친구 관계는 아이들이 가장 먼저 마주하는 사회관계입니다. 사람마다 다르고, 같은 사람이라고 해도 때에 따라 달라지는 것이 관계라 참 어렵습니다. 어른들도, 사실은 저도 관계에서 어떻게 행동하는 것이 정답인지는 잘 모릅니다. 그래서 아이들에게도 이렇게 행동해야 한다, 같은 정답을 말해줄 수는 없어요. 대신 친구 사이 관계의 소중함, 관계 사이에서 일어날 수 있는 갈등과 그 관계를 단단하게 만드는 과정에서의 노력이 존재한다는 것을 경험으로 느끼게 해줄 뿐입니다. 이를 통해 앞으로 만나게 될 많은 사람과 의미 있는 관계를 맺고, 그 과정과 결과 속에서 아이의 삶이 풍요롭고 따뜻하기를 바랍니다.

여전히 아이들은 친구들과 갈등을 겪습니다. 단번에 아이들을 가르치고 바꿀 수는 없을 테니까요. 하지만 아이들이 관계 속에서 어떤 상황을 마주했을 때 문득 이 시간을 떠올릴 수 있다면. 관계가 그냥 만들어지는 것이 아니라 품을 들여야만 하는 것임을 생각할 수만 있다면. 그래도 마주한 상황을 조금 더 깊이 있게 생각하고, 제멋대로 말하고 행동하는 것이 아닌 관계라는 틀에서 한 번만 생각해볼 수만 있다면. 그것만으로도 아이들의 삶이 조금은 성장할 수 있는 계기가 되어주리라 생각합니다. 우리가 배운 것은 친구 사이 관계 맺기에 관한 것이었지만, 이는 아이들이 앞으로 만날 삶의 다양한 관계를 단단하게 다져갈 수 있는 바탕이 되어줄 것입니다.

> **양육자 TIP**
>
> 『엄마의 선물』은 제목처럼 엄마가 자신의 아이에게 들려주고 싶은 세상의 비밀을 담은 그림책입니다. 교실에서는 『엄마의 선물』을 잔소리할 때 활용하지만 가정에서는 잠자리 그림책 혹은 아이에게 마음을 전하고 싶을 때 활용하기를 추천합니다. 아이가 가정 밖에서 상처를 받고 돌아왔을 부드러운 목소리로 이런 사람이 되기를 바란다는 마음을 담아 읽습니다. 친구와의 관계가 서투른 아이에게는 『친구에게』를 읽어주고요. 별다른 활동 없이 책을 함께 읽어주는 것만으로도 아이에게 큰 위안이 되어줄 거예요.

교실 안에는 참 다양한 아이들이 살고 있습니다. 사이좋게 잘 지내면 참 좋겠지만, 어디 그럴 수가 있나요. 오해하고 싸우는 일은 일상다반사입니다. 보이는 싸움이야 말리기라도 하지, 마음에 품은 갈등이나 미움은 푸는 데 오래 걸리기도 하지요. 아마 많은 교실에서 비슷한 문제들이 있을 거예요. 하지만 다시 생각해보면 갈등은 당연히 생길 수밖에 없고 때때로 반가운 존재가 되기도 합니다. 아이들이 살아갈 세상은 갈등이 없는 세상이 아니잖아요. 우리 아이들이 갈등을 만들지 않는 것도 중요하지만, 무엇보다 갈등을 슬기롭게 해결해나가는 방법을 배우는 것도 중요하겠구나 싶었습니다.

 이렇게 아이들과 관계에 관한 수업을 하고 나서도 여전히 아이들은 친구들과 갈등을 겪습니다. 단번에 아이들을 가르치고 바꿀 수는 없겠지요. 하지만 아이들이 관계 속에서 어떤 상황을 마주했을 때 문득 이 시간을 떠올릴 수 있다면, 관계라는 것이 그냥 만들어지는 것이 아니라 품을 들여야 하는 성질의 것임을 생각할 수만 있다면, 그래도 마주한 상황을 조금 더 깊이 있게 생각하고, 제멋대로 말하고 행동하는 것이 아닌 관계라는 틀에서 한 번만 생각해볼 수만 있다면, 그것만으로도 아이들의 삶이 조금은 성장할 수 있는 계기가 되어주리라 생각합니다. 우리가 배운 것은 친구 사이 관계 맺기에 관한 것이었지만, 이는 아이들이 앞으로 만날 삶의 다양한 관계를 단단하게 다져갈 수 있는 바탕이 되어줄 것입니다.

# 교실에서 아이들과
# 그림책을 쉽게 만드는 방법

그림책보다 더 관심 있었던 것은 아이들의 배 속이었습니다. 그리고 그 배 속을 잘 표현하기 위한 방식으로 그림책 만들기라는 방법을 선택했고요. 짧은 문장과 설명할 수 있는 그림, 가장 쉽게 부담 없이 할 수 있는 창작이라 생각했습니다. 하지만 무언가를 창작하는 일은 참 힘든 일입니다. 어른에게도 그런데 아이들에게는 더 힘들겠죠. 자신의 이야기를 표현하고 싶어도 방법을 몰라서, 어려워서 표현하기 어려워하는 아이들에게 무작정 창작을 하라고 할 수는 없습니다. 교실에서 모든 아이가 자신의 마음을 담은 창작을 쉽게 하도록 돕기 위해 '패러디를 통한 그림책 만들기'라는 방식을 가져 왔습니다. 아이들이 모두 이해할 수 있는 그림책을 통해 아이들과 소통하고, 내 생각과 마음을 살펴본 후에 그림책 내용을 예시 삼아 자신만의 그림책 페이지를 만들게 하는 거죠. 내용적인 측면은 각 그림책 활동에 제시되어 있습니다. 여기서는 방법적인 측면을 하나로 모아 이야기해보고자 합니다. 아이들도 선생님도 그림책 만들기가 어려우면 안 될 테니까요. 쉬워야 시도합니다. 여기서 제시하는 쉬운 방법을 살펴본 후 우리 교실에 가장 알맞은 방법으로 그림책 만들기를 시도해보시길 바랍니다. 자신이 창작한 책을 품에 안았을 때 아이의 기쁨을 만나면 아마 저처럼 계속하게 될 것입니다.

## 그림책 만들기 1. 활동지를 묶어서 만들어요 (난이도 ☆)

- 준비물: A4용지, 색칠 도구, 검정색 네임펜, OHP 필름 2장 또는 마분지 A4 크기 2장, 3공 펀치, 카드링 3개

가장 쉽게 시도하는 방법입니다. 그림책을 읽으며 떠올렸던 '내 경우는 어떨까?' 했던 내용을 A4용지에 표현합니다. 패러디 그림책이니 문장의 형태, 어떤 그림을 그려야 할지 이미 예시가 그림책에 나와 있습니다. 참고하여 자신만의 문장을 쓰고 다 만든 활동지는 3공 펀치와 카드링을 통해 한 권의 책으로 엮어줍니다.

이렇게 만든 여러 권의 책은 학기 말이 되면 분리하여 각자 자신의 페

이지를 가져가도록 합니다. 자신의 페이지를 공부한 순서대로 배치하고 나만의 표지를 만들어 다시 엮으면 '1학기 동안의 나'에 관한 책이 완성됩니다. 일반적인 학습지가 처치 곤란이 되거나 재활용이 되는 것과는 다르게 한 권의 책 형태로 나의 책꽂이에 꽂아둘 수 있으므로 의미 있는 결과물이 될 것입니다. 더불어 가정에는 스캔한 자료 이미지 자료와 함께 뒤에 나오는 스캔하여 만드는 포토북 형태의 책이나 독립출판물에 관한 안내를 하여 가정에서 필요할 경우 다양한 형태로 보관할 수 있도록 돕습니다.

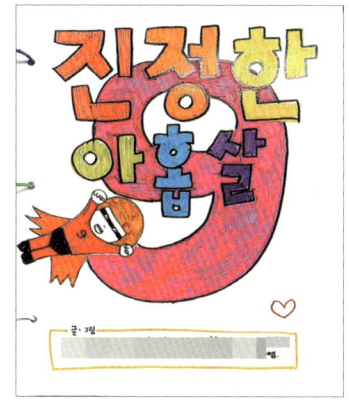

### 만들어본 유라쌤의 리얼 Tip.

- 선생님이 먼저 한 페이지를 만든 후 예시자료로 보여주면 좋습니다.
- 그림 그리는 것을 어려워하는 아이는 그림책 속 그림을 따라 그리거나 좋아하는 캐릭터를 보고 따라 그리도록 해줍니다. 대신 따라 그리기로 끝나지 않고 자신의 이야기를 담을 수 있게 나와 관련된 그림을 추가로 꼭 그려야 하고요.
- 색칠할 때 색칠하지 않는 부분이 있어도 괜찮습니다(모두 칠하다 망칠 수 있어요).

- 검정색 네임펜, 사인펜, 매직 등을 활용하여 테두리를 그릴 수 있도록 합니다. 선명하면 훨씬 완성도가 높아집니다. 스캔했을 때 품질도 좋고요.
- 아이들이 활동할 때 선생님은 표지를 만들어주세요. 이때 마분지 같은 두꺼운 종이에 표지를 만들면 훨씬 오래도록 보관할 수 있습니다.
- 앞과 뒤에 OHP 필름을 넣어 종이를 보호해줍니다.
- 만든 이의 이름을 반드시 넣도록 하고, 뒤에 대출 카드를 만들어주면 좋습니다.

※ 교실에 있는 재료, 평소 하던 수업과 활동지를 활용해 책을 간단히 만들고 싶은 선생님들께 추천합니다.


## 그림책 만들기 2. 심플 무지 스크랩북을 활용해요(난이도 ☆, 비용 발생)

- 준비물: 심플 무지 스크랩북, 색칠 도구, 네임펜. (포스트잇, 반투명라벨지 등)

  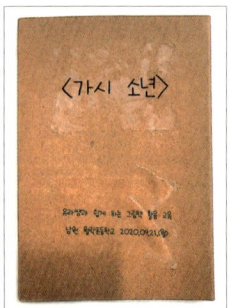

심플 무지 스크랩북은 따로 내용 없이 10장 정도의 페이지를 가진 책 형태로 나옵니다. 학습준비물 예산으로 구매할 수 있습니다. 심플 무지 스크랩북을 활용하면 따로 3공 펀치를 이용해 묶지 않아도 이미 책의 형태가 되어 있고, 크기가 크지 않아 쉽게 내용을 채울 수 있습니다.

여러 종류의 스크랩북이 시중에 나와 있는데, 보드북 형태의 경우 뒷면이 비치지 않고 튼튼하다는 장점이 있으나 매직, 네임펜 등으로만 사용할 수 있습니다. 실제 하드커버 책과 같은 형태의 경우 연필, 색연필 등을 활용할 수 있다는 장점은 있으나 뒷면에 색이 비친다는 단점이 있습니다. 마지막으로 병풍 형태의 스크랩북의 경우 필요할 경우 바로 전시가 가능하고 병풍 형태(긴 그림 형태)의 그림책을 만들 때 좋습니다. 그림책의 내용과 학급 특성에 맞게 구매하시면 됩니다.

보드북 형태의 경우 뒤가 비치지 않아 진한 색을 쓰거나 색종이를 붙이는 활동 등을 할 수 있습니다.

활동할 때 썼던 포스트잇을 그대로 붙여 간단하게 책으로 만들어도 좋고 나만의 이야기를 가득 담아 긴 글을 써도 좋습니다. 아이들과 함께 한 권의 책을 만들어도 좋으나, 심플 무지 스크랩북은 개인이 나만의 책을 만들 때 더 유용해요.

일반 책 형태의 경우 색연필을 쓸 수 있고 자를 수도 있지만 뒤가 비치기에 진한 색을 사용하기 어렵습니다.

병풍책 형태의 경우 펼쳐서 세우면 바로 전시할 수 있다는 장점과 긴 그림 형태의 그림책을 만들 수 있다는 장점이 있습니다. 우리 반 전체가 한 권의 책을 만들 때 추천합니다.

 특히 소인수 학급에서는 학습지를 엮는 방법보다는 심플 무지 스크랩북을 활용하여 나의 책을 만드는 것을 추천해 봅니다. 프로젝트를 시작할 때 한 권씩 아이들에게 주고, 책 한 권 당 한 페이지씩 활동을 진행합니다. 예를 들어 첫날 『안돼!』 수업을 하고 나면 첫 페이지에는 나의 『안

돼』페이지를 만들도록 합니다. 그 후 두 번째 날『짖어봐 조지야』수업을 했다면 두 번째 장에는 나의 배 속 그리기를 진행하는 것이지요. 그렇게 하나의 프로젝트가 끝나면 배운 점과 느낀 점 등을 적어 한 권을 완성합니다.

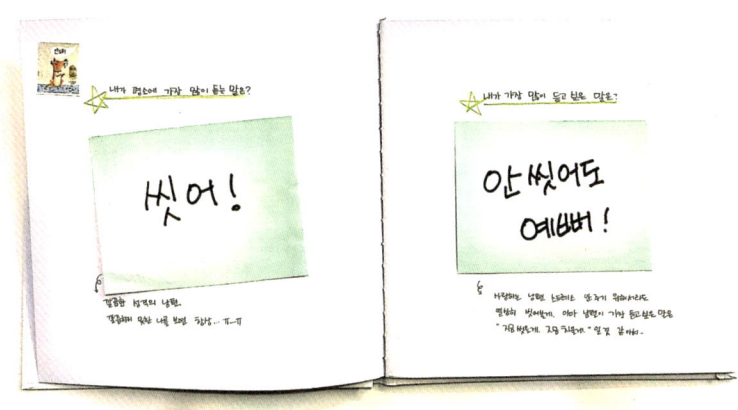

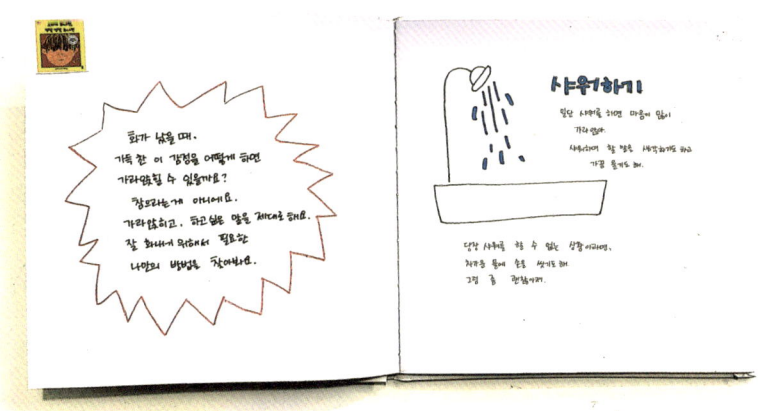

### 만들어본 유라쌤의 리얼 Tip.

- 보드북과 포스트잇을 활용한 형태가 가장 쉽게 만들 수 있습니다.
- 왼쪽에는 오늘 수업에서 배운 내용이나 내가 느낀 점을, 오른쪽에는 나만의 책 페이지를 만들어 수업 정리 노트로 활용해도 좋아요.
- 책의 표지를 꾸밀 때는 '반투명 라벨지'를 추천합니다. 반투명 라벨지에 인쇄하여 붙이면 마치 원래 인쇄되어 나온 것처럼 깔끔하게 책 표지를 완성할 수 있습니다.

### 그림책 만들기 3. 포토북으로 만들어요 (난이도 ☆☆☆)

- 준비물: 포토북 인화 예산(1권당 7000원~30000원), A4용지, 색칠 도구(마카 추천)

 그림책 만들기 세 번째 방법은 포토북 사이트를 활용하여 책 형태로 만드는 방법입니다. 이 방법은 실제 책과 같은 형태로 받게 되기에 아이들이 가장 성취감을 느낄 수 있는 방법입니다. 대신 포토북 인화를 위한 예산이 필요합니다. 혹시 예산이 없다면 만든 후 필요한 과정에서 인화하도록 안내해도 좋습니다.

 1번에서 만든 페이지를 스캔하여 포토북으로 만들어도 좋고, 조금 더

출판 책의 느낌을 내기 위해서 그림만 스캔하여 넣고, 글자는 디지털로 추가해도 좋습니다.

예산의 여유가 있다면 그림책 내용 안에 아이들의 활동 사진, 작가의 말을 넣어주면 더욱 좋습니다. 고학년의 경우 직접 포토북 사이트의 프로그램을 활용해 제작할 수 있으며, 저학년의 경우 선생님께서 만들어주시

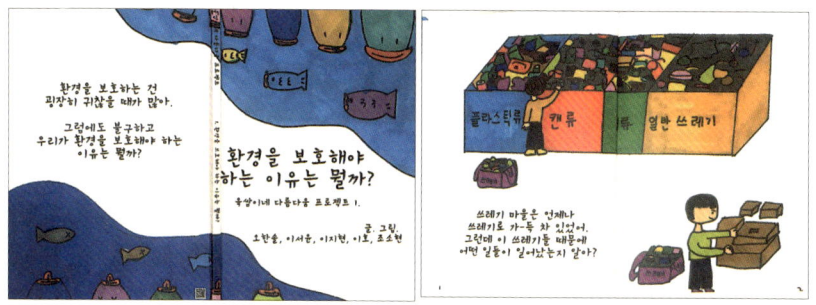

6학년 학생이 만든 그림책 시리즈. 마카를 활용하여 그림을 그리고, 글은 디지털로 추가하여 완성하였다.

면 됩니다. 1, 2번의 그림책 만들기 활동 후에도 3번의 그림책 만들기 방법을 가정에 안내하여 필요한 가정에서 만들어 보관할 수 있도록 해주세요.

### 만들어본 유라쌤의 리얼 Tip.

- 마카를 사용하는 것이 스캔하여 인쇄했을 때 가장 선명하게 색이 나왔습니다. 연필, 색연필의 경우 스캔하는 과정에서 색감을 살리지 못할 수 있습니다.

- 미리 만들 포토북의 사이즈를 생각하여 그림책 활동지를 나누어 주면 제작할 때 편리합니다. 예를 들어 위의 그림책은 A4 크기의 그림책입니다. 그래서 A4에 그림을 그리도록 하였습니다. 그럼 이후에 비율이 깨질 염려도 없고, 따로 사진의 크기 수정할 필요 없이 사용 가능합니다.

- 그림책은 모두 한 권씩 인화하여 자신의 책을 가지도록 해주면 좋습니다. 아이들이 자신만의 창작물을 만들었다는 성취감과 함께 오래오래 보관할 수 있습니다.

교실에서 쉽게 '그림책 만들기'를 할 수 있는 방법 3가지를 소개해드렸습니다. 각 학급의 예산에 따라 또 학급의 특성에 따라 활용해보세요. 책이 완성되면 스캔하여 학급 홈페이지, 유튜브 등에도 올려 가정과 공유하고, 대출 카드를 활용해 옆 반에 빌려주거나 가정에 빌려갈 수 있도록 합니다. 다른

반, 다른 학년을 초대하여 출판 기념회를 열거나 작가와의 만남을 진행할 수도 있습니다. 아이들이 쉽게 자신의 생각을 표현하고, 창작을 경험할 수 있는 교실이 되었으면 좋겠습니다.

## 온라인 수업에서 그림책을 활용하고 싶은 선생님들께

온라인으로 그림책 활용 수업을 하는 방법에 관해 이야기하기 전, 저작권에 관한 이야기를 먼저 하려 합니다. 일반적인 대면수업과는 달리 온라인 수업의 경우 오픈된 링크, 캡쳐, 녹화 등을 통한 불법 공유로 저작권이 지켜지지 않을 가능성이 있습니다. 이에 따라 온라인 수업에 그림책을 활용하기 전 준비사항을 알려드립니다.

기본적으로 수업을 위해 그림책을 사용할 수 있으나, 다음의 3가지의 조치를 반드시 실행해주셔야 합니다.

1) 접근 제한 조치 2) 복제 방지 조치 3) 저작권 보호 관련 조치

먼저 접근 제한 조치는 우리 반 학생 또는 맡은 학년의 학생 외에는 접근할 수 없는 플랫폼에 공유해야 함을 의미합니다. 둘째로 우클릭을 금지하거나 경고 문구를 통해 저작물의 복제를 하지 못하도록 해야 하며, 마지막으로 저작권 보호 관련한 문구를 삽입하는 조치가 필요합니다.

어문 저작물의 경우 저작권자의 허락 없이 10% 이내의 활용이 가능하며, 그 이상을 활용하고 싶을 때는 출판사 측에 연락하여 허락을 받은 후 활용합니다. 온라인 수업에 한하여 저작권을 한시적으로 오픈해준 출판

사의 책 혹은 출판사 공식 유튜브의 그림책 자료를 활용하여 수업을 진행하면 더 수월합니다.

더불어 온라인, 오프라인 상관없이 저작물을 활용한 수업 시에는 '저작 인격권'을 지켜주셔야 합니다. 저작 인격권은 책의 제목, 저자, 출판사, 출판 연도를 밝혀 누구에게 이 저작권이 있는지를 안내해주는 것으로 지킬 수 있습니다. 온라인 수업을 시작하기 전 학생들에게 저작권 교육을 진행한다면 더욱 좋겠죠.

그림책 활용 수업을 온라인으로 한다는 생각을 하면 사실 걱정이 앞섭니다. 어떻게 아이들과 함께 눈을 마주치지 않고 이 수업을 할 수 있을까요. 하지만 생각을 바꿔보면 그림책 활용 수업은 '그림책 독서 수업'과 다르기에 온라인 수업에 활용하기 더 적합합니다. 그림책 활용 수업에서 그림책은 학생들에게 학습 목표를 이해하게 돕는 도구이자 자신의 이야기를 꺼내는 것을 도와주는 예시자료입니다. 따라서 ― 모두 다 읽어줄 수 있다면 좋겠지만 ― 그림책 내용 전체를 읽어줄 수 없는 상황이더라도 충분히 수업을 진행할 수 있습니다.

온라인 수업일 때 더 좋은 측면도 있습니다. 그림책 활용 수업의 목표는 학생 자신의 마음을 표현하는 데 있습니다. 이 목표를 이루기 위해서는 모든 학생에게 충분히 자신의 마음을 표현할 기회를 주어야겠지요. 하지만 아시다시피 교실에서는 시간적, 공간적 제약에 의해 어려운 경우가 많습니다. 이러한 한계를 온라인 수업을 통해 극복할 수 있으리라 생각합니다.

예를 들어볼게요. 『진정한 일곱 살』(허은미 글, 오정택 그림, 만만한 책상, 2017)의 경우 '진정한 일곱 살은요 ~을 해야 해요.'라는 문장이 반복됩니다. 학생들에게 2~3장 정도의 그림책 페이지를 보여주고 내용을 이해하도록 도운 후, 자신의 마음, 즉 '내가 생각하는 진정한 ○○살'을 만들도록 안내할 수 있습니다. 가정에서 진행한 활동의 결과물을 사진으로 찍어 온라인 학급에 올리도록 하고, 서로의 '진정한 ○○살'을 응원하는 댓글을 달아주도록 한다면 그림책 활용 수업의 진행에 어려움이 없을 것입니다. 이후 오프라인 등교 시 빠진 부분을 읽어주며 온라인 수업에서는 하지 못했던 부분을 보완하거나, 사진으로만 봤던 결과물을 가져와 전시회를 열 수 있습니다.

　반대로, 오프라인 수업에서 그림책을 읽어주며 개인 표현 활동을 진행하고, 이를 온라인 클래스에 게시하여 온라인 후속 활동 — 진정한 ○○살 응원 챌린지, 서로 잘하고 있는지 관찰 및 확인해주기 등 — 을 진행하는 것도 좋은 방법이 될 수 있을 것입니다.

　디지털 네이티브인 지금 학생들에게는 채팅창 혹은 게시물의 댓글을 통해 생각을 표현하고 의사소통하는 행위가 교실에서보다 더 사유롭게 느껴질 것입니다. 손을 들고 모든 학생이 보는 앞에서 발표하는 것이 어려웠던 누군가에게는 좋은 표현의 기회가 될 수 있을 테고, 시간이 부족하여 학급 아이들 한 명 한 명의 이야기를 듣기 어려웠던 교사에게는 그 한계를 넘는 해결책이 될 수 있을 것입니다.

　"교사 수명 10년을 단축하여 앞당긴 미래 교육"이라는 말이 있습니다. 코로나19로 인해 급격히 다가온 변화이지만 온라인 수업의 병행은 시대적 흐름으로 자리 잡으리라 생각합니다. 그림책 활용 수업 또한 오프라인으로만 가능하다는 생각을 잠시 내려놓고, 그림책의 내용에 따라 혹은 세부적인 활동에 따라 온라인, 오프라인 수업을 적절히 섞어 계획한다면 학생들의 마음을 표현하고 나누는 데에 더 큰 도움이 되리라 생각합니다.

그럼에도 불구하고, 그저 교실에서 옹기종기 모여 앉아 눈 마주치며 함께 호흡하며 그림책을 읽을 수 있는 날이 빨리 오기를 바랍니다. 그럴 수 있다면 좋겠습니다.

**본문에 나오는 도서 찾아보기**

《가시 소년》 권자경 글, 하완 그림, 천개의바람, 2021 • 48, 50
《강아지똥》 권정생 글, 정승각 그림, 길벗어린이, 1996 • 77, 80
《개구리 왕자 그 뒷이야기》 존 셰스카 지음, 엄혜숙 옮김, 보림, 2014 • 104
《고 녀석 맛있겠다》 미야니시 타츠야 지음, 백승인 옮김, 달리, 2004 • 152
《고슴도치 엑스》 노인경 지음, 문학동네어린이, 2020 • 134, 140
《괜찮아》 최숙희 지음, 웅진주니어, 2005 • 71, 94
《근데 그 얘기 들었어?》 밤코 지음, 바둑이하우스, 2018 • 147, 150
《기린은 너무해》 조리 존 글, 레인 스미스 그림, 김경연 옮김, 미디어창비, 2019 • 90
《나는 개다》 백희나 지음, 책읽는곰, 2019 • 220
《나에게 키스하지 마세요》 툴리오 호디 지음, 김희진 옮김, 글로연, 2012 • 104
《넌 (안) 작아》 강소연 글, 크리스토퍼 와이엔트 그림, 김경연 옮김, 풀빛, 2015 • 77, 80
《늑대가 들려주는 아기돼지 삼형제 이야기》 존 셰스카 지음, 황의방 옮김, 보림, 2008 • 187, 190
《똑, 딱》 에스텔 비용 스파뇰 지음, 최혜진 옮김, 여유당, 2018 • 207, 218, 220
《마당을 나온 암탉》 황선미 글, 김환영 그림, 사계절, 2002 • 151
《분홍 몬스터》 올가 데 디오스 지음, 김정하 옮김, 노란상상, 2015 • 77, 80
《비단 치마》 이형진 지음, 느림보, 2005 • 103, 192
《빨간 벽》 브리타 테켄트럽 지음, 김서정 옮김, 봄봄출판사, 2018 • 125, 130
《빨간 안경》 오소리 지음, 길벗어린이, 2019 • 194
《새로운 가족》 전이수 지음, 엘리, 2017 • 200
《선생님을 화나게 하는 10가지 방법》 실비 드 마튀이시윅스 글, 세바스티앙 디올로장 그림, 이정주 옮김, 어린이작가정신, 2009 • 173
《세상에서 가장 심술궂은 아이가 될 수 있다면》 로레인 캐리 글, 미기 블랑코 그림, 이혜리 옮김, 사파리, 2017 • 103

《소피가 화나면, 정말 정말 화나면》 몰리 뱅 지음, 박수현 옮김, 책읽는곰, 2013 • 57, 60
《슈퍼 거북》 유설화 지음, 책읽는곰, 2014 • 96, 101
《아기 늑대 세 마리와 못된 돼지》 유진 트리비자스 지음, 시공주니어, 2006 • 103
《아기돼지 세 자매》 프레데릭 스테르 지음, 최윤정 옮김, 파랑새어린이, 2001 • 103
《아나톨의 작은 냄비》 이자벨 카리에 지음, 권지현 옮김, 씨드북, 2014 • 8
《아빠돼지 삼형제와 아기늑대》 크레이그 바틀렛 글, 와인스타인 컴퍼니 그림, 스튜디오본프리, 2014 • 103
《아홉 살 마음 사전》 박성우 글, 김효은 그림, 창비, 2017 • 36, 47
《안돼!》 마르타 알테스 지음, 이순영 옮김, 북극곰, 2021 • 17, 20, 262
《알사탕》 백희나 지음, 책읽는곰, 2017 • 159, 160, 170, 218, 221
《엄마를 화나게 하는 10가지 방법》 실비 드 마튀이시윅스 글, 세바스티앙 디올로장 그림, 이정주 옮김, 어린이작가정신, 2004 • 172, 180
《엄마의 선물》 김윤정 지음, 윤에디션, 2018 • 248, 250
《여우》 마거릿 와일드 글, 론 브룩스 그림, 강도은 옮김, 파랑새, 2012 • 238, 240
《여우지만 호랑이입니다》 코리 R 테이버 지음, 노은정 옮김, 꿈꾸는달팽이, 2019 • 90
《장화 벗은 고양이》 글공작소 글, 최민오 그림, 아름다운사람들, 2010 • 103
《제라드의 우주쉼터》 제인 넬슨 글, 빌 쇼어 그림, 김성환 옮김, 교실어린이, 2018 • 64
《진정한 일곱 살》 허은미 글, 오정택 그림, 만만한책방, 2017 • 82, 268
《짖어봐 조지야》 줄스 파이퍼 지음, 조숙은 옮김, 보림, 2019 • 26, 30, 67, 132, 149, 263
《짧은 귀 토끼》 다원시 글, 탕탕 그림, 심윤섭 옮김, 고래이야기, 2006 • 77, 80
《천만의 말씀》 스즈키 노리타케 지음, 김숙 옮김, 북뱅크, 2016 • 94
《치킨 마스크》 우쓰기 미호 지음, 장지현 옮김, 책읽는곰, 2008 • 77, 80
《친구에게》 김윤정 지음, 국민서관, 2016 • 248, 250
《컬러 몬스터》 안나 예나스 지음, 김유경 옮김, 청어람아이, 2020 • 61
《탄빵》 이나래 지음, 반달, 2015 • 228, 230
《파랗고 빨갛고 투명한 나》 황성혜 지음, 달그림, 2019 • 113, 121
《폭풍우 치는 밤에》 기무라 유이치 지음, 김정화 옮김, 아이세움, 2005 • 151
《프랭크, 다리가 일곱 개인 거미》 미카엘 라지 지음, 나린글 편집부 옮김, 나린글, 2018 • 140
《핑!》 아니 카스티요 지음, 박소연 옮김, 달리, 2020 • 168, 170